スキルアップ
法律事務テキスト

民事訴訟・執行・保全の入門から実務まで

矢野公一 著

日本加除出版

推薦のことば

　法律事務に関する説明は大変です。難しいことを分かりやすく説明するのは大変だと言いますが，実は，分かりやすく説明することだけなら，そう大変でもありません。一応分かった気にさせることはできます。問題は，少なくない例外やら特殊ケースやら，まだ結論が定まっていない問題（最高裁判決が待たれる場合など）やらが存在することをどの程度説明するか，どこで切り捨てるか，完璧な説明はあり得ないということを如何にして理解してもらうか，というところです。

　この本の著者もすべての答えが載っているマニュアルなど「あり得ない」と書いていますが，「分かりやすい説明」は必ず，何かを切り捨てた説明になります。ですから，「一応の理解としてはこれくらいで良いでしょうが，実は，もっと細かい話をすれば色々な注意点も他にあるのですよ」という説明にならざるを得ないので，ここが本当に悩むところなのです。

　2008年から始まった日本弁護士連合会の「事務職員能力認定制度」に基づく全国統一研修・能力認定試験では，テキスト作りでも研修の内容に関しても，この本の著者である矢野さんを含め，全国のベテラン事務職員の皆さんのお力を多々お借りしました。プロ事務職員と言えるレベルはどのあたりか，どこまで理解してもらう必要があるか，何よりも，「法律的な物の考え方」をどうやって身につけてもらうか，現場の事務職員の知識・知恵と経験が結集されたからこそ，勘どころを押さえることができたのだと思います。

　この本は，矢野さんが，今まで色々な事務職員研修の講師を務められた成果を結集したものだと聞いています。いい本ができましたね。一見，非常に堅く見えますが，実は，経験2年から5年程度の事務職員にどうやって分かってもらうか，かなりかみ砕いた説明になっています。真面目だけれど温かさの感じられる本ですね。著者の人柄が伝わってくる本です。

　とりあえず，この本の内容が「一応分かった」レベルになれば，プロ事務職員の一歩手前までは行けます。でも，「すべて分かったつもり」にはなら

推薦のことば

ないでください。著者が言うとおり，「考え方」を身につけるのであって，その先がまだあることを忘れないでください。

　まずは，この本と親しみ，読み込んで，プロ事務職員への途を歩まれることをお勧めします。

2010年1月

　　　　　　　　　　　　　　日本弁護士連合会　弁護士業務改革委員会
　　　　　　　　　　　　　　　弁護士補助職認定制度推進小委員会
　　　　　　　　　　　　　　　　　　委員長　秋　山　清　人

は　し　が　き

　これまで，法律事務職員の研修制度の運営は各単位弁護士会に任されており，東京・大阪のような大都市圏では，単位弁護士会独自の研修が行われていましたが，大多数の地域で全く行われていないのが実情でした。このような格差を解消し，地方都市でも研修の機会が与えられるように，2008年10月より，日本弁護士連合会において「事務職員能力認定制度」がスタートしました。
　数年前より個別に法律事務職員の自主ゼミに参加したり，チューターをしたり，さらに昨年は，縁あってこの「事務職員能力認定制度」の研修講師を担当する機会を賜り，多くの現職法律事務職員の皆様と接する機会に恵まれました。
　そのときに参加者や受講者の多くから，

「もっとくわしいマニュアルがほしい」
「すべてのことについて書いてある本がほしい」
「わからないことがすぐに引ける辞典のような本がほしい」

などの要望を聞きました。多くの人は，実務に当たるうえで，わからないことがあると，

「なにを調べればいいのか」
「どうすればよいのか」
「どこに聞けばよいのか」

という問題に直面するようです。一般には，弁護士に聞けば解決するように思われがちですが，弁護士の実務と法律事務職員の実務は異なり，細かな事務手続などについては弁護士も知らないことが非常に多く，弁護士の指導を仰げないというのが現実です。

はしがき

　では，先の要望に応えられる書籍，細部にわたって行き届いている（かゆいところに手が届く）本はないか，ということになりますが，そのようなものは"ありえない"ということがわかりました。なぜなら，各法律事務所によって行われている業務は異なり，その人（法律事務職員）がやっている業務がなにか，どのようなことで困っているのか，それは多種多様・千差万別であり，そのすべてに応えるような書籍など作ることは不可能だからです（できたとしても，「広辞苑」の数倍の厚さになり，実用性がないでしょう）。

　そこで，これらの要望がでてくる根本はなにかを考えたところ，
「多くの法律事務職員は，『結果・答え』だけを求めている」

問題・疑問　→　答え

ということがわかりました。つまり，その都度おこった問題や疑問の答えがすぐにほしい，ということでした。

　しかし，これでは，現在・過去，さらに将来に発生する問題にすべて対処することは不可能です。そこで，

問題・疑問　→　分析　→　答え

というように，問題や疑問を分析して，解決できるようになれば，将来まったく新しい問題や疑問に直面しても，問題点を分析し，解決できるようになるはずだ，という結論に達しました。

　本書では，その「『問題点の分析』ができるように」を主眼において執筆しました。法律事務で問題点が出てきた場合，

1．それは，どの法律に関する問題か
2．その問題に関する条文規定はあるか
3．条文がないならば，近い規定はないか，その条文の趣旨はなにか

4.さらにその法律全体の趣旨はなにか

というように，順序を追って考えることができれば，正解ではなくとも，近い答えにはたどり着くはずです。そのための能力，考え方を本書で身につけていただければ幸甚です。

最後に，本書の執筆に当たって多くの方にご協力をいただき，特に，監修を担当いただいた児玉優子弁護士（弁護士法人小田・児玉法律事務所），推薦のことばをいただいた秋山清人弁護士（山崎・秋山法律事務所）の両先生，並びに助言をいただいた法律事務職員の皆様に感謝の意を表します。

2010年1月

矢　野　公　一

第1章 民事訴訟法と法律事務

第1 民事訴訟とは何か ——————————————— 1
　1．民事訴訟とは ………………………………………………… 1
　2．民法と民事訴訟 ……………………………………………… 2
第2 民事訴訟手続の流れ ——————————————— 4
　1．送　達 …………………………………………………………… 4
　2．期　日 …………………………………………………………… 4
第3 訴えの提起に至るまでの具体的な事務手続（訴状作成
　　から提出まで）————————————————————— 6
　1．訴状の役割……………………………………………………… 7
　2．訴状の記載事項 ……………………………………………… 9
　　(1)　当事者及び法定代理人　*10*
　　(2)　請求の趣旨　*13*
　　(3)　請求の原因　*14*
　3．訴　額 ………………………………………………………… 16
　4．管　轄 ………………………………………………………… 18
　　(1)　法定管轄　*18*
　　(2)　任意管轄　*22*
　5．訴状の審査 …………………………………………………… 24
第4 訴えの提起後の事務手続（訴状提出から判決まで）——— 26
　1．期日の指定 …………………………………………………… 27
　2．送　達 ………………………………………………………… 27

目　次

　　⑴　特別送達　*27*
　　⑵　書留郵便に付する送達（付郵便送達），公示送達　*27*
　３．訴訟要件……………………………………………………………*31*
　　⑴　訴訟要件とは　*31*
　　⑵　当事者能力　*31*
　　⑶　当事者適格　*32*
　　⑷　訴えの利益　*33*
　　⑸　その他の訴訟要件　*33*
　４．原告の主張………………………………………………………*34*
　　⑴　弁論主義　*34*
　　⑵　主要事実・間接事実・補助事実　*40*
　　⑶　主張責任・証明責任（立証責任）　*40*
　５．被告の主張（認否と抗弁）……………………………………*42*
　　⑴　認　否　*42*
　　⑵　抗　弁　*42*
　６．争点整理と証拠調べ・事実認定………………………………*43*
　７．特殊な手続………………………………………………………*44*
　　⑴　訴えの変更（民訴143条）　*44*
　　⑵　反訴（民訴146条）　*44*
　　⑶　弁論の併合（民訴152条１項）　*46*
　　⑷　補助参加（民訴42条）　*46*
　　⑸　独立当事者参加（民訴47条）　*47*
　　⑹　訴訟告知（民訴53条）　*48*
　　⑺　受継申立（民訴124条）　*48*
　８．訴訟の終了………………………………………………………*49*
　　⑴　判決（民訴243条〜）　*49*
　　⑵　訴えの取下げ（民訴261条），手数料の還付申立（民訴費９条
　　　３項１号）　*49*
　　⑶　請求認諾・請求放棄（民訴266条１項）　*51*

(4)　和解（民訴264条～）　*51*
第5　訴訟終了後の事務手続 ———————————————————— 53
　1．判決等の送達……………………………………………………… 53
　　(1)　判決の場合　*53*
　　(2)　和解，認諾の場合　*54*
　2．判決等の内容の確認……………………………………………… 54
　3．上訴の手続………………………………………………………… 55
　　(1)　控訴の場合　*55*
　　(2)　上告の場合　*55*
　4．民事執行などの準備……………………………………………… 56
　　(1)　執行文・送達証明の手配　*56*
　　(2)　確定証明の手配　*56*
　5．訴訟費用確定処分の申立て……………………………………… 56

第2章　民事執行法と法律事務

第1　民事執行とは何か ————————————————————————— 59
第2　民事執行の種類・態様 ————————————————————— 61
第3　不動産執行 ————————————————————————————— 63
　1．不動産執行の種類………………………………………………… 63
　2．強制競売…………………………………………………………… 63
　　(1)　債務名義　*66*
　　(2)　執行文　*67*
　　(3)　債務名義の送達証明（確定判決の場合）　*71*
　　(4)　その他準備すべき書類　*72*
　　(5)　申立手順　*75*
　　(6)　配当手続　*76*
　　(7)　原本還付手続（民執規62条2項・3項）　*78*
　3．担保不動産競売…………………………………………………… 80

第4　債権執行 ——————————————— 85
1．債権執行の種類 ……………………………………… 85
2．差押えの対象となる債権 …………………………… 86
3．手続の流れ …………………………………………… 88
4．手続に必要な書類 …………………………………… 88
5．管　轄 ………………………………………………… 89
6．第三債務者に対する陳述催告の申立て …………… 90
7．取立権・取立届 ……………………………………… 90

第3章　民事保全法と法律事務

第1　民事保全とは何か ——————————————— 93
1．保全とは ……………………………………………… 93
2．保全の必要性 ………………………………………… 93

第2　仮差押え（民保20条） ——————————————— 95

第3　係争物に関する仮処分（民保23条1項） ———— 100
1．占有移転禁止の仮処分 ……………………………… 100
2．処分禁止の仮処分 …………………………………… 104

第4　仮の地位を定める仮処分（民保23条2項）———— 108

第5　民事保全事件の流れ（準備段階）——————————— 110
1．管　轄 ………………………………………………… 110
2．書類の取り寄せ ……………………………………… 110
3．申立書の作成 ………………………………………… 112
4．疎明書類の作成 ……………………………………… 112
5．その他の準備 ………………………………………… 113

第6　民事保全事件の流れ（申立て以降）————————— 114
1．申立書の提出 ………………………………………… 114
2．裁判官面会（面談）と担保決定 …………………… 114
3．担保の提供 …………………………………………… 114

4．決定正本の受領 ··· 116
第7　民事保全事件の流れ（決定正本受領後） ─────── 118
　1．送　達 ·· 118
　2．本案訴訟の準備 ··· 118
第8　民事保全事件の取下げ ─────────────── 119
　⑴　不動産仮差押え，不動産仮処分の取下げ　*119*
　⑵　債権仮差押えの取下げ　*119*

第4章　（民事保全事件での）担保取消と法律事務

第1　担保取消の意義 ──────────────────── 121
第2　担保取消事由 ───────────────────── 123
　1．担保提供事由の消滅（民保4条2項，民訴79条1項） ················· 123
　2．担保権利者（相手方）の同意（民保4条2項，民訴79条2項） ······ 124
　3．権利行使催告による担保取消（民保4条2項，民訴79条3項） ······ 124
第3　担保取消申立手続 ─────────────────── 125
　1．申立人 ·· 125
　2．管　轄 ·· 125
　3．担保提供事由の消滅の場合の手続の流れ ·· 126
　⑴　本案勝訴判決確定，認諾，勝訴的和解成立，調停成立の場合　*126*
　⑵　担保権利者（相手方）の同意がある場合　*129*
　⑶　権利行使催告による担保取消の場合　*133*
　⑷　その後の手続　*135*
第4　担保取戻許可（民保規17条） ───────────── 136

第5章　民法と法律事務

第1　民法と法律事務の関わり ─────────────── 137

目　次

第2　民法の構造 ——————————————— 140
　(1)　総則（人・法人・物・法律行為・期間の計算・時効など）　*140*
　(2)　物権（占有権・所有権・地上権・留置権・抵当権など）　*140*
　(3)　債権（債権の効力・多数当事者の債権債務・債権譲渡・契約・不法行為など）　*140*
　(4)　親族（婚姻・親子・親権・後見など）　*140*
　(5)　相続（相続の効力・相続放棄・遺言・遺留分など）　*140*

第3　権利の主体・客体 ——————————————— 141
　1．権利の種類 ……………………………………………………… 141
　　(1)　物　権　*141*
　　(2)　債　権　*142*
　2．権利の主体 ……………………………………………………… 142
　3．権利の客体 ……………………………………………………… 144
　4．物権の種類 ……………………………………………………… 144
　　(1)　占有権（民180条）　*144*
　　(2)　所有権（民206条）　*145*
　　(3)　地上権（民265条）　*145*
　　(4)　地役権（民280条）　*145*

第4　契　約 ——————————————— 146
　1．契約の成立 ……………………………………………………… 146
　2．契約成立に問題がある場合 …………………………………… 148
　　(1)　心裡留保（民93条）　*148*
　　(2)　虚偽表示（民94条）　*148*
　　(3)　錯誤（民95条）　*149*
　　(4)　詐欺による意思表示（民96条）　*149*
　　(5)　強迫による意思表示（民96条）　*149*
　3．契約が効力を生じない場合 …………………………………… 149
　4．契約の種類 ……………………………………………………… 151
　　(1)　贈与（民549条）　*151*

⑵　売買（民555条）　*151*

　⑶　消費貸借（民587条）　*151*

　⑷　使用貸借（民593条）　*151*

　⑸　賃貸借（民601条）　*151*

　⑹　委任（民643条）　*151*

　5．契約（債権）を担保するための手段（物的担保）……………………152

　⑴　抵当権（民369条）　*152*

　⑵　根抵当権（民398条の2）　*152*

　⑶　質権（民342条）　*152*

　6．契約（債権）を担保するための手段（人的担保）……………………152

　⑴　連帯債務（民432条～）　*153*

　⑵　保証債務（民446条～）　*153*

　⑶　連帯保証債務（民454条）　*154*

　7．契約以外の債権発生……………………………………………………154

　⑴　不法行為（民709条）　*154*

　⑵　不当利得（民703条，704条）　*156*

　⑶　事務管理（民697条）　*156*

　8．債権の効力………………………………………………………………156

　⑴　債務不履行による損害賠償請求（民415条）　*156*

　⑵　債権譲渡（民466条）　*157*

　9．債権の消滅………………………………………………………………157

　⑴　弁済（民474条～）　*157*

　⑵　供託（民494条～）　*157*

　⑶　相殺（民505条～）　*157*

　⑷　免除（民519条）　*157*

　⑸　消滅時効（民166条～）　*158*

第5　親　族───────────────────────160

　1．親族の範囲………………………………………………………………160

　2．婚姻・婚姻の解消（離婚）……………………………………………160

目　次

第6章　相続と法律事務

第1　相続とは何か ——————————— 161
1．相続とは ……………………………… 161
2．相続開始原因と時期 ………………… 162

第2　相続人とその順位 ——————————— 164
1．相続人 ………………………………… 164
2．代襲相続（民887条） ………………… 171
3．相続欠格（民891条） ………………… 174
4．推定相続人の廃除（民892条〜） …… 174

第3　相続の効力 ——————————— 176
1．相続分 ………………………………… 176
2．遺留分（民1028条） ………………… 180
3．特別受益者（民903条） ……………… 181
4．寄与分（民904条の2） ……………… 183

第4　相続の承認及び放棄 ——————————— 186
1．単純承認 ……………………………… 186
2．限定承認 ……………………………… 186
3．相続放棄 ……………………………… 187
4．承認・放棄の熟慮期間 ……………… 187
5．法定単純承認 ………………………… 188

第7章　戸籍と法律事務

第1　戸籍とは何か ——————————— 189
1．戸籍とは ……………………………… 189
2．戸籍謄本・抄本の請求 ……………… 189
　(1) 戸籍謄本・抄本の請求先　189
　(2) 謄本と抄本　190

第2 戸籍の記載様式と種類 ——————————————— 192
1．戸籍の記載様式の変遷 ……………………………………… 192
2．交付される謄本の種類 ……………………………………… 193

第3 （相続人調査のための）戸籍の見方 ——————————— 195
1．戸籍を読む手順 ……………………………………………… 195
2．戸籍による被相続人の出生から死亡までの確定 ………… 196

第8章 破産法と法律事務

第1 事務職員と破産手続開始申立手続の密接な関係 ——————— 209
第2 破産手続の意義 ————————————————————— 211
1．「破産」と「倒産」………………………………………… 211
2．破産手続の目的 ……………………………………………… 211

第3 破産手続開始の申立て ————————————————— 213
1．破産手続開始の要件 ………………………………………… 213
 (1) 手続的要件 *213*
 (2) 実体的要件 *215*
2．破産手続開始原因の審理 …………………………………… 216

第4 破産手続開始決定の効果 ————————————————— 218
1．全体的な効果 ………………………………………………… 218
2．法人に対する破産手続開始決定の効果 …………………… 218
3．自然人（個人）に対する破産手続開始決定の効果 ……… 218

第5 破産手続－同時廃止 —————————————————— 220
1．同時破産手続廃止（同時廃止）とは ……………………… 220
2．同時破産手続廃止の効果 …………………………………… 221
3．同時破産手続廃止の要件 …………………………………… 221
 (1) オーバーローンのマイホームがある場合 *221*
 (2) 債務者に退職金が見込める場合 *222*
4．同時破産手続廃止案件の対応 ……………………………… 222

目　次

　　(1) 受任時の注意点　*223*
　　(2) 受任通知の発送　*224*
　　(3) 受任通知の発送後の注意点　*224*
　　(4) 申立書などの作成　*225*
　　(5) 申立て後の注意点　*226*

第6　破産手続－管財事件 ─────────────── 227
　1．管財事件とは ……………………………………………… 227
　2．管財事件の特色 …………………………………………… 227
　3．管財事件の申立て ………………………………………… 227
　4．破産管財人への引継ぎ …………………………………… 228
　5．破産管財人の職務 ………………………………………… 228
　6．破産債権の調査 …………………………………………… 229
　7．財団債権 …………………………………………………… 229
　8．別除権 ……………………………………………………… 229
　9．取戻権 ……………………………………………………… 230
　10．否認権 …………………………………………………… 230

第9章　個人再生と法律事務

第1　事務職員と個人再生手続の関係 ──────────── 231
第2　小規模個人再生 ───────────────── 233
　1．申立原因 …………………………………………………… 233
　2．管轄裁判所 ………………………………………………… 233
　3．手続開始の要件 …………………………………………… 234
　4．申立て及び開始決定 ……………………………………… 235
　　(1) 申立て　*235*
　　(2) 開始決定　*236*
　　(3) 手続機関　*236*
　5．再生債権の届出・調査 …………………………………… 237

6．再生計画案の作成 ··· 237
　　7．再生計画案の決議・認可 ··· 238
　第3　給与所得者等再生 ─────────────── 239
　　1．給与所得者等再生の特色 ·· 239
　　2．手続開始の要件（民再239条） ································· 239
　　3．最低弁済額 ·· 240
　第4　住宅資金特別条項 ─────────────── 241
　　1．住宅資金特別条項の要件 ·· 241
　　⑴　「住宅」（民再196条1号）　*241*
　　⑵　「住宅資金貸付債権」（民再196条3号）　*241*
　　2．住宅資金特別条項が使えない場合 ····························· 242
　　3．住宅資金特別条項の内容（民再199条） ····················· 243
　　⑴　期限の利益回復型（民再199条1項）　*243*
　　⑵　最終弁済期延期型（リスケジュール型）（民再199条2項）　*243*
　　⑶　元本猶予期間併用型（民再199条3項）　*244*

第10章　登記と法律事務

　第1　登記と法律事務との関わり ───────────── 245
　第2　登記簿の基礎知識 ─────────────── 246
　　1．不動産登記簿と商業登記簿 ····································· 246
　　2．登記簿謄本と登記事項証明書 ·································· 246
　　3．登記簿謄本・登記事項証明書の交付申請 ···················· 247
　　4．閉鎖登記簿 ·· 248
　第3　不動産登記簿 ──────────────── 249
　　1．表題部・権利部（甲区）・権利部（乙区） ·················· 249
　　2．表題部の登記 ··· 249
　　⑴　土地の表題部の登記　*249*
　　⑵　建物の表題部の登記　*253*

目　次

　　(3)　区分所有建物の表題部の登記　*256*
　3．権利部（甲区）の登記 ……………………………………………… 256
　　(1)　どのような事項が記載されるか　*256*
　　(2)　順位番号　*256*
　4．権利部（乙区）の登記 ……………………………………………… 259
第4　商業登記簿 ─────────────────────── 260
　1．登記簿の内容 ………………………………………………………… 260
　2．「履歴事項証明書」と「現在事項証明書」…………………………… 261
　3．「全部事項証明書」と「一部事項証明書」…………………………… 261

第11章　ケーススタディ

　ケース1　印紙の貼りすぎ（手数料の過誤納付）　*263*
　ケース2　管轄違い　*265*
　ケース3　期日変更申請　*268*
　ケース4　訴状のデータ　*270*
　ケース5　和解，認諾による訴訟終了　*272*
　ケース6　誤字と訂正　*273*
　ケース7　被告の住民票上の住所　*274*
　ケース8　小さな土地の上の大きな建物　*277*
　ケース9　銀行預金の差押え　*279*
　ケース10　仮差押えの面談前後の注意点　*280*

付録　事務手帳の作り方 ────────────────────── 283

事項索引 ──────────────────────────── 291

本文中のイラスト　著者

凡　例

本書で引用している法令は，原則として正式名称を記載しています。ただし，根拠条文や参照条文を表す括弧の中では，以下のとおり略記しています。

会社	会社法		民再	民事再生法
会更	会社更生法		民再規	民事再生規則
家審	家事審判法		民執	民事執行法
家審規	家事審判規則		民執規	民事執行規則
裁	裁判所法		民訴	民事訴訟法
人訴	人事訴訟法		民訴規	民事訴訟規則
破	破産法		民訴費	民事訴訟費用等に関する法律
破規	破産規則		民訴費規	民事訴訟費用等に関する規則
不登	不動産登記法		民保	民事保全法
民	民法		民保規	民事保全規則

第1章 民事訴訟法と法律事務

第1 民事訴訟とは何か　　　✓CHECK □□□

1．民事訴訟とは

　民事訴訟とは何か？　それは，どんなときに訴訟をするかを考えてみればわかります。

> **ケース1**　気代輪さんは，亜古義さんに，全財産の500万円を貸しました。でも亜古義さんはいつまでたってもお金を返してくれません。

> **ケース2**　音無さんは，お隣の輪釜間さんが，境界線を越えて音無さんの家の庭に侵入してブロック塀を作ったことに，最近気がつきました。

　ケース1の場合，気代輪さんは亜古義さんに「お金を返してよ……」と言いたいでしょうし，**ケース2**で音無さんは，輪釜間さんに「ブロック塀を撤去して！」と言いたいでしょう。亜古義さんや輪釜間さんが素直に応じてくれれば問題ないのですが，そういかないときは，気代輪さんも音無さんも，紛争解決のため訴訟をすることになるでしょう。つまり**民事訴訟とは，国家機関による紛争解決の手続なのです。**

2．民法と民事訴訟

　これを難しく言うと「実体法上の権利の実現手続」といいます。ここでいう実体法の代表とは，言うまでもなく「民法」です。つまり，「実体法上の権利の実現」＝「民法などで定められている権利の実現」ということです。具体的に，ケース1　ケース2　では，

> ケース1　気代輪さんはお金を貸した
> 　⇒　金銭消費貸借契約（民587条）に基づく貸金債権がある
> 　　　　↓
> 亜古義さんは期限を過ぎてもお金を返してくれない
> 　⇒　気代輪さんには契約に基づく**返還請求権**がある

> ケース2　音無さんは土地を所有している
> 　⇒　所有権（民206条）がある
> 　　　　↓
> 輪釜間さんが音無さんの土地を侵害している
> 　⇒　音無さんには所有権に基づく**物権的（妨害排除）請求権**がある

となります。この返還請求権，物権的（妨害排除）請求権が「実体法上の権利」になります。

　つまり，気代輪さんも音無さんも法律上，権利があるわけです。この権利をそれぞれ主張することになりますが，相手が素直に応じてくれないこともあるでしょう。だからといって実力行使はできません。よく，「悪いのはあっちで私は悪くない！」といって無茶苦茶なことをする人もいますが，法律上，**自力救済は禁止**されています。

　だから，裁判所に訴えて，権利

を行使できるようにする必要があります。そのとき民事訴訟という制度を利用します。**民事訴訟法はこの民事訴訟をするための手続（ルール）を定めている**のです（スポーツの競技ルールと同じです）。

　民事訴訟法を勉強する上で，多くの人が「制度が理解できない」という壁にぶつかります。これは，民事訴訟が一般の生活にあまりなじみがないからと考えられます（この点，刑事訴訟は刑事ドラマや裁判ドラマがあるので，多少はなじみやすいかもしれません）。

　そんなときは，「そういうルールなんだからそうなんだ」と深く考えず，割り切って次に進むことです（サッカーをするときに，「どうして足でボールを扱うんだ？どうして手を使っちゃダメなんだ？」と悩んでみても無意味です。そういうスポーツなんだから）。そして，一通り学習が終わってからもう一度読み返します。そうすると，理解できることがあります。

　だから，できるだけ止まらずに最後まで読み進めることが大切です。わからない部分はマークしてあとで見返しができるようにしておけばよいでしょう。

第2 民事訴訟手続の流れ

1．送達

訴訟はまず，「訴える人＝**原告**(げんこく)」が「**訴状**(そじょう)」という書面を裁判所に提出することから始まります。

裁判所は訴状を受理したら，この訴状を「訴えられた人＝**被告**(ひこく)」に届けなければなりません。その手段としては，裁判所に取りに来てもらうなり，郵送するなりの方法をとります。これを「**送達**(そうたつ)」といいます。

2．期日

被告に訴状を送達する際に，裁判を行う日を決めて当事者に知らせます。この裁判を行う日のことを「**期日**(きじつ)」といいます。被告となる人には，通常，訴状と一緒に第1回目の期日（「初回期日」といいます）に「裁判所に出頭するように」という内容の「**呼出状**(よびだしじょう)」という書面が送られます。

その後の手続は，裁判所の指揮に従い，期日に，
① 双方の主張のうち，争いのある点（争点）を明確にする
② 争点について立証する
③ 立証し尽くしたら，裁判所が判決をする
という流れになります。

　裁判の「被告」となると，「人を犯罪者扱いしやがって！」と言う人がいます。これは刑事訴訟における「被告人」のイメージが強いからでしょう。しかし，民事訴訟における「被告」は単に「訴えが出された相手方」ということで，原告の対義語でしかありません。なお，民事訴訟では「被告」であり「被告人」ではありませんので要注意です。

第 2 民事訴訟手続の流れ

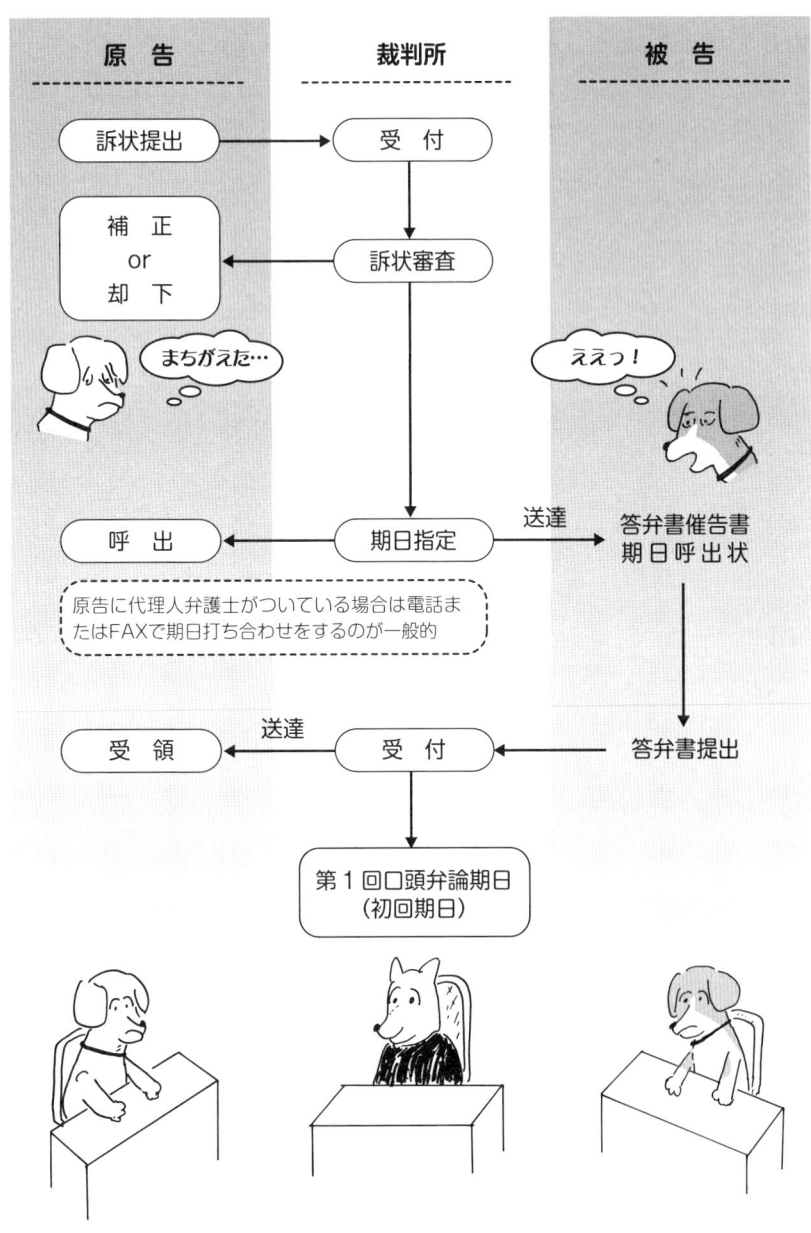

第1章　民事訴訟法と法律事務

第3　訴えの提起に至るまでの具体的な事務手続（訴状作成から提出まで） ✓CHECK ☐☐☐

ここは，とある都市にある"街の角の法律事務所"。所属するのは，

　　所長弁護士である"穏屋加兵温（おだやかへいおん）"
　　登録したての新人イソ弁（勤務弁護士）の"張切杉男（はりきりすぎお）"
　　その姉弁でキャリア10年のベテラン弁護士"小津夢冴子（おづむさえこ）"
　　ベテラン事務局長"地式法富（ちしきほうふ）"
　　中堅女性事務職員"逸茂笑子（いつもえみこ）"
　　入所1か月の新人事務職員"何出茂希美（なんでものぞみ）"

の6名。いつものように忙しい時間がやってきて……。

冴子　「笑ちゃん，昨日，訴状できあがったから，裁判所に出しておいてくれる？」
笑子　「はい，わかりました。えっと……あっ，これですね」
冴子　「ちょうどいい機会だから，希美ちゃんにも一通りの手続の流れを教えてあげたらどうかしら」
笑子　「そうですね，そうさせていただきます。（何出茂希美にむかって）希美ちゃん，ちょっときて」
（希美が近づいてくる）
希美　「なんですか？」
笑子　「今日，冴子先生の案件で，裁判所に訴状出すんだけど，希美ちゃんはまだ提出に行ったことなかったよね？」
希美　「はい，まだありません」
笑子　「じゃあ，ちょうどいい機会だから，一通り教えてあげるわ。まず……」
希美　「あの〜」

笑子　「なぁに？」
希美　「前から疑問だったんですけど，どうして訴状なんて出すんですか？ 裁判所に行ってもっと簡単に手続できないんですか？」
笑子　「えっ？」
希美　「だって，普通の人は訴状なんて書けないじゃないですか。日本の裁判は，弁護士に依頼しなくても自分でできるって……，えっと，『本人訴訟』でしたっけ。それができるって教わったけど，でも訴状なんて書けないから，結局は弁護士に依頼しないとだめじゃないかって……なんかよくわからなくて……」
笑子　「なるほど，じゃあ，まずはそのあたりから勉強しようか」
希美　「はい，お願いします」

というわけで，希美の勉強が始まりました……。

1．訴状の役割

　民事訴訟はまず，当事者による「**訴えの提起**（うったてい　き）」から始まります。訴えがないまま訴訟が始まることはありません。裁判所が自ら「どうもおかしい……」といって，訴えもないのに訴訟を始めることはありません。捜査機関ではないのだから，「調べてください！」といっても，調べることもしません。現実問題，裁判所も忙しいので自ら民事訴訟を始めるなんてことはないでしょう（仮に裁判所が暇だとしても自ら訴訟を始めることはできないのです）。

　多くの場合，「訴状」という書面を裁判所に提出する方法で「訴えの提起」をします。でも，希美の疑問のように，なぜ訴状って必要なのですか？　こんなふうにストレートに聞かれたら答えられますか？

　民事訴訟法は民事訴訟をするためのルールでしたね。だから，その答えは民事訴訟法に書いてあるはずです。そこで条文を探してみると……ありました！

> 民事訴訟法133条1項
> 　訴えの提起は，訴状を裁判所に提出してしなければならない。

とあります。つまり，裁判したけりゃ訴状を出しなさいよ，と法律で決められているから，「みんなそうしてる」わけですよ。

　それでは，どうして条文はこんなふうに決めているんでしょうか？このように規定しているからには，それ相応の理由（こういう条文をつくった根拠）というものがあります。それを**条文の趣旨**といいます。法律にはこの「趣旨」というものが必ずあり，それを理解することが法律の勉強のポイントになります。

　では，この民事訴訟法133条1項の趣旨はなんでしょうか？
　まず，訴えが出されたら，
① 裁判所としてはその訴えが適法かどうか，つまり裁判所が解決できる問題かどうかを検討する
② 訴訟が提起された相手（被告）には，そのこと（「あなたは，○○のことについて，△△さん（原告）から訴えられましたよ」ということ）を通知する
③ 被告としては，訴えられたことに対して反論（言い分）を準備して戦う

などのことが必要になってきます。これらを全部，実際に会って話をしたり，電話でやりとりしていたら……。人から人へ口伝していったら（伝言ゲームのように）話が変わってしまうかもしれません。それに会ったり電話したりするのは時間もとられます。

　でも「訴状」という書面にして裁判所に提出すれば，裁判所としてはそこに書かれていることを吟味し，また被告は，その「訴状」を読めば，何について訴えられたか，どういう理由で訴えられたかが一目瞭然です。だから，「訴状」を提出するのです。これが民事訴訟法133条1項の趣旨です。

> **コーヒーブレイク**
>
> たしかに地方裁判所へ訴えを提起するときは訴状を提出しなければなりませんが，簡易裁判所では，「口頭による訴え」ができます。
> **（簡易裁判所の訴訟手続に関する特則）**
> **民事訴訟法271条　訴えは口頭で提起することができる。**
> とあります。実際に簡易裁判所の受付に行くと，銀行の窓口のように書記官が話を聞きながら受付をしているところもあります。
> 　民事訴訟法133条1項の条文と比較してみてください。133条1項は「……ならない」と必要的に規定しています。つまり，これ以外ではダメ，ということです。でも271条は「……できる」となっています。つまりこれは，書面でも口頭でもどちらでもよい，ということを規定しているのです。

希美　「なるほど，訴状にはそういう役目があるんですね。だから，訴状を提出しないといけないんだ」

笑子　「そういうこと。でも，さっき希美ちゃんは『普通の人は訴状なんて書けない』って言ったよね。『書けない』っていうのは，何をどう書いていいかわからない，ってことじゃないの？」

希美　「そうなんですよ。だって私作文苦手だから……」

笑子　「だれも小説を書けって言ってるんじゃないから。それに，訴状には書くべきことって決まっているんだからね」

希美　「そうなんですか？」

笑子　「そうよ。では，次は，訴状に何を書くかについて勉強してみようか」

希美　「はい！」

2．訴状の記載事項

　表題が「訴状」となっていたとしても，内容が「昔むかしあるところに……私はこんなにかわいそうなのです」なんて書いてあって，意味がさっぱりわからないようなもの（弁護士を立てずに本人自身が訴訟をする場合，

第1章　民事訴訟法と法律事務

こういう訴状が出されることが多いのです）だったら……，民事訴訟法133条1項の趣旨が果たせないでしょう。だから訴状に記載すべきことを決めておかなければなりません。つまり，基本的には，
　①　だれのだれに対する訴えか
　②　どのような内容の訴えか
を明確にするために，民事訴訟法で，

> 民事訴訟法133条2項
> 　訴状には，次に掲げる事項を記載しなければならない。
> 　一　当事者及び法定代理人
> 　二　請求の趣旨及び原因

と規定しています。ですから，この2つについて必ず書かないといけないことになるのです。

(1)　当事者及び法定代理人

　当事者とは判決の名宛人となる者をいい，当事者の表示は訴状の必要的記載事項になります。
　民事訴訟では，訴えた人（原告）と訴えられた人（被告）がいます（当事者の呼称は控訴審なら「控訴人」と「被控訴人」，調停ならば「申立人」と「相手方」，保全・執行事件なら「債権者」と「債務者」と呼び名が変わります）。このような対立する当事者の存在は訴訟が成り立つための絶対要素です。これを「二当事者対立の原則」といいます。

◆ 当事者・法定代理人の表示例

①　当事者が自然人の場合（住所と氏名を記載します）

```
〒5××-0003　大阪府〇〇市××6丁目△番×号
　　　　　　原　告　　祖　賞　　須　留　造
```

② 当事者が個人事業主で屋号をもっている場合

〒5××-0003　大阪府○○市××6丁目△番×号
　　　　　原　告　　模芽事商店こと祖賞須留造

③ 当事者が住民票上の住所と異なる住所地に居住している場合（将来の強制執行を考えて，両方の住所を併記します）

〒5××-0003　大阪府○○市××6丁目△番×号
（住民票上の住所　大阪府△△市○○2丁目×番△号）
　　　　　原　告　　祖　賞　　須　留　造

④ 人事訴訟（離婚訴訟等）の場合（本籍地も記載します）

本　籍　東京都○○区××3丁目○番
住　所　〒5××-0003　大阪府○○市××6丁目△番×号
　　　　　原　告　　祖　賞　　須　留　造

⑤ 当事者が未成年者の場合（法定代理人（親権者，未成年後見人）を記載し，添付資料として戸籍謄本等を提出します）

〒5××-0003　大阪府○○市××6丁目△番×号
　　　　　原告（未成年者）祖　賞　須　留　造
〒5××-0003　大阪府○○市××6丁目△番×号
　　　　　原告祖賞須留造法定代理人親権者父
　　　　　　　　　祖　賞　　島　須
〒5××-0003　大阪府○○市××6丁目△番×号
　　　　　原告祖賞須留造法定代理人親権者母
　　　　　　　　　祖　賞　　檜　益

⑥ 当事者が成年被後見人の場合（法定代理人（成年後見人）を記載し、添付資料として成年後見登記事項証明書を提出します）

〒5××-0003　大阪府○○市××6丁目△番×号
　　　　　　　　原告（成年被後見人）祖賞　須留造
〒5××-0003　大阪府○○市××6丁目△番×号
　　　　　　　　原告祖賞須留造法定代理人成年後見人
　　　　　　　　　　　　　祖賞　誌田意

⑦ 当事者に破産手続開始決定が出され、破産管財人が選任されている場合（破産管財人が当事者となります。「弁護士」の記載が不要な場合もあります）

〒5××-0003　大阪市中央区××3丁目△番×号　出階ビル303
　　　　　　　　比戸法律事務所（送達場所）
　　　　　　　　電　話　06-6○○○-××××
　　　　　　　　ＦＡＸ　06-6×××-○○○×
　　　　　　　　原　告　破産者祖賞須留造破産管財人
　　　　　　　　　　弁護士　比戸太介

⑧ 当事者が法人の場合（法人の本店所在地、代表者名を記載します）

〒5××-0003　大阪市○○区××1丁目△番×号
　　　　　　　　被　　告　　株式会社虻名井興産
　　　　　　　　代表者代表取締役　虻名井　三　郎

⑨ 当事者が地方公共団体の場合（住所は都道府県庁・市区町村役場の所在地が住所地となり、代表者は地方公共団体の長となります）

〒5××-0003　△△県○○市○○区××1丁目△番×号
　　　　　　　　被　告　　△　　　△　　県
　　　　　　　　代表者　△△県知事　地　法　次　知

⑩ 当事者が国の場合（法務大臣が代表者，法務省の所在地が住所地となります）

```
〒5××-0003　東京都千代田区霞ヶ関1丁目△番×号
　　　被　告　　国
　　　代表者　　法務大臣　　報　無　償
```

(2) 請求の趣旨

　請求の趣旨とは原告が求める判決の内容（請求）を記載したものです。原告の全面勝訴の場合，訴状の請求の趣旨と判決の主文とが一致します。
　請求の趣旨は訴えの種類（給付訴訟，確認訴訟，形成訴訟）によって記載が異なります。
① 給付訴訟である金銭請求の場合

```
1．被告は原告に対し，金1,000万円およびこれに対する平成21年
　 ○月○日から支払済みまで，年5パーセントの割合による金員を
　 支払え
2．訴訟費用は被告の負担とする
との判決並びに仮執行の宣言を求める。
```

② 複数の被告の場合，連帯債務，連帯保証債務の場合

```
1．被告らは原告に対し，連帯して金1,000万円およびこれに対す
　 る平成21年○月○日から支払済みまで，年5パーセントの割合に
　 よる金員を支払え
2．訴訟費用は被告らの負担とする
との判決並びに仮執行の宣言を求める。
```

③ 確認訴訟である債務不存在確認請求の場合

> １．原告の被告に対する平成○年○月○日付連帯保証契約に基づく債務が，金1,000万円を超えて存在しないことを確認する
> ２．訴訟費用は被告の負担とする
> との判決を求める。

④ 形成訴訟である離婚訴訟の場合

> １．原告と被告は離婚する
> ２．訴訟費用は被告の負担とする
> との判決を求める。

(3) 請求の原因

　請求の原因には，「請求の趣旨」に記載された「請求」を基礎づける事実を記載します。

　貸金請求事件の場合，金銭の消費貸借契約（民587条）が根拠になります。

> 民法587条（消費貸借）
> 　消費貸借は，当事者の一方が種類，品質及び数量の同じ物をもって返還をすることを約して相手方から金銭その他の物を受け取ることによって，その効力を生ずる。

となっています。つまり，この金銭消費貸借契約が成立するためには，両者（原告と被告）間で，

　① 返還の合意
　② 金銭の交付

があることが必要になります。そして，金銭消費貸借契約に基づいて貸金返還請求をするためには，

③ 期限が到来したこと
も必要になります。

このほかに，特定のために契約年月日を記載し，利息・遅延損害金を一緒に請求する場合は，これらについても記載します。

具体的な記載は次のようになります。

1．平成21年○月○日，原告は被告に対し，下記の約定にて，金200万円を貸し渡した。

　　　　　　　　　　　　記

　　元　　金　　　　　　金200万円
　　最終弁済期限　　　　平成○年○月○日
　　元利金返済方法　　　平成21年○月△日を第1回とし，以降毎月10日までに金10万円を支払い，最終回に残額を支払う
　　利　　息　　　　　　年5パーセント（年365日の日割計算）
　　利息返済方法　　　　借入日に平成○年○月10日までの利息を支払い，以降，毎月10日に次回利息支払日までの利息を支払う
　　遅延損害金　　　　　年14パーセント（年365日の日割計算）
　　期限の利益喪失の特約　1回でも返済を怠った場合，催告なくして当然に期限の利益を喪失し，直ちに残元利金全額を一括返済する

2．被告は，平成21年○月△日の分割返済をせず，同日の経過をもって期限の利益を喪失した。

3．よって……

なお，期限について定めなかった場合は，「期限の定めなき債務」（民412条3項）になりますので，相当期間を定めて催告したことが必要となります。

希美　「そうか，訴状に書くことって決められているんですね。でも，これって，やっぱり勉強してないと書けないですよね」

笑子　「まぁ，そうなんだけど……。じゃ，次は私たちの仕事に関わりのある訴額と管轄のお話よ」

希美　「訴額と管轄……。私たちにとって重要なんですか？」

笑子　「そう，訴額はそれによって訴訟提起に必要な手数料の額が決まるからね。訴状を提出するときに，手数料の額を間違えたら書記官から指摘されるわ。それに管轄は，どこの裁判所に提出するかの問題だから，よく理解しておいた方がいいわよ」

希美　「はい，わかりました」

3．訴　額

訴額（訴訟物の価額）とは，その訴訟で原告が審判の対象として主張する権利または法律関係について原告が有する経済的利益を金銭で評価した金額をいい，「訴訟の目的の価額」（民訴8条，9条）と同義です。

訴えを提起しようとする原告は，「民事訴訟費用等に関する法律（民事訴訟費用法）」に従って手数料を納めなければなりません。手数料は訴額を基準に算定されます。また，訴額は訴えを提起する裁判所が，簡易裁判所になるか地方裁判所になるかを決める管轄（事物管轄）の基準にもなります。

訴額の算定には次のような一般原則があります。

① 訴額の算定は，訴え提起の時をもって算定する

　　金銭請求の場合には請求金額が訴額となります。将来の金銭給付請求の場合には，中間利息相当分を控除して訴え提起時の現価に引き直します（交通事故事件の損害賠償請求において，逸失利益の請求がこれにあたります）。

② 非財産上の請求について訴額は160万円とみなす（民訴費4条2項前段）

　　経済的利益を直接の目的としない非財産上の請求は，原告の受け

る利益が確定した額面で表されません。そこで，非財産上の請求については，160万円とみなすこととされています。株主代表訴訟がこれにあたります（会社847条6項）。

③ 財産上の請求で算定が極めて困難なものについても，訴額は160万円とみなす（民訴費4条2項後段）

財産上の請求であっても，金銭的に評価することが困難なものもあります。そういう請求については，訴額を160万円とみなすこととしています。

④ 併合請求の訴額合算の原則と例外

2つ以上の請求を併合して求める場合には，各請求の価額を合算したものを訴額とします（民訴9条1項前段）。

ただし，主張する利益が各請求で共通する場合は，その共通する限度で各請求の価額を吸収し最も多額のものをもって訴額とすべきであるので，各請求額を合算しません（民訴9条1項後段）。

⑤ 附帯請求不算入の原則

果実，損害賠償，違約金，費用などを1つの訴えにおいて，その発生原因となった主たる請求（元金）に附帯して請求する場合，附帯請求については訴額に算入しません（民訴9条2項）。

一番身近にある例とすれば，利息や損害金の請求でしょう。元金と併せて，一定の利息や損害金を一緒に請求する場合，この利息や損害金は「(法定)果実」となるので，元金のみが訴額となり，利息や損害金は附帯請求となります。

コーヒーブレイク

手数料は通常，収入印紙を訴状に貼付する方法によって納めますが，納付する手数料の額が100万円を超えるような場合，現金で納付することもできます（民訴費8条ただし書，民訴費規4条の2第1項）。

4．管　轄
(1) 法定管轄

日本には審級によって，また地域によって数多くの裁判所があります。それらはそれぞれ異なった役割を分担しています。このような裁判所に持たされる役割分担を「**管轄**」といいます。

一口に管轄といってもいろんな種類があります。まずは，法律によって定まる管轄を**法定管轄**といいます。以下，具体的にみていきます。

① **審級管轄**

まず，審級に関する管轄として**審級管轄**があります。これは裁判所法に規定があって，一審が簡易裁判所の場合は控訴審が地方裁判所，上告審が高等裁判所になります（裁24条3号，16条3号）。一審が地方裁判所の場合は控訴審が高等裁判所，上告審が最高裁判所になります（裁16条1号，7条1号）。

② **専属管轄**（民訴13条）

法律によって第一審訴訟で専ら特定の裁判所だけが管轄権を有する場合があります。これを**専属管轄**といいます。

専属管轄となっている場合は，当事者の合意によって，管轄を変えることはできません。

専属管轄を定めているものとしては，人事訴訟法4条，破産法126条2項があります。

③ **事物管轄**

そうなると，一審は簡易裁判所か地方裁判所ということになりますが，どちらに訴えを出すかは自由なんでしょうか？　この点は，訴額が140万円を超えないものは簡易裁判所，超えるものは地方裁判所という扱いになってます（裁33条1項1号，24条1号）。これを**事物管轄**といいます。

④ **土地管轄**

では，訴額300万円の訴訟では一審は地方裁判所ということになります。そこでどこの地方裁判所に訴えを出すかということですが

……。
「ここは大阪だけど，夏だから沖縄に行ってみよう～！」
ってことで那覇地裁に出す？
「石垣島に行ってみたい」
から那覇地裁石垣支部に出す？
……というように自由にできるわけではないのです（できないわけでもないんです）。その事件が全国各地にある裁判所のどの裁判所に管轄権があるかを判断することを**土地管轄**といいます。この土地管轄というのはどのようにして決めるのでしょうか？
　法律上，

民事訴訟法4条1項
　訴えは，被告の普通裁判籍の所在地を管轄する裁判所の管轄に属する。

となっていますから，まずは，

　「**被告の普通裁判籍のあるところの地方裁判所または簡易裁判所**」

ということになります。では，その普通裁判籍ってどこにあるのでしょうか？
　法律では，

民事訴訟法4条
② 　人の普通裁判籍は，住所により，日本国内に住所がないときまたは住所が知れないときは居所により，日本国内に居所がないときまたは居所が知れないときは最後の住所により定まる。
④ 　法人その他の社団または財団の普通裁判籍は，その主たる事務所または営業所により，事務所または営業所がないときは代表者その他の主たる業務担当者の住所により定まる。

とあります。つまり，普通裁判籍は，基本的に人の場合は住所，法

人の場合は主たる事務所・営業所のあるところを管轄している裁判所ということなります。これは，訴えられる人は強制的に訴訟に関わることになるので，その人の負担を考えた規定です。

次に，事件の種別・内容に応じて定められた**特別裁判籍**というものがあります。

まず法律では，

> 民事訴訟法5条
>   次の各号に掲げる訴えは，それぞれ当該各号に定める地を管轄する裁判所に提起することができる。
>   一　財産権上の訴え　義務履行地
>   九　不法行為に関する訴え　不法行為があった地
>   十二　不動産に関する訴え　不動産の所在地

とあります。

1号は「財産権に関する訴訟はその義務履行地を管轄する裁判所に提起することができる」ということです。例えば，

> 大阪市在住の人と東京都内在住の人が1,000万円の高級車の売買契約を締結し，車の引渡しと代金支払いを名古屋市でする

という契約をしていたとします。この場合，双方の義務履行地は名古屋市になりますから名古屋地方裁判所に提起することができるのです。

なお，金銭債権の場合の義務履行地は民法に規定があります。

> 民法484条（弁済の場所）
>   弁済をすべき場所について別段の意思表示がないときは，特定物の引渡しは債権発生の時にその物が存在した場所において，その他の弁済は債権者の現在の住所において，それぞれしなければならない。

なので，特約（別段の意思表示）がなければ，お金を返す場所（義務履行地）は債権者の住所地になり，債権者の住所地を管轄する裁判所にも提訴できることになります。

次に，9号は，不法行為に基づく損害賠償請求（民709条）など，不法行為に関する訴訟の規定です。例えば，

> 東京都内在住のAさんと大阪市在住のBさんが名古屋市で交通事故を起こした

という事件で，AさんがBさんに対し，300万円の損害賠償請求訴訟を提起する場合，被告Bさんの普通裁判籍の所在地である大阪市，損害賠償請求は金銭債権ですから，義務履行地となるAさんの住所地である東京都内，さらに，交通事故を起こした地である名古屋市，この3か所を管轄する地方裁判所に提訴できます。

さらに，12号は，不動産に関する訴え（不動産の明渡し・引渡請求訴訟，登記に関する訴訟など）の管轄の規定です。不動産に関する訴訟の場合，この12号に基づき，不動産の所在地を管轄する裁判所に提起することができるだけでなく，事物管轄においても訴額が140万円を超えないものでも第1審は地方裁判所に提訴できます（裁24条1号）。ですから，不動産が存在する場所の地方裁判所に訴えを提起できることになります。

また1つの訴えで数個の請求をする場合，1つの請求について管轄権があれば，他の併合された請求についても管轄権が生じるとされています（併合請求の裁判籍，民訴7条前段）。例えば，

> 甲市在住のAさんは乙市在住のBさんから丙市にある不動産を買い受けて，代金を支払ったが，当該不動産の引渡し，移転登記について，Bさんが協力してくれない。さらに，これとは別にAさんはBさんに対して500万円の貸金がある

という事件で，AさんがBさんに対して，
　① 不動産の引渡し，移転登記請求の訴訟
　② 貸金500万円の返還請求の訴訟
の両方を提起しようとするとき，①の訴訟では，乙市（Bさんの普通裁判籍）と，丙市（不動産所在地の特別裁判籍）を管轄する地方裁判所が管轄裁判所となり，②の訴訟では，乙市（Bさんの普通裁判籍）と，甲市（金銭債権の義務履行地の特別裁判籍）を管轄する地方裁判所が管轄裁判所となります。

　そこで，Aさんが，①と②を別個に提訴したならば①の訴えは甲市の地方裁判所は管轄裁判所とはなりませんが，①と②の請求を1つの訴えで提起する場合は，②が甲市の地方裁判所が管轄裁判所となるので，それによって①の訴えも甲市の地方裁判所が管轄裁判所となります。これが民事訴訟法7条前段の規定です。

　これは，Bさんは②の訴訟が甲市の地方裁判所に提起されたら，そこへ赴かなければならないので，①と②の請求が1つの訴訟で提起された場合，甲市の地方裁判所を管轄裁判所としても，Bさんの利益を害さない，と考えられるからです。

(2) 任意管轄

　法定管轄のうち土地管轄と事物管轄は当事者で任意に変更することができます。これを**任意管轄**といいます（専属管轄は変えることはできません）。もともと法定管轄，特に土地管轄の普通裁判籍は訴えられる被告の便宜を図ったものですから，被告自身が「遠くの裁判所でも行きます」というのであれば，あえて法律で被告の便宜を図る必要もない，ということです。

　この任意管轄が生じる場合として，2つのケースがあります。1つは**応訴管轄**です（民訴12条）。

> 民事訴訟法12条
> 　被告が第１審裁判所において管轄違いの抗弁を提出しないで本案について弁論をし，または弁論準備手続において申述をしたときは，その裁判所は，管轄権を有する。

　これは，原告が管轄違いの裁判所に訴えを提起して被告が管轄違いの抗弁を主張せずにそのまま答弁したり，準備手続で申述した場合，被告がこの裁判所で訴訟をすることを受け入れたと考えて，最初は管轄違いだった裁判所に管轄が生じる，というものです。

　もう１つ任意管轄が生じるケースは**合意管轄**です（民訴11条）。

> 民事訴訟法11条
> ①　当事者は，第１審に限り，合意により管轄裁判所を定めることができる。
> ②　前項の合意は，一定の法律関係に基づく訴えに関し，かつ，書面でしなければ，その効力を生じない。

　これは，あらかじめ当事者間（原告・被告間）で「訴訟になったら○○裁判所でしましょう」と決めておく（合意）ことによって生じる管轄です。

　１項には「……第１審に限り……」とあります。だから，これは第１審のみに認められます。つまり，「控訴したときは○○高等裁判所にしましょう」という合意はダメ！ということです。２項には「……書面でしなければ……」とあります。合意管轄に基づいて提訴する場合は，あらかじめ，管轄の合意の書面を作っておかなければならないのです。

ポイント　事務手続として重要なことは管轄裁判所を間違えずに提出することです。管轄を間違えた場合，書記官から「管轄が違います」と言われ，それが専属管轄であれば受け付けてもらえないこともあり

ます。そんな時は，必ず，担当の弁護士に連絡をして指示を仰ぐようにしましょう。なぜなら，訴訟の提起により時効の中断効を発生させるような場合（民147条1号），訴状を受け付けてもらうことが重要となるからです。

希美 「管轄っておもしろいですね。でも合意管轄って……，そんなふうに最初から裁判しようなんて考えている人なんているんですか？ なんか，現実にそぐわないような気がします」
笑子 「あら，そうかしら。希美ちゃんも管轄合意しているでしょ」
希美 「え～，私，そんなことしていないですよ～！」
笑子 「ねぇ，希美ちゃん，クレジットカード持ってるでしょ」
希美 「持ってますよ。それがどうかしたんですか？」
笑子 「そのクレジットカード作るとき，『申込書』みたいなもの書いたでしょ。その控えの裏を見てごらんなさい。薄い読みづらい字で，最後の方に「管轄の合意」もしくは「合意管轄」という条項があるはずよ。そこには「……第1審を東京地方裁判所とする」というような条項があるわ。つまり，希美ちゃんはクレジット会社と訴訟になったとき，東京地裁を第1審とする合意をしているのよ」
希美 「そんなぁ，そんなこと考えてなかったです～，だまされた～！」
笑子 「なにもだまされたわけじゃないわよ。まぁ，移送を申立てることもできるけど。要するに，なにも問題起こさなければいいのよ。今度からは，申込書の裏面もよく読もうね」

5．訴状の審査

　訴状を提出したら，後は裁判になる……なんて考えていませんか？　まぁ，全くの間違いじゃないと思うんですが，現実は訴状を提出したらOK！　とはいかないものです。例えば，こんな場面を想像してください。

　　時は元禄，江戸は将軍綱吉のもと，柳沢吉保が権勢を振るい，庶

民の生活は貧困の極みでござんして（べんべん！）……番町長屋の五郎吉以下長屋の住人たちは，不正を働らく廻船問屋越後屋総兵衛の悪事を暴くべく，五郎吉を筆頭に奉行所へ直訴に行きましたぁ！
"ドンドン！"（門を叩く！）
「お奉行様〜！なにとぞ，なにとぞ〜！」
「お奉行様〜！！」
"ガタッ"（門が開いて役人が出てくる）
「あ〜，うるさい！とっとと帰れ〜！！」
「なにとぞ，なにとぞ〜」
「うるさい！」
"ボカ！バシッ！"
「う〜……」
"バタ〜ン"（門が閉まる）

　さて，五郎吉さんたちは中に入れてもらえませんでした。こんな状態を何て言いますか？　五郎吉さんたちは門から中に入れてもらえませんでした。だから……そう，「門前払い」です。訴訟においてもこの門前払いに該当する場合があります。それが「**訴状の却下**」です。
　訴状は提出した際に，必要的記載事項が記載されているか等の形式的な審査を受けます。これが充足されていなければ「**補正**」という措置を受けます。それで補正に従わなかったらどうなるでしょう？　裁判所としては受け付けることができないのですから……返す以外にないでしょう。これが「訴状の却下」です。まさしく"門前払い"ですよね。
　民事訴訟法137条に「**裁判長の訴状審査権**」というのがあります。その２項に「……原告が不備を補正しないときは，裁判長は，命令で，訴状を**却下しなければならない**」って書いてます。つまり，補正に応じなかったら「**訴状が却下**」されてしまうのです。しかも，「**……しなければならない**」なので，**必ず却下**しなければなりません。裁判長が「この人は気に入ったから，受けてあげてもいいか。こっちは気に入らないから却下だ」なんてことをしてはいけません。

第4 訴えの提起後の事務手続（訴状提出から判決まで）　✓CHECK □□□

（希美が訴状を提出して，事務所に帰ってきた）

希美　「冴子先生，笑子さん，訴状を提出してきました」

笑子　「ご苦労様。どうだった」

希美　「思っていたより簡単でした。書記官は何かメモしていましたけど……。『訴状の却下』もなかったですし」

冴子　「希美ちゃん，弁護士が作った訴状が却下されたら，恥以外の何ものでもないわよ～」

希美　「あっ，そうか。冴子先生に限ってそんなことはないですよね」

冴子　「まぁ，張切先生なら，ありえるかも……って，そんなことがあったら事務所の信用に関わるわね」

（張切弁護士がやってくる）

張切　「冴子先生，お呼びですか！」

冴子　「ん？　いえ，別に」

張切　「なんか，呼ばれたように思ったもんで……」

冴子　「いえね，張切先生には，いろいろとがんばってもらわないと，ってみんなで話してたの」

張切　「はい！　がんばります！」

冴子　「よろしくね（この根拠のないやる気はどこからくるのかしらねぇ……）。じゃぁ，希美ちゃん，あとは，期日の指定だけど，それは笑ちゃんから教わるか，この本読んで勉強してごらんなさい」

希美　「はい，がんばります」

張切　「ボクが教えようか？」

希美　「えっ……いえ，自分で勉強します」

張切 「……」

1．期日の指定

訴状は受付から各担当部に振り分けられ，初回の**期日**を決めます。この「期日」というのは要するに「裁判をする日」のことなんですが，はじめて聞いたときは多分「は？」と思うでしょう。日常生活ではあまり馴染みのない言葉ですからね。

この「期日」を決めることを「**期日の指定**」といいます。民事訴訟法93条1項では「期日は……裁判長が指定する」となっています。原告に弁護士がついているときは，事務所に書記官が「初回の期日を決めたいのですが」との電話やFAXがくるでしょう。弁護士がついていない"本人訴訟"の場合は，裁判所が期日を決めて，原告・被告の双方に期日呼出状を送付します。さらに，被告に対しては，提出した訴状の副本と答弁書催告書が郵便で送られることになります。

2．送　達
(1)　**特別送達**

訴状その他の書類を被告に送ることを「送達」といいます。「送達」と聞くと郵送を思い浮かべるでしょう。たしかに裁判所ではほとんどの送達を郵便でします。遠方の裁判所から書面が送られてきたことがあると思います。郵便配達員が「特送です〜」といって届けに来たことがあるでしょう。そのとき，住所と受送達者を書く用紙があったと思います。それが送達報告書で，そのまま裁判記録に編綴されます。裁判所の多くは，このように被告には郵便による送達（特別送達）を利用することが多いです。

(2)　**書留郵便に付する送達（付郵便送達），公示送達**

特別送達郵便での送達ができなかった場合，例えば，不在が続いている相手だったり，引っ越した後だったり，そもそもそのような住所地番が存在しない場合（架空請求の業者はこのパターンが多いです），行方不明に

第1章 民事訴訟法と法律事務

書式1 書留郵便に付する送達上申書

平成21年(ワ)第×××号　　貸金返還請求事件
　　原　　告　　株式会社詰込銀行
　　被　　告　　白濡存是濡

書留郵便に付する送達上申書

平成22年○月×日

東京地方裁判所　第△民事部　　御　中

原告訴訟代理人　弁護士　小多助　板巣

　頭書事件について，被告に対し訴状が不送達（不在）となっておりますが，被告は住所地に居住しているものの通常の送達方法では送達ができず，また就業場所も不明ですので，書留郵便に付する送達せられたく，上申致します。

添　付　書　類
　1．住　民　票　　　　　　　1通
　2．報　告　書　　　　　　　1通

なっていたり……。そういう場合の送達はどうするのでしょうか？　その場合は，

　①　書留郵便に付する送達（付郵便送達）（民訴107条1項）　**書式1**
　②　公示送達（民訴110条1項）　**書式2**
という方法を利用します。

　①は，例えば貸付金の訴訟の場合，被告＝債務者は督促状などの郵便物を意図的に受け取らない場合があります。そこで，不在にして書留郵便を郵便局に受け取りに行かない被告に対して付郵便送達にすると，被告が郵便局に受け取りに行かなかったとしても，発送したとき送達があったものとみなされます（民訴107条3項）。

書式2　公示送達申立書

平成21年(ワ)第×××号　　貸金返還請求事件
　　原　　告　　株式会社詰込銀行
　　被　　告　　白濡　存是濡

公 示 送 達 申 立 書

　　　　　　　　　　　　　　　　　　　　平成22年○月×日

東京地方裁判所　第△民事部　　御　中

　　　　　　　　　　　　原告訴訟代理人　弁護士　　小多助　板巣

　上記当事者間の頭書事件につき，訴状の送達につき，被告の現住居所・勤務先が不明であり，その他，送達すべき場所もしれず，通常の手段によっては送達することが出来ないので，公示送達の方法に拠り送達せられたく申立致します。

　　　　　　　　　　添　付　書　類
　　　1．住　民　票　　　　　　　　1通
　　　2．報　告　書　　　　　　　　1通

---

　②は，行方不明の相手に対して訴訟を出した場合の送達方法で，公示送達となると，裁判所の掲示板に公示され（民訴111条），2週間が経過したら送達されたものとみなされます（民訴112条1項本文）。

ポイント　送達に不備があると、後々の手続に影響が出てきます。特に「書留郵便に付する送達」の場合、相手方がそこに居住しているか否かがはっきりしなければなりません。ですので、相手の居住を確認する調査は十分にし尽くす必要があります。

書留郵便に付する送達（付郵便送達）

居るの
わかってるんだけど…

頭隠して尻隠さず

公示送達

だれもいないね

☕ コーヒーブレイク

　被告が送達された訴状を裁判所に送り返したらどうなるのでしょうか？
　「こんなもの，受け取る気はない！」
と言って裁判所に持ってくる人，開封せずに別の封筒にそのまま入れて，書留郵便で裁判所に送り返す人が実際にいます。
　「開封しないで送り返しているのだから，受け取ってないことになる」
と考えているのでしょう。でも，この「送達」は被告のもとに届くか否かが問題であって，一旦，届けられれば，それを受け取ろうが送り返そうが「送達」が完了したことになります。つまり，送り返しても送達が完了しているので，送り返して不利益を受けることになっても，それは本人の責任で不利益を受けることになるのです。

3. 訴訟要件
(1) 訴訟要件とは
　訴訟要件とは，「**本案判決をするための要件**」です。民事訴訟は「私的紛争の解決」が目的であり，当事者がどのような訴えを提起し，どのような解決を望むかは当事者に委ねられます（これを「**処分権主義**」といいます）。とすると，どんな形で訴えようが，それは当事者の勝手……と言いたいところなんですが，他方，民事訴訟は国家機関である裁判所を使って紛争を解決するものです。なので，裁判所を利用する以上，ある程度のルールはわきまえてくださいよ，つまり，裁判所が介入するに相応しいものでないとだめですよ，審理することが無駄だったり，実効的な解決が望めないような紛争は審理をする以前に切り捨ててしまいましょう，というのが訴訟要件なんです。

　では，具体的に訴訟要件とは以下のようなものがあります。
① 当事者と請求が日本の裁判権に服すること
② 裁判所が当該事件につき管轄権を持つこと
③ 当事者が実在すること
④ 当事者が当事者能力を持つこと
⑤ 当事者が当事者適格を有すること
⑥ 訴えの提起・訴状の送達が有効であること
⑦ 訴訟費用の担保の提供の必要のないこと，または提供したこと
⑧ 請求に訴えの利益があること
⑨ 二重起訴の禁止に触れないこと
⑩ 再訴禁止に触れないこと
⑪ 仲裁契約・不起訴の合意のないこと

(2) 当事者能力
　「**当事者能力**」とは，「**民事訴訟の当事者となりうる地位**」と説明されます。

　民事訴訟は「私的紛争の解決を目的とする手続」でした。ということは，私的な紛争，つまり個々人間の紛争が存在することが前提となりま

す。当事者となりえないものに対して判決を出しても紛争の解決にはなりません。だから「当事者能力」が要求されるのです。

その当事者能力の有無の判断は，まずは民法上の「権利能力」に従います。「権利能力」とは「権利を取得して義務を負担できる人」のことだと思ってください。例えば，「人＝自然人」はだれでも権利能力がありますよね。「人＝法人」も法律によって人格が与えられているので権利能力がありますよね。じゃ，まだ法人として成り立っていない団体は？　例えば，大学のサークルとか，時々ゴルフ場とかテニスコートで見かける暇なおばちゃんの集まりとか……この場合は，その集まりの個々人には当然権利能力はあります。でも集まった団体は法人でもないから権利能力はありません。だから，こういった団体が訴訟を起こすときは，そこに属する人々（構成員）が共同原告（被告）となって訴訟を遂行することになります。

ただ，法人でなくても当事者能力が認められる場合があります。民事訴訟法29条では，「権利能力なき社団・財団」でも代表者・管理者の定めがある場合は当事者能力があるとしています。これは，法人でなくてもそのように代表者の定めがある団体は，社会的に1つの実体として認められ，紛争解決の当事者として扱うことが理に適っているということを根拠としています。

まあ，事務処理上のレベルでは人（自然人）と法人に当事者能力があると考えておけばよいでしょう。

(3) **当事者適格**

「当事者適格」ですが，これは，「**当事者が申し立てた特定の訴訟物について，当事者として訴訟を追行し，本案判決を求めうる資格**」と説明されています。要するに，「この人に対して判決を出したら紛争が解決する」つまり，**この人を当事者とすることが適切かどうかを判断する基準**だと考えてください。

例えば，貸金を返せという訴訟を出すとしたら，被告となる人は当然，貸した相手＝借り主ですよね。これを国民の紛争を解決するのは政府の

仕事だ〜！　といって，内閣総理大臣を相手に訴訟をしても紛争の解決になるでしょうか？　ちょっと例が極端でしたが，適切な者を当事者としているかを判断する基準が当事者適格だと考えてください。

(4)　訴えの利益

「**訴えの利益**」は民事訴訟法ではよく出てくる言葉です。これは「**当該請求が判決の対象として適切であること**」と説明されます。つまり，**原告が出してきた請求について裁判所が裁判をして判決をする必要性，さらには判決をすることによってその紛争が解決できる実効性があるのかを判断する基準**となるものです。

民事訴訟は私的紛争の解決を目的としています。そして，訴訟を利用するか，どんな判決を求めるか，どんなふうに訴訟を終了させるか（判決までもらうか，和解にするか），そういったことは当事者が決められるんでしたよね，これを「処分権主義」といいました。

そうすると，どんな訴えを出すかは当事者（原告）の自由ということになるはずですよね。だからといって何でもかんでも訴えを提起していたら，裁判所はたまらないでしょう。それに本当に裁判が必要な人も迷惑します。だから，**裁判をするだけの必要性があって，さらにその解決が図れるかどうかを判断して，それが叶うものだけ裁判をしましょう**，ということになるんですよ。だから，「訴えの利益」というものが出てきたんです。

(5)　その他の訴訟要件

「二重起訴の禁止」（民訴142条）とは，現在すでに係属中の訴訟について当事者が同一の訴えを提起するのを禁止することです。「再訴禁止」（民訴262条2項）とは一度確定判決が出された訴えを再度提起するのを禁止することです。

「仲裁契約・不起訴の合意のないこと」とは当事者間で訴訟を利用しない合意や仲裁契約がないことをいいます。

この訴訟要件が整っていないために出される判決を「**訴訟判決（訴えを却下する）**」といい，原告の請求を審理してそれに対して出される判決

を「**本案判決（原告の請求を棄却する）**」と区別します。

　訴状の形式が整っていない場合，「訴状の却下」が命令で出されます。これは「門前払い」でした。訴状の審査をパスして「門」を通過して玄関まで来ました。でも，訴訟要件が整っていなかったので，「訴えを却下する」訴訟判決が出されました。これは「玄関払い」です。玄関も通過して，やっと「法廷」という家の中まで入ることができました。そこで為される審理が「本案審理」，つまり紛争の解決を図るための審理に入るわけです。

4．原告の主張
(1)　弁論主義

　民事訴訟の審理の対象は，原告の主張する請求権の存否です。それについて裁判所は審理するのですが，裁判所は自由に何でもできるのでしょうか？

　そもそも民事訴訟の目的とは何でしょうか？　刑事訴訟ならば，「真実発見」ですよね。刑事訴訟は犯罪を犯したとして起訴されている人に対して，刑罰を科すかどうかを判断する裁判手続ですよね。そこでは当然，有罪か無罪かという結論が出てきます。有罪は検察官の勝訴，無罪は被告人の勝訴ですよね。まあ，量刑の違い（人や罪状によって懲役や禁錮の期間が違うでしょう），執行猶予の有無なんてこともありますけど，結論は有罪か無罪でしょう。じゃ，これを民事訴訟に当てはめてみると，

　　原告勝訴＝有罪
　　被告勝訴＝無罪

ってことになるでしょ？　じゃ，逆に考えてみて，民事訴訟の「和解」ってのは刑事訴訟の何にあたりますか？

　　和解＝？？？

　刑事訴訟で検察官と弁護人が裁判所でお互い譲歩して結論を出す……無罪だけど裁判で争うのはしんどいからって，やってもいない軽い罪を認める……，やっぱりおかしいですよね。やはり，「白黒つけてやる」

じゃないけれど，刑事裁判の目的は真実の発見でしょう。犯罪の結果（人が殺された，お金が盗られた，怪我させられた，誘拐された……）があって，だれかがそれをやったんだから，必ず犯人はいるはずなんですよね。なのに，

「やったことにしておいて，刑をこのくらいでどうでしょう」

なんて，おかしいでしょう。だから，刑事裁判では真実発見のために，つまり検察官は起訴した以上，被告人が犯人だと思っているので有罪にするために証拠を出す，被告人（弁護人）は無罪とするために，または有罪でも情状酌量で減刑するために，それぞれ戦うわけですよね。

でも……。

民事訴訟の目的は何でしょうか？

「裁判だから真実発見が第一です！」

と思ってるあなた！　言ってることは正しいのです。でも，民事訴訟って「実体法上の権利の実現手続」，つまり，個々人の権利を実現＝行使できるようにするための訴訟手続です。何で裁判外で実現できないか？　それは紛争があるからでしょう。もめ事がないならスムーズに権利行使できますからね。やっぱりもめ事があるから権利行使ができない。だから，もめ事を解決して権利行使できるようにしましょう，ということなんです。ということは……**民事訴訟の第1の目的は真実発見よりも"私的紛争の解決"**なんですよね。極端な話（あくまでも極論ですよ），真実がどうであれ，当事者が納得して解決できれば，実際のところ真実とは違ってもよしとしましょ，ってことなんです。

例えば，AさんがBさんに対して100万円の貸金返還請求をしたとします。

この場合，Aさんの主張は，

① 100万円の金銭の授受があった

② これについては返還の合意があった

③ 1週間以内に返すように催告した

ということですよね。ここで，Bさんが，

① 100万円の金銭を受け取った
② たしかに返すという約束をした
③ たしかに催告された

と答弁したとしましょうか。そしたら，AさんとBさんの間では争うべき事実はないわけですよね。ただ，Bさんがお金を返していないだけですから。そうするとAさんの主張をBさんは認めたわけですから，AさんとBさんとの間の紛争は解決できたことになるでしょ。だから，裁判所は，

「BはAに金100万円を支払え」

という判決を出すことになります。これでAさんとBさんの間の紛争はめでたく解決です。でも，真実は……。

> 　Aさんが1,000万円の宝くじがあたったからって，Bさんに気前よくポーンと100万円をプレゼントしたのでした。で，調子にのったAさんはお金をドンドン使ってしまって，せっかくあたった賞金がなくなってしまいました。で，AさんはBさんにあげた100万円が惜しくなってしまいました。そこで，Aさんは，
> 　「今の世の中だれが100万なんて金をただでやるんだ，言わなくても常識で考えればわかるだろ！　あれは貸したんだ，だから返せ!!　このやろう!!」
> といって，Bさんを訴えたのでした……。

というのが本当でした。つまり真実はAさんからBさんへの"贈与"だったんですよ。だから真実発見が第一目的ならばどうなりますか？ たとえAさんもBさんも「貸した，借りたでいい」と言っていても，真実は贈与ですからね。裁判所は，

「何を言っているんだ，Aさん，あんたその100万円あげたんでしょ，なのに今更惜しくなったからってそんな言い方はないだろ！　それにBさん，あんたもあんただ！　どうして本当のことを言わないの！」

なんてことを言って，Aさんの請求棄却の判決を出すなんてことはしません，というよりそういうことをしてはいけないのです。

民事訴訟には「**弁論主義**」という言葉があります。これは，「**訴訟資料の収集・提出を当事者の権能および責任とする建前**」と定義されています。

民事訴訟で争われるのは個人の権利ですよね，「お金を返せ」だったり，「貸家から出ていけ」だったり，「慰謝料を払え」だったり，そういう個人の権利行使が何らかの事情で妨げられているから，裁判所の力を借りて権利を行使しようとするものですよね。ということは，逆にいえば，権利者である当の本人が，

「そんなことしなくてもいいよ」

と思えばなにも裁判なんてしなくてもいいですよね。お金を貸したけどもう別に返してもらわなくてもいいよ，とか，家賃滞納してるけど可哀想だからおいてあげようとか……，こんな人に裁判所が自分から出ていって，

「それはよくない！　裁判しましょう」

なんていうことはありません。なぜなら，その権利は裁判所の権利じゃなくて個々人の権利だから，その権利をどう使おうが個々人の自由，裁判所がしゃしゃり出てくるのは大きなお世話！　ということなんです。だから，裁判を利用するかしないかは個人の自由（これを「処分権主義」っていいました）ですが，裁判の審理においても，裁判所に認めてもらうための活動は個々人が自分でしなさい，裁判所から進んですることはないですよ，というのが「弁論主義」なんです。

弁論主義の根拠は，「**民事訴訟は私人間の私的権利に関する紛争解決を目的とするから，訴訟上の私的自治の原則を尊重し，事実・証拠に関する収集を当事者の権能および責任とすることが望ましい**」と説明されます（それよりももっと簡単に言うことの方が望ましいと思いますが……）。

この「**私的自治**」という言葉はよく出てきますから覚えておいてください。これは私的な法律関係は個々人の支配に委ねる，とでもいいまし

ょうか．要するに私的紛争は当事者同士の判断を尊重しましょう，ということなんです。言うなればこれが民事訴訟と刑事訴訟の大きな違いです。

この弁論主義の内容として，通常，3つの帰結があるとされています。これを「**3つのテーゼ**」といいます。

🔲 **3つのテーゼ**

① 裁判所は，当事者の主張しない事実を判決の基礎としてはならない
② 裁判所は当事者間に争いのない事実は，そのまま判決の資料に採用しなくてはならない
③ 裁判所は，当事者間に争いのある事実を認定するには，当事者の申し出た証拠によらなければならない

まず第1テーゼですが，

> AさんはBさんに100万円貸したけれど，Bさんはその後，Aさんに30万円だけ返しました。

という例で考えてみます。30万円だけ返済したという事実があるのに，AさんもBさんもその事実を主張してないとします。

この事実をたとえ裁判官は別の人たちからなんらかの事情により知ったとしても，裁判の当事者はAさんとBさんですから，この2人が主張しない以上，この事実に基づいて判決をしてはいけないということです。

次に第2テーゼですけど，当事者間に争いのない事実はそもそも争点にはなりませんよね。それにそのまま事実があると認定しても当事者双方とも文句はないでしょう。だから，そのまま判決の基礎としなければならないのです（たとえそれが真実と異なっていてもです）。

最後に第3テーゼですが，どんな証拠を出すかは当事者の自由なんだ

から、裁判所が自ら証拠を集めてはだめ、ということです。

以上を踏まえて、先の36ページの例を考えてみると……。

Aさんの訴えはBさんに対し、「貸した金返せ」で、それを根拠づける事実としては、

① 100万円の金銭の授受があった
② これについては返還の合意があった
③ １週間以内に返すように催告した

ですよね。この３つの事実が立証されれば、Aさんは勝訴するんですよ。でも真実は贈与なんだから、こんな事実はなかったんですよ。でも、Bさんはこの３つの事実について争わず、認めましたよね。そうなると、AさんとBさんの間では第２テーゼに基づいて、この３つの事実は「**争いのない事実**」ということになって、裁判所はそのまま判決の基礎としなければなりません。だから出される判決は、

「BさんはAさんに100万円（＋損害金）を支払え」

となります。

たとえ真実と多少違っても当事者が納得していればそれでいい、というのが民事訴訟なのです。

コーヒーブレイク

ただ、弁論主義が原則だとしても、裁判所としては「釈明権」（民訴149条１項）を行使して、当事者に主張を促す場合があります。

これは、一方だけに弁護士がつく場合のように、当事者に訴訟遂行能力に差があるときになされることが多いです。

先の36ページの例でいうと、弁論の全趣旨から、贈与ではないかと裁判官が感じたときに、Bさんに対し、

「借金でいいのですか？　贈与ではないのですか？」

というように、主張を促したりします。それでもBさんが主張を変えなければ、そのまま「争いのない事実」となります。

(2) 主要事実・間接事実・補助事実

民事訴訟では，「事実」は通常，三者に分類されます。

> 「主要事実」……法律効果の発生・変更・消滅を定める構成要件に該当する事実
> 「間接事実」……主要事実を推認させる事実
> 「補助事実」……証拠の証明力に関する事実

具体的に金銭消費貸借の場合で考えてみると，
「金銭を渡した事実」「返還の約束をしたこと」が主要事実で，「金銭を渡したとする日から，被告が金回りがよくなった事実」が金銭の授受があったことを推認させるので，間接事実にあたり，「証人は被告の妻である」「被告は嘘つきで有名である」など，証拠の証明力に関する事実は補助事実となります。

この「主要事実」が弁論主義の第1テーゼ，第2テーゼにあてはまる事実です。だから，間接事実と補助事実については当事者の主張がなくても裁判所は認定してもよいことになるのです。

(3) 主張責任・証明責任（立証責任）

「主張責任」とは，「**主要事実が主張されない場合，その事実を要件とした法律効果の発生が認められないという不利益の負担**」をいいます。「証明責任（立証責任）」とは，「**主要事実が真偽不明の場合にその事実を要件とした法律効果の発生が認められないという不利益の負担**」をいいます。何のことかよくわからない……と思う人もいるでしょう。

例えば，AさんはBさんに100万円貸したから返せ，という訴えを出す場合，ここで，主要事実，つまり貸金返還請求権を発生させる事実は，

① AさんからBさんに100万円の 金銭の交付 があった
② AさんとBさんの間では，これについては 返還の合意 があった
③ 弁済期が到来した

というのが主要事実となりますね。主要事実については，当事者が主張

しないと裁判所は認定できないのですから，この3つの主要事実について当事者は主張しなければならないのです。では，Aさん，Bさんのどちらが主張しなければ不利益を被るのでしょうか？　これらの3つの主要事実の主張がされないと不利益を被るのはAさんですね。従って，これらの3つの事実について主張責任があるのはAさん，ということになります。

次に，この3つの事実があったことについて，Bさんが否認したとしたら，証拠を出して立証しなければなりません。ではAさん，Bさんのどちらがこの3つの事実が立証できないことによる不利益を被るのでしょうか？

証明責任は，いずれか一方の当事者が負う不利益の問題ですから，どちらかの当事者がこの不利益を負担しなければなりません。これを「証明責任の分配」といい，その基準は，通説では実体法の定め方によるとされています（法律要件分類説）。具体的には，

① 権利を根拠づける構成要件の該当事実についてはその権利を主張する者
② 権利の発生を障害する構成要件の該当事実についてはその権利を争う者
③ 権利を消滅させる構成要件の該当事実については，その権利を争う者

がそれぞれ証明責任を負うことになります。そして，主張責任の分配基準は証明責任の分配に従うと説明されています。

例に戻りますと，「金銭の交付」と「返還の合意」と「弁済期の到来」の事実はAさんの**権利を根拠づける事実**です。だから，**その権利を主張するAさんが主張責任を負い，証明責任を負います**。そして，その事実を主張しない，または立証活動をしても立証できなかった場合，その事実はないものとされてAさんは不利益を負います。これが主張責任，証明責任です。

5．被告の主張（認否と抗弁）

(1) 認 否

（訴状記載の）原告の主張に対し，被告は答弁書や準備書面で言い分を主張していくことになります。

弁論主義では，
① 裁判所は，当事者が主張しない主要事実は認定できない
② 当事者間に争いのない事実は認定しなければならない

ので，まず，被告としては，原告の主張に対し，どの部分を認め，どの部分を争うのかを明らかにしなければなりません。これを「認否(にんぴ)」といいます。

認否に使う用語には，「認める」「否認する」「不知(ふち)」「争う」などがあり，全く認否しない場合もあります（沈黙）。

「認める」とは，相手の主張事実を認め，争わないことです。これにより，当該事実は「争いのない事実」となり，主要事実である場合，裁判所はそのまま判決の基礎にしなければなりません。

「否認する」とは，相手の主張事実を否定することです。これにより，相手は証明責任を負うことになります。

「不知(ふち)」とは，その事実を「知らない」という意味で，「否認」と推定されます（民訴159条2項）。

「争う」とは，相手方の法律上の主張を認めないことをいいます。

何も認否しない場合は，その事実を認めた，つまり「自白」したと推定されます（これを「擬制自白(ぎせいじはく)」といいます）。

(2) 抗 弁

また，被告は，原告の主張する事実を認めたうえで，それと両立する原告の請求を排斥するに足りる別の事実を主張することもできます。これを「抗弁(こうべん)」といいます。

例えば，貸金返還請求訴訟において，原告が，
① 金銭の交付
② 返還の合意

③　弁済期の到来

の３つを主張してきた場合，被告が，

「確かに，お金は受け取ったし，返す約束もしたし，期限もすぎた。でも，そのお金はもう返したはずだ」

という主張をしたとします。この被告の主張は，原告の３つの主張を認めたうえで，「返済した」という別の事実を主張しているわけです。

抗弁事実については，抗弁事実を主張した者が証明責任も負います。ですから，この場合，被告が返済して債権が消滅しているという事実を証明しなければなりません。

6．争点整理と証拠調べ・事実認定

訴状，答弁書，準備書面で原告・被告が主張・認否・反論を繰り返した結果，争点となる主要事実が明らかになり，各自証明責任を負う事実についての立証活動（書証の提出，人証の申請）をします。

そして，裁判所は争点について必要な証拠調べをして，最終的に原告の主張と被告の主張について，一定の事実認定をすることになります。

事実認定のために調べることのできるのは当事者が申し出たものに限られますので，証拠調べは，まず，①当事者が証拠を提出し，②裁判所の証拠の採用の決定（これを「証拠決定」といいます），そして③証拠調べの実施をします。

書証は，当事者から提出され，裁判所が採用すれば法廷で原本を裁判官に提示します。人証は証人申請を行い，採用されれば証人尋問をします。

その他必要に応じて鑑定・検証等をすることもあります。

証拠調べの結果，裁判所が得た事実認定に基づいて，法律を適用して判決が出されることとなります。

7．特殊な手続
(1) 訴えの変更（民訴143条）

「訴えの変更」とは「訴訟係属後に，原告が当初からの手続を維持しつつ，当初の審判対象（請求の趣旨または原因）を変更すること」をいいます。これを認める趣旨は，「従来の訴訟を維持することが訴訟経済に適い，当事者の利益に合致する」ことにあります。

本来ならば，それまで係属している訴えを一旦取り下げて，変更後の請求内容で新たに訴訟を提起すべきでしょうが，そうすると，それまで行ってきた訴訟行為が無駄になり，新たな訴訟手続において再度同じことを繰り返す部分（重複部分）があるかもしれません。そこで，それまでの手続を生かしつつ，新たな手続を行う方法として，「訴えの変更」の手続をすることが認められる場合があるのです。

その要件は，
① 請求の基礎の同一性
② 著しく訴訟手続を遅滞させないこと
③ 口頭弁論終結前であること
です。

ポイント 訴えの変更では，「訴えの変更申立書」を提出します。この申立書は被告に「送達」するので（民訴143条3項），被告の人数分の副本が必要となります。この提出はFAXではできません。

訴えの変更に伴い訴額が変わる場合には，変更後の訴額による印紙額と，訴状ですでに納付した印紙額との差額を納付します。

(2) 反訴（民訴146条）

「反訴」とは，「係属中の本訴の手続内で，関連する請求につき被告が原告に対して提起する訴え」をいいます。つまり，訴えを出された被告が，その訴えに関連することについて，逆に原告を訴える手続です。

これを認める趣旨は，「重複審理・判決の矛盾の回避」「原告に訴えの

変更，併合が認められていることとの均衡」にあります。原告は自分が出した訴えの内容を変更したり，またはすでに出した訴えに関連して，別の訴えを提起して併合してもらったりできるのですから，逆に，被告にも関連した訴えを原告に対して出せるようにしたのです。

要件は，
① 反訴の請求の目的が，本訴の目的である請求または防御の方法と関連するものであること
② 他の裁判所の専属管轄に属さないこと
③ 著しく訴訟手続を遅滞させないこと
④ 口頭弁論終結前であること

です。

ポイント　反訴の提起は反訴状によってなされます。反訴状にはもとの事件（これを反訴に対して「本訴」といいます）の事件番号も記載し，当事者の表示は，本訴の被告が反訴原告，本訴の原告が反訴被告となり，反訴被告の数の副本が必要になります。

添付書類については，本訴で提出済みのものは，反訴で改めて提出する必要はありません。訴訟委任状ですが，反訴の提起には特別な授権が必要となりますので（民訴55条2項1号），本訴で提出済みの訴訟委任状に反訴に関する委任事項が記載してあれば新たなものは必要ありませんが，記載がない場合は，反訴の提起を委任事項とした新たな委任状を添付する必要があります。

反訴状の貼用印紙については，訴状と同じように訴額に基づき算出されますが，民事訴訟費用等に関する法律別表第1の6項に特別の規定があり，本訴と反訴の訴訟の目的が同一である場合には，手数料は不要となり，目的が異なる場合には，異なる部分の訴額に応じた印紙が必要となります。

(3) 弁論の併合（民訴152条1項）

「弁論の併合」とは、「同じ裁判所に、当事者や請求の原因が関連する訴訟が複数係属している場合に、1つの手続にまとめて進行させること」をいいます。同じ原告が同じ被告に対して複数の訴訟を提起しているときに、それらの審理手続（弁論）を一緒にして（併合）、複数の訴えが同時に審理されることになります。

> **ポイント** 弁論の併合は、裁判所の職権で行われるので、希望する場合は、職権を促すために各々の担当部（係）に併合の上申書を提出します。

(4) 補助参加（民訴42条）

「補助参加」とは、「他人間の訴訟の結果について利害関係を有する第三者が、当事者の一方を補助するため、その訴訟に参加すること」をいいます。

例としては、Aさん（債権者）が原告となって、Bさん（債務者）に貸金返還請求（「金返せ」の訴訟）を提起し、Bさんが「その借金はすでに返した」などのように、否認しているとき、その保証人であるCさんは、Bさんの債務がなくなれば、保証人としての責任も消える（なくなる）のですから、「Bさん、ガンバレ！」とBさんに補助参加するようなケースが考えられます。

この趣旨は、
① 第三者に手続関与の機会を与えて不利な結果を防止する
② 参加人の訴訟行為により、被参加人に有利な訴訟展開を期待
③ 後訴を含めた紛争の一回的解決

にあります。

補助参加は、補助参加申立書を提出して行います。補助参加申立書は、当事者に送達され（民訴規20条）、当事者が補助参加について異議を述べたときは、裁判所は、補助参加の許否について、決定をします。この場

合，補助参加人は，参加の理由を疎明しなければなりません（民訴44条1項）。

ポイント　補助参加申立書を「当事者の数（原告と被告）＋1（裁判所用）」を用意し，当事者に送達するための郵券（郵便切手）を納付しなければならない場合もあります。

(5) 独立当事者参加（民訴47条）

「**独立当事者参加**」とは，「**訴訟の結果によって権利が害されることを主張する第三者または訴訟の目的の全部もしくは一部が自己の権利であることを主張する第三者は，その訴訟の当事者双方または一方を相手方として，当事者としてその訴訟に参加すること**」をいいます。

例えば，Aさんが，Bさんに対して，Bさんが住んでいる（占有している）家が自分の物だと言って，「明け渡せ！」という訴訟（建物明渡請求訴訟）を提起していたとします。そこに，Cさんが「その家は（Aさんの物でもBさんの物でもなく）私の物だ！」と言って，AさんとBさんを相手に訴訟に参加してくるケースが考えられます。

その趣旨は，
① 同一権利関係の矛盾ない解決
② 審理の重複による裁判所・当事者の負担増大の防止
にあります。

独立当事者参加の申出は，書面でしなければならず（民訴47条2項），独立当事者参加の申立書の副本は，当事者双方に送達されます（民訴47条3項）。

ポイント　補助参加の場合と同じように，独立当事者参加申立書を「当事者の数（原告と被告）＋1（裁判所用）」を用意し，当事者に送達するための郵券（郵便切手）を納付しなければならない場合もあることです。

(6) 訴訟告知（民訴53条）

「訴訟告知」とは、「訴訟係属中に当事者が当該訴訟につき利害関係を有し参加しうる第三者に対して、訴訟係属の事実を通知すること」をいいます。

その趣旨は、
① 被告知者の参加による有利な訴訟展開の期待
② 被告知者の手続保障
③ 関係者間の紛争の統一的解決

にあります。

訴訟告知は、その理由及び訴訟の程度を記載した書面を提出してしなければならず（民訴53条3項）、副本は、訴訟告知を受けるべき者に送達されます（民訴規22条）。

ポイント　訴訟告知書を「当事者の数（原告と被告）＋1（裁判所用）」を用意し、被告知者に送達するための郵券（郵便切手）を納付しなければならない場合もあることです。

(7) 受継申立（民訴124条）

訴訟継続中に当事者が死亡するなどして訴訟が中断した場合には、訴訟手続の承継が必要になります（訴訟代理人がある間は中断されませんが、承継人から新たに委任を受けて承継手続をとるのが一般的です）。だれが受継するかについては、中断の事由ごとに民事訴訟法124条に定められています。受継のためには訴訟手続受継の申立てが必要になりますが、承継する側から受継申立する場合と相手方から受継申立する場合があります。

なお、相続による中断の後は、相続人は相続放棄をすることのできる期間は受継することができない、と規定されています（民訴124条3項）。

この他にも破産にかかわる中断（破44条1項）などがあり、この場合は訴訟代理人がいても中断することになっています。

8．訴訟の終了

(1) 判決（民訴243条〜）

　判決は，通常，法廷で裁判長が主文を朗読して言い渡されます。判決が言い渡されると，判決書は遅滞なく裁判所書記官に交付され，書記官は言渡日及び交付の日を判決書に付記捺印します。

　被告が，口頭弁論において原告の主張に対し争わず何らの防御もしない場合や，公示送達で呼び出しを受けて口頭弁論に出頭しない場合には，判決書の原本に基づかずに口頭弁論の場で判決の言い渡しをすることができ，その場合には判決書の作成に代えて，判決の内容を口頭弁論期日調書に記載します（民訴254条）。これを「**調書判決**」といいます。

　書記官は判決書の交付を受けた日または判決の言い渡しの日から2週間以内に判決書（調書判決も含みます）の正本を当事者に送達しなければなりません（民訴255条1項，民訴規159条）。

　判決に計算違い，誤記などの明白な誤り（「誤謬(ごびゅう)」という言葉を使っていたこともあります）がある場合には，裁判所は申立てまたは職権でその誤りを訂正する決定をすることができます（民訴257条1項）。これを「**更正決定**」といいます。

　更正決定は通常当事者からの申立てによりなされ，裁判所が決定書を作成しそれを当事者に送達します。判決に限らず和解調書などの誤りについても更正決定の申立てにより訂正することができます。

　この更正決定は，判決書と同様に，当事者に送達されます。

　判決に変更や更正などがなく，当事者が控訴をしないで控訴期間が経過すれば，判決は確定します。

　その後，（強制執行など）必要に応じて「判決確定証明書」の交付申請ができます。

(2) 訴えの取下げ（民訴261条），手数料の還付申立（民訴費9条3項1号）

　原告は，**判決が確定するまで**，訴えの全部または一部を取り下げることができます（民訴261条1項）。ただし相手方が準備書面を提出し，弁論準備手続での申述や口頭弁論を行った後は，相手もその訴訟で紛争の決

| 書式3 | 手数料還付申立書 |

平成21年(ワ)第×××号　　貸金返還請求事件
　　原　　　告　　株式会社詰込銀行
　　被　　　告　　白濡　存是濡

手数料還付申立書

平成22年○月×日

東京地方裁判所　第△民事部　御　中
　　　　　　　　　　　　　申立人（原告）代理人
　　　　　　　　　　　　　　　弁護士　　小多助　板巣

　上記当事者間の頭書事件につき，下記事由により手数料を還付されたく申し立て致します。

記

　　還付を求める理由
　　　　第一回口頭弁論期日の終了前に取下げ，事件が終了したため。
　　1．納付した手数料　　　　　　　金○○○○円
　　2．還付を求める手数料　　　　　金○○○○円

請　　　書

　還付決定正本1通受領いたしました。

平成22年○月×日

　　　　　　　　申立人（原告）代理人弁護士　　小多助　板巣

東京地方裁判所　第△民事部　御　中

着をつけたいと思っている場合もあるので，取り下げることについての相手方の同意が必要になります（民訴261条2項本文）。

訴えの取下げは，取下書を提出して行いますが（民訴261条3項本文），口頭弁論，弁論準備手続，和解の期日において口頭で行われることもあります（民訴261条3項ただし書）。

また，取下げに被告の同意が必要となるケースで，被告の同意を得ていない一方的な取下げの場合には，被告に取下書を送達して2週間以内に被告から異議がなければ，同意したものとみなされます（民訴261条5項本文）。

第1回の期日の前で，かつ，被告が答弁書などの準備書面を提出していない時点で，訴えを取り下げたとき，別途に申立てをすれば，訴訟提起時に納めた手数料（訴状に貼付した印紙額）の2分の1の額（その額が4,000円に満たないときは，4,000円）を控除した金額を返して（還付して）もらえます（民訴費9条3項1号）。これを「手数料の還付」といいます。

「手数料還付」の方法は，個々の裁判所で細かい手続は異なることがあり得るので，個別に確認する必要がありますが，おおよそは，係属していた裁判所（担当部）に，「手数料還付申立書」 書式3 を提出します。そうすれば，裁判所（担当部）から，「手数料還付決定」が出されますので，その決定正本を受領して，裁判所の会計係で所定の手続をすれば，後日，国庫金として，指定口座に振り込まれる，という方法を採っている裁判所が多いようです。

(3) 請求認諾・請求放棄（民訴266条1項）

「**請求認諾**」とは，被告が，原告の請求が理由のあることを認めるとの裁判所に対する意思表示をいい，「**請求放棄**」とは，原告が，自分の請求が理由のないことを自認する裁判所に対する意思表示をいいます。

(4) 和解（民訴264条〜）

「**和解（訴訟上の和解）**」とは，訴訟の係属中に，当事者双方がその主張を譲歩して，訴訟を終わらせる旨の合意をすることをいいます。和解は通常当事者双方が期日に出頭し合意内容を決め，裁判所がこの合意を

「和解調書」に記載することによって成立します。特別の事情で一方の当事者が出頭困難な場合は，あらかじめ受諾書面を提出させ和解を成立させることができます（民訴264条，民訴規63条）。

　なお，当事者の共同の申立てにより，裁判所が事件の解決のために適当な和解条項を定めることもできます（民訴265条，民訴規164条）。

　和解が成立し，和解条項が和解調書に記載されると訴訟は終了し，和解調書は確定判決と同一の効力を有することになります（民訴267条）。

第5　訴訟終了後の事務手続

事務手続として重要！
✓CHECK □□□

1．判決等の送達

(1)　判決の場合

　判決は，判決言渡期日に法廷で言い渡されます（民訴251条）。民事訴訟は刑事訴訟と異なり，当事者が法廷にいなくても判決は言い渡されます。そして「判決正本」が当事者に送達されます（民訴255条）。この判決正本が送達された日から2週間（初日不算入）が上訴期間となります（民訴285条，313条）。

　送達は，訴状と同じく特別送達で行うか，もしくは，当事者に代理人弁護士がついていて，裁判所に取りに来れる状況にあるならば，書記官室で直接交付することがあります（「**交付送達**」といいます）。

　もし，被告に対して訴状を公示送達の方法により送達しているならば，職権で判決も公示送達の方法により行われます。この場合，「同一当事者に対する2回目の公示送達」となるので，掲示を始めた日の翌日に送達の効力が発生します（民訴112条1項ただし書）。

ポイント　なんらかの理由で被告に判決正本が送達できない場合，事務手続としては，新たな送達の方法を裁判所に上申しなけなければなりません（「**再送達上申**」といいます）。その方法としては，休日に送達するか（**休日送達上申**），相手の勤務先に送達するか（**就業場所送達上申**），書留郵便に付する送達にするか（**付郵便送達上申**），公示送達とするか（**公示送達申立て**）などが考えられます。

　勝訴判決を得て，それに基づいて執行もしくは登記手続をする予定で，判決が確定することが必要ならば，裁判所に被告への送達状況を確認しておく必要があります。

　逆に，一部もしくは全部敗訴の判決が出され上訴が必要な場合，判

決正本を受け取った日から2週間が上訴期間になりますから，期間を徒過しないように判決正本を受け取った日がいつなのかを明確にして，上訴期限に注意しなければなりません。

(2) 和解，認諾の場合

和解・認諾がされたときは，それぞれ「調書」が作成され，それらは「確定判決と同一の効力」を有します（民訴267条）。

それらに基づいて強制執行をするときは，それら調書が相手方に送達されていることが必要となります（民執29条）。

ポイント ただし，和解や認諾の場合は判決と違い，「**送達申請**」手続をしなければ，送達されることはありません。ですから，和解・認諾の場合は，送達申請を忘れずにすることが大切です（ただ，現在では和解の場合，和解の席上で口頭で送達申請をすることが多くなっています）。

2．判決等の内容の確認

判決正本，和解調書，認諾調書などが送達されてきたとき，勝ち負けも気になりますが，**事務手続としては，受け取った日を忘れずにチェックしておき**（上訴期間が関係してくるため），さらに，**判決主文，当事者の表示などに誤りがないかを確認しておく必要があります**。でなければ，後に強制執行しようとしたときに債務名義に不備があることになり，強制執行できなくなるおそれがあるからです。

もし，判決に誤りを発見したときは，裁判所に対し「更正決定の申立て」をする必要があります（民訴257条1項）。更正決定は条文上「申立てによりまたは職権で」となっており，職権でもなされる規定になっていますが，事実上，申立てによってなされていることが多いです。

3．上訴の手続
(1) 控訴の場合

　第一審の判決が（一部または全部）敗訴で控訴する必要があるとき，控訴状を第一審裁判所に提出します（民訴286条1項）。控訴の申立ては特別の委任を受けなければならないので（民訴55条2項3号），第一審で提出した委任状に控訴の申立てが委任事項に含まれていれば，申立てについては委任状は不要になるはずなのですが，後に控訴の取下げをする場合には，新たな委任が必要なので（民訴55条2項3号），その旨の委任状が必要になることがあります。このように控訴審を遂行する委任（申立て以降の手続の委任）は含まれていないと考えることもできるので，実務上，**控訴の申立時に新たに委任状を提出しています。**

　次に，控訴状に控訴の理由を具体的に記載していないときは，控訴提起後50日以内に「控訴理由書」を提出しなければなりません（民訴規182条）。

(2) 上告の場合

　第二審の判決に対しては，憲法の解釈の誤り，その他憲法上の違反があること，または絶対的上告理由があるときに上告することができます（民訴312条1項，2項）。

　また，高等裁判所に上告するときは，判決に影響を及ぼすことが明らかな法令違反があることを理由とするときも上告することができ（民訴312条3項），最高裁判所に対し上告するときは，最高裁（これがない場合は，大審院，高裁の判例）と相反する判断がある事件，その他の法令の解釈上の重要な事項を含むと認められる事件について，上告受理申立てができます。この上告受理申立に理由がある場合，最高裁は決定でその事件を上告審として受理することができます（民訴318条1項）。

　上告も控訴審の判決正本が送達された日から2週間以内にしなければなりません（民訴313条，285条）。

　上告状が提出されると，原審裁判所から上告提起通知書が送達されます。さらに上告状や上告受理申立書に理由の記載がない場合，通知書の送達から50日以内に「上告理由書」「上告受理申立理由書」を提出しな

ければなりません（民訴318条5項，315条，民訴規194条）。この期間に上告理由書または，上告受理申立理由書が提出されない場合は，決定で，上告却下，上告受理申立却下がなされます（民訴318条5項，316条2項）。

4．民事執行などの準備
(1) 執行文・送達証明の手配

　勝訴判決に基づいて強制執行などをする場合，判決に執行文の付与を受け，さらに被告への送達証明を手配しておかなければなりません。

　強制執行申立の方法については，裁判所では詳しく教えてくれませんので，自分で調べておく必要があります。

　強制執行（特に債権執行）では，執行の対象となる財産の種類によっては，迅速に対応しなければならないこともあります。しかし，執行文の付与や送達証明の交付には，2，3日かかる場合もありますので，判決後に強制執行があらかじめ予想されるのであれば，早めに手配をすることが必要でしょう。

(2) 確定証明の手配

　勝訴判決に基づいて登記手続をする場合，判決が確定していることが必要となることが多いので，確定証明の手配が必要です。

5．訴訟費用確定処分の申立て

　勝訴判決では，主文に，
「訴訟費用は被告の負担とする」
とか，一部勝訴の場合などは，
「訴訟費用は，これを5分し，その5分の4を被告の負担とし，その5分の1を原告の負担とする」
のように，訴訟費用の負担について記載されています。

　この訴訟費用は，判決にこのように書いているから，直ちに相手に請求できるというものではなく，「訴訟費用確定処分の申立て」 書式4 を行い，それによって，訴訟費用と認められた額について，相手に請求

| 書式4 | 訴訟費用の負担の額を定める処分の申立書 |

訴訟費用の負担の額を定める処分の申立書

平成22年〇月×日

東京地方裁判所　　御　中
　　　　　　　原告訴訟代理人　弁護士　小﨩　多﨩　助﨩　板﨩　巣﨩
　　　　　　　　　　　　　　　　　　　　（お）（た）（すけ）（いた）（す）

　　　　　〒〇〇〇－〇〇〇〇　東京都港区海之方16丁目2番7号
　　　　　　　　原　　告　　株　式　会　社　詰　込　銀　行
　　　　　　　代表者代表取締役　　代　　　均　　　集

　　　　　〒〇〇〇－〇〇〇〇　東京都港区山之方32丁目2番7号
　　　　　　　　小多助法律事務所（送達場所）
　　　　　　　Tel　03－3333－2222　FAX　03－3333－4444
　　　　　　　原告訴訟代理人　弁護士　小　多　助　板　巣
　　　　　　　　　　　　　　　　　　　（お）（た）（すけ）（いた）（す）

　　　　　〒〇〇〇－〇〇〇〇　東京都港区真中辺22丁目2番7号
　　　　　　　　被　　告　　白　　濡　　存　　是　　濡
　　　　　　　　　　　　　　（しら）（ぬ）（ぞん）（ぜ）（ぬ）

　上記当事者間の御庁平成〇年(ワ)第〇〇〇号×××請求事件において，平成22年〇月〇日御庁において原告が一部勝訴し，訴訟費用は10分して，その1を原告の，その余を被告の負担とする判決があり，すでにこの判決は確定したので，原告の負担すべき訴訟費用額を確定されるよう別紙計算書を添えて申立致します。

```
                    費 用 計 算 書

 1．訴えの提起手数料                           金42,000円
 2．送達費用                                 金5,000円
 3．現在事項全部証明交付手数料及び同取り寄せ費用        金2,160円
 4．書類作成費用                              金10,500円
 5．原告出頭旅費                              金8,400円
 6．被告出頭旅費                              金263,472円
 7．原告出頭日当                              金110,600円
 8．被告出頭日当                              金43,450円
                              合   計      金485,582円
```

できることになります。

　具体的に，訴訟費用と認められるものとして例を挙げると，
　① 　手数料額，送達料
　② 　当事者の出頭の交通費
　③ 　書面作成料

などがあります。どれが訴訟費用で，どれがそうでないかは，具体的に申立てをしてみないとわからないので，申立て時点ではすべてを記載しておくべきでしょう。その上で，裁判所（書記官）が，認められるとする額について判断することになります。

　細かい金額については，「民事訴訟費用等に関する法律」「民事訴訟費用等に関する規則」に記載されているので，確認しておく必要があります。

第2章 民事執行法と法律事務

第1 民事執行とは何か　　　✓CHECK □□□

　債務者に対する権利を，債権者が裁判所によって強制的に実現する手続を**民事執行**といいます。

　例えば，A（銀行）がB（企業）に1,000万円融資したが，Bが期限になっても返済しないとします。このとき，AはBに対し，貸金を返済するように請求できる権利があり，このような権利を民法上，「債権」と言い，Aを「債権者」，Bを「債務者」といいます。

　BがAに対して，素直に支払えば問題はないのですが，そうしない場合，AがBに対し訴訟を提起し，裁判所がAの主張を認めれば，
　「被告は原告に対し金1,000万円を支払え」
という判決が出され，Aは勝訴判決を得ることになります。しかし，それでもBが任意に支払わないなら，どうしますか？

　「裁判で負けたくせに払わないBが悪いんだから，AはBの財産を奪い取ってもいいんじゃないか，だって，裁判所だってBが悪いって言っているんだから」と考えた人もいるかもしれません。でも，このような私人間の紛争では，お互いに話し合って解決することはできますが，自分には権利があるからといって，強引に他人の財産を奪い取ることは禁止（「自力救済の禁止」といいます）されています。

　なので，Aとしては，裁判所に，その勝訴判決に基づいてBの財産に対し強制執行をして，それを換価してもらい，融資したお金を回収する

ことになります。この手続が**強制執行**であり、それを規定した法律が**民事執行法**です。

　Bが不動産を所有していれば、不動産に対する強制執行の手続があり、裁判所が不動産を差し押えたうえで競売にかけ、最高価格で買い受けると申し出た人に買ってもらい、裁判所がその代金からAとその他配当を受けることができる債権者に必要額を支払い、さらに余り（「剰余金（じょうよきん）」といいます）があればBに返します。

　Bが他人に対して債権をもっているのであれば、債権に対する強制執行の手続があり、その債権を差し押さえて、Aが直接その他人から取立てをすることができます。

第2 民事執行の種類・態様

現在，民事執行法が規定している民事執行の種類としては，**①債務名義に基づく強制執行，②担保権の実行としての競売，③換価のための競売，④財産開示**があります（民執1条）。

民事執行法には，強制競売や債権差押えなどのように，金銭の支払いを目的とする請求権を実現するための強制執行を**金銭執行**といい，建物明渡しや建物収去など，金銭の支払いを目的としない請求権を実現する強制執行を**非金銭執行**といいます。

さらに，執行の方法によって，**直接強制，代替執行，間接強制**に分類されます。

「**直接強制**」とは，「直接に強制力を行使し，権利の実現を図る執行方法」と説明されます。例えば，預金差押えのように，お金を貸した人（債権者）が借りた人（債務者）の銀行預金を差し押さえして，直接に銀行からその預金の払い戻しを受けて，貸金を回収する場合がこれにあたります。

「**代替執行**」とは，「『為す債務』のうち，第三者が代替できるものについて，債務者が任意に履行しない場合，債権者または第三者が代わりに履行し，その費用を債務者に負担させる執行方法」です。つまりは，「するべき人がしないから，他人に代わりにやってもらって，その費用を本来するべき人に負担させる」ということです。例えば，他人の土地の上に勝手に建物を建てている人に対して，土地の所有者が，その人を被告として訴訟を提起し，「建物を収去して，土地を明け渡せ」という判決を得たとしましょう。判決が出ても，被告が建物を壊して土地を明け渡さないでいる場合，原告である土地の所有者は，訴訟で勝ったからといって，勝手に建物を取り壊して，被告を追い出すことはできませんので，代替執行の申立てをして，第三者（取壊業者）に建物を取り壊しをさせ，その費用を被告に請求することになります。

「**間接強制**」とは,「債務者に一定の行為をし,またはしないよう命じ,これに違反した場合には,一定額の金銭の支払いを命じることによって,債務者に心理的な圧力を加え,債務の実現を図ることを目的とする執行手続」をいいます。具体的には,AさんがBさんに対して,「会いに来るな」(ストーカーに対しては,こういう命令が出されることもあります)というときに,それを無視してBさんが来るなら,Aさんは,間接強制によって,Bさんに「会いに来るなという命令を無視した場合,金100万円を支払え」というような命令を裁判所に出してもらうという方法をいいます。

第3　不動産執行

1．不動産執行の種類

　不動産に対する執行としては，不動産を強制的に換価（売却）し，その代金を債権者に配当する「強制競売」，「担保不動産競売」と，不動産から得られる賃料収入などの法定果実（民88条2項）を回収して債権に充当する「強制管理」，「担保不動産収益執行」があります。不動産執行の中で法律事務職員として関わることが多いのは，おそらく「強制競売」と「担保不動産競売」と思われます。ここでは，これらの競売手続についてお話します。

2．強制競売

　最近，「街の角の法律事務所」から独立したばかりの槍益弁護士の事務所における，ある日の出来事……。

槍益弁護士　「先日の貸金請求の裁判，判決が出ました。全面勝訴ですよ」
鶏葉具令太（依頼者）　「そうですか！　先生，ありがとうございます‼　で，相手はいつお金を払うって言ってるんですか？」
槍益弁護士　「えっ……（絶句）」
鶏葉具令太　「だって，裁判は私が勝ったんでしょ。だったら私が貸したお金は返ってくるんでしょ。裁判官が相手に払えって言ってるんでしょ。だからお金返ってくるんですよね」
槍益弁護士　「違いますよ。確かに判決では『被告は原告に対して，○○円及び，これに対する平成○年○月○日から支払済みまで年5パーセントの割合による金員を支払え』となっていますが，裁判所は，『払え』と命じているだけで，実際に払うかどうかは，相手しだいなんですよ。そりゃ，人によっては，判決のとおりに支払う人もいますが，判決が出ても払わない人って多いんですよ。それに，

相手だってまだ控訴してくるかもしれませんし……」
鶏葉具令太　「そんな～！　ひどいですよ‼　それじゃ，相手は逃げ得じゃないですか！　私は裁判に勝ったんですから，代わりに裁判所が払ってくれるとかはないんですか！」
槍益弁護士　「それはないですねぇ（といっても，そう思っている人って実際多いんだよなぁ）」
鶏葉具令太　「じゃあ，私はどうすればいいんですか！　裁判で勝っても，なんにもならないじゃないですか！」
槍益弁護士　「そんなことはないですよ。勝訴判決があるんだから，その判決正本が債務名義となりますから，強制執行ができます」
鶏葉具令太　「サイメーギ？　キョーセー？？？　なんですか？？？」
槍益弁護士　「サイムメイギにキョウセイシッコウです。つまりですね，裁判所に相手の財産の差押えをするように申し立てて，貸金を回収するんですよ。『民事執行』っていう手続なんですけどね。もし，相手が不動産を持っているならば，それを競売（けいばい）にかけて，強制的に売却し，その売却代金から貸金を回収するんですよ」
鶏葉具令太　「そんなことができるんですか！　どうしてもっと早く言ってくれないんですか！相手は不動産持ってるはずだから，それを売れば相当なお金になるはずです！　先生！　それ，お願いしますよ！　やってください‼」
槍益弁護士　「えっ……，はい，えっと～……わかりました……」
鶏葉具令太　「じゃあ，先生，お願いしますよ！」
（鶏葉具令太帰る）
槍益弁護士　「はぁ……困ったなぁ……。民事執行って苦手なんだよなぁ。どうすればいいんだろう……。島さん，ちょっと来て～」
（ベテラン事務職員の島が部屋に入ってくる）
島　　須代　「お呼びですか」
槍益弁護士　「実は，鶏葉さんの件，相手の不動産の強制競売をすることに

なったんだけど……」

島　　須代「はい」

槍益弁護士「……どうしたらいいのかな……」

島　　須代「えっ？　先生，強制競売やったことないんですか？」

槍益弁護士「えっ，……いや……・手続についてはあまり詳しくないんで……」

島　　須代「わかりました。で，どの不動産の競売をするんですか？」

槍益弁護士「えっ？　どの不動産って，相手の不動産で……」

島　　須代「相手の不動産って，相手の自宅の不動産ですか？　それとも他に所有している不動産があるとか」

槍益弁護士「えっと，鶏葉さんは『相手は不動産持ってる』としか言ってなかったなぁ……」

島　　須代「鶏葉さんに費用のことは説明されましたか？」

槍益弁護士「あっ……してないや」

島　　須代「先生，しっかりしてくださいよ～！」

　貸金請求訴訟などで原告全面勝訴の判決（当然，被告は全面敗訴ですが）が出たとしても，素直にお金を払わない人が多いのは事実です。払わないのは，

「払いたくても，払う財産がない」

または，

「財産はあるけど，払いたくない」

からでしょう。前者の場合は，残念ながら判決はただの紙切れになってしまいます（ただし，将来，何らかの財産が見つかるかもしれませんので，全く無意味というわけではありません）。後者の場合は，強制執行で債権を回収することができます。このようなとき，債務名義に基づき強制執行を申し立てて，不動産を差し押さえて競売にかける手続が「強制競売」です。

　強制競売をするためには，債務名義（民執22条）をはじめ，いくつか

の書類が必要になります。
(1) 債務名義
　債務名義とは，強制執行をする者の請求権（請求債権）を表示した公の文書であり，どのようなものが債務名義となるかは，民事執行法22条に規定されていますが，**法律事務職員として知っておくべきものは以下**のとおりです。
　① 確定判決（民執22条1号）
　　「**被告は原告に対し，金1,000万円及び，これに対する平成○年○月○日から支払済みまで年5パーセントの割合による金員を支払え**」などのような給付判決が確定したものです。確認訴訟の判決など給付文言のないものは，確定判決でも債務名義とはなりません。
　② 仮執行宣言付判決（民執22条2号）
　　判決主文に「**この判決は，仮に執行することができる**」という記載（仮執行宣言）が付された判決であり，仮執行宣言が付されていると，判決が確定していなくても（被告が上訴していても），強制執行することができます。
　③ 仮執行宣言付支払督促（民執22条4号）
　　「支払督促」が債務者に送達され，債務者が異議を申し立てないときは，裁判所書記官は債権者の申立てに基づいて，支払督促に仮執行宣言を記載して，再度債務者に送達します。これが，「仮執行宣言付支払督促」で，債務名義となります。最初に送達された「支払督促」ではない点に注意が必要です。
　④ 確定判決と同一の効力を有するもの（民執22条7号）
　　和解調書，認諾調書，家事調停調書などがこれにあたります。
　⑤ 執行証書（民執22条5号）
　　公証人が作成した公正証書の中で，一定額の金銭の支払い，または，その他の代替物等の給付の請求に関するもので，強制執行受諾文言（債務者が直ちに強制執行に服する旨の陳述）が記載されているものが執行証書で，債務名義となります。公正証書は判決等とは異なり，

公証役場で公証人が作成するものです。

　槍益弁護士が持っているのは，おそらく②の仮執行宣言付判決正本でしょう。これを債務名義として，強制競売申立てをしようとしているわけです。

(2) 執行文

　「執行文」とは，債務名義となるべき判決正本などが，債務名義としての要件を備え，執行力があることを証する文言で，「債権者は債務者に対し，この債務名義により強制執行することができる」と書かれた文書が債務名義正本の末尾に付されます。この執行文を債務名義に付けてもらう手続を「執行文付与(ふよ)」といいます。

　執行文は状況に応じて，いくつかの種類があります。

① 単純執行文

　　通常，執行文と言えば，これを指すことが多いです。執行文を付与する場合が1名，または複数いるうちの1名についてのみ執行文を付与してもらうときは，「被告○○に対して執行文を付与されたく申請します」と特定します。特に特定をしていなければ，その判決の主文で「原告に対し，○○円支払え」と命ぜられている被告全員に対しての執行文が付与されます。

② 条件成就執行文（民執27条1項）

　　例えば，建物明渡訴訟の和解条項で，

　「1．原告は被告に対し，平成○年○月○日限り本件建物の立退料として金○○○万円を支払う

　　2．原告が前項の金員を支払ったときは，被告は原告に対し，前項の金員の支払いの日から1か月以内に本件建物を明け渡す」

というように，原告が先に立退料を被告に支払うことが明渡しの条件となっているような場合，建物明渡しの強制執行はその条件が成就したときにできることになるので，執行文の付与申立の段階で，

条件が成就したことを証する文書（例えば，立退料の領収書）を提出したときに，執行文が付与されます。このように，原告の請求権に一定の停止条件が付され，その条件が成就したことを証明して付与される執行文を「条件成就執行文」といいます。

③ **承継執行文**（民執27条2項）

債務名義成立後（確定判決の場合は，口頭弁論終結後）に，当事者の権利・義務が他者に承継される場合（相続，会社などの法人の合併等の一般承継や，債権譲渡，代位弁済等の特定承継），執行文付与の申立ての時に権利義務を引継いだ（承継）事実を証明する書類の提出をすることで，執行文の付与がされます。これを「承継執行文」といいます。

執行申立をするときには，執行文と（承継を証する）証明書謄本があらかじめ（または同時に）承継人に送達されていなければなりませ

コーヒーブレイク

一般の人にはあまり知られていないのですが，同じ執行文でも，裁判所が付与するときは，執行文1通あたりの手数料は300円ですが，公証人が付与するときは，1通あたり1,700円の手数料がかかります。

離婚に際して，後々にもめないように「公正証書」を作成する人もいますが，もし，後に強制執行することになれば，諸々の手数料が裁判所の調停に比べて高くなります（裁判所の調停ならば執行文付与はいらないので，その手数料もかかりません）。

また，公正証書作成自体に最低でも5,000円の費用が必要ですが，離婚調停ならば，手数料は1,200円と郵便切手（家庭裁判所により異なりますが，800円〜2,000円くらい）で済みます。

「裁判所」という響きから敬遠する人もいますが，有効に利用した方がいいでしょうね。

んので，承継執行文付与申立と同時に，執行文及び証明書謄本送達申請を裁判所に提出しておきます。
④　単純執行文が不要なもの
債務名義の中でも，
① 仮執行宣言付支払督促（民執25条ただし書）
② 少額訴訟確定判決（民執25条ただし書）
③ 仮執行宣言付少額訴訟判決（民執25条ただし書）
④ 家事審判（家審15条）
⑤ 乙類審判事項に関する家事調停調書（家審15条，21条1項ただし書）

などは単純執行文は不要ですが，これらの債務名義であっても条件成就執行文・承継執行文は必要となります。

槍益弁護士の持っている仮執行宣言付判決正本は，上記①～⑤にあたらないので，執行文の付与申立が必要となります。

執行文付与の申立ては記録がある裁判所に債務名義とともに申立書を提出します。第1審が地方裁判所で行われ，控訴がされていなければ，地方裁判所に付与申立をしますが，控訴がされた場合，（高等裁判所への記録送付前で）記録が未だ地方裁判所に残っているのであれば地方裁判所に，すでに記録が高等裁判所へ送付された後であれば，高等裁判所に付与申立をすることになります。

公正証書に執行文を付与してもらうときには，執行証書（公正証書）の原本を保管する公証人に対して申立てをします。ですから，その公正証書が，どこの公証役場で作成されたものかを確認しておく必要がありますが，公正証書の表紙に作成した公証人が所属している公証役場が記載されていることが多いので，すぐにわかります。

さらに，状況により，複数の債務名義への執行文の付与が必要な場合，方法として，以下のものがあります。

① 複数の執行文の付与申立（数通付与）

　債務者に不動産，銀行預金などいくつかの財産があり，それぞれに強制競売，債権差押申立をしなければなりませんが，交付されている判決などの債務名義が1通しかないなら，そのままでは，複数の申立てができません。そこで，複数の財産に対して，各々に強制執行を申し立てる場合，債務名義を必要な通数，それぞれに執行文を付与する申立てをします（民執28条1項）。これを「執行文の数通付与申立」といいます。

　具体的に申立てするとき，裁判所によっては，申立時に必要な通数の債務名義のコピーを提出させるか，裁判所で必要な通数をコピーし，その費用を手数料として納付させるか，方式が異なりますので，注意が必要です。

② 再度の執行文の付与申立（再度付与）

　例えば，すでに不動産の強制競売申立をしているが，その後に，債務者が大口の銀行預金を持っていることが判明したとします。その預金の差押えをしようとしても，すでに債務名義は先の強制競売に使用しているので，新たに債権差押えをしようとしても，債務名義がありません。このように，すでに強制執行の申立てをしているものの，新たに別の財産に対して強制執行の申立てをするときは，新たに債務名義に執行文を付与してもらうことになります。これを「執行文再度付与申立」といいます（民執28条1項）。

　その場合，「債務名義の使用中証明書」を添付します。使用中証明書は，現に執行申立をしている裁判所（先の例では，強制競売申立てをした裁判所）で発行してもらいます。

　さらに，債務名義が焼失したり，紛失したりした場合には，消防署の履災証明書や警察の遺失届受理証明書等を添付すれば，執行文再度付与申立をすることができます。

　槍益弁護士の場合は，今回は被告の不動産に対する強制競売申立をする予

定であり，被告自身に権利の移転が起こっていない（相続などが起こっていない）と考えられ，また，条件等も付されていないと考えられるので，単純執行文の付与申立でよいでしょう。

また，槍益弁護士は，相手の不動産が1か所か複数の箇所かを確認していないので，複数の管轄裁判所に別々に強制競売申立をしなければならないかもしれません。

そのため，一応は，執行文の数通付与申立をしなければならないかもしれないことを考慮しておかねばならないでしょう。

(3) **債務名義の送達証明（確定判決の場合　書式4-1　書式4-2　）**

債務名義（判決正本など）が債務者に送達されていれば，債務者に，「いつかは強制執行を受けるかもしれない」ということを認識・自覚することができます。ですので，強制執行を開始するにあたっては，債務名義の正本または謄本が，あらかじめ（または同時に）債務者に送達されていなければなりません（民執29条前段）。そのため，添付書類として，送達証明書が必要となります。

判決や仮執行宣言付支払督促などは裁判所の職権で必ず送達をしなければならないとされていますが，和解調書や調停調書などは送達申請をしないと送達されません。最近では，裁判や調停の期日に，口頭で和解調書や調停調書の送達申請をすることもありますが，もし，口頭申請をしていない場合は，すみやかに送達申請書を提出しておくべきでしょう。

執行証書の場合は公正証書謄本の送達が必要です。執行証書の原本を保管している公証役場で送達申請を行います。書類は公証役場に備え付けられています。

ですので，使用する債務名義によって，職権で送達されているものか（判決など），送達申請をしなければならないものか（和解調書，認諾調書など）が違うので，注意が必要です。

また，送達申請と送達証明書の申請は，別のものですから，送達申請をした後，送達証明書の申請をしなければなりません（送達申請をしただ

書式4－1　判決正本送達証明申請書(1)

平成22年㈦第×××号　貸金返還請求事件
　原　　告　　株式会社詰込銀行
　被　　告　　白濡存是濡
　　　　　　　しらぬ　ぞん　ぜ　ぬ

判決正本送達証明申請書

平成22年〇月×日

東京地方裁判所　第△民事部　御中

　　　　　　　　　原告訴訟代理人　弁護士　小多助板巣
　　　　　　　　　　　　　　　　　　　　　お　た　すけ　いた　す

　頭書事件について，平成22年〇月×日言渡の判決の正本は被告に送達されたことを証明されたく申請します。

請　　　書

　上記証明書1通正に御請けしました。

平成22年〇月×日

東京地方裁判所　第△民事部　御中

　　　　　　　　　原告訴訟代理人　弁護士　小多助板巣
　　　　　　　　　　　　　　　　　　　　　お　た　すけ　いた　す

けで，裁判所や公証人が送達証明を交付してくれるわけではありません）。

(4)　その他準備すべき書類

　債務名義，執行文，送達証明の他に必要なものとしては，以下のものがあります。運用上，裁判所によって多少の違いはありますが，ほぼ，これらのものはどこの裁判所に申立てをする場合でも提出を求められる

| 書式4-2 | 判決正本送達証明申請書(2) |

平成22年(ワ)第×××号　　貸金返還請求事件
　　原　　告　　株式会社詰込銀行
　　被　　告　　白濡　存是濡
　　　　　　　　しらぬ　ぞんぜぬ

判決正本送達証明申請書

平成22年○月×日

東京地方裁判所　第△民事部　御中

原告訴訟代理人　弁護士　小多助　板巣
　　　　　　　　　　　　　　　　　　　　お　た　すけ　いた　す

　頭書事件について，平成22年○月×日言渡の判決の正本は被告に送達されたことを証明されたく申請します。

ものです（後掲の「チェックリスト」を利用するのもよいでしょう）。

① 目的不動産の不動産登記事項証明書（不動産登記簿謄本）（民執規23条1号）

　　現在は，ほとんどの法務局がコンピュータ化されたため登記事項証明書となっていますが，以前は，不動産登記簿謄本と呼ばれていました。

　　競売の対象となる不動産が建物のみの場合は，敷地の不動産登記

事項証明書も（民執規23条4号），また，競売の対象となる不動産が土地のみの場合で，地上建物がある場合は，その不動産登記事項証明書も必要となります（民執規23条3号）。建物が建っていない土地（更地（さらち））が競売の対象となる場合は，建物が存在しない旨の上申書が必要となります。

② **資格証明書・住所証明書**

　申立人が法人の場合，法人格を証する書面として登記事項証明書（商業登記簿謄本）または資格証明書を添付します（民執規15条の2，民訴規18条，15条）。個人の場合は不要です。

　債務者が法人の場合も同じく，登記事項証明書（商業登記簿謄本）または資格証明書が必要となります。個人の場合，住所証明書（住民票の写しまたは戸籍の附票の写し）が必要となります（民執規23条の2第2号）。さらに，債務名義取得後，かなりの期間を経過してから強制競売申立てをする場合，債務者の現住所と債務名義上の住所（判決時の住所など）が異なる場合があり，また，債務者の現住所と登記上の住所が異なることがあります（登記上の住所が常に現住所を表しているとは限りません）。その場合は，戸籍の附票や住民票の写しの前住所の記載でそれぞれの住所と現住所のつながりを示す必要があります。

③ **委任状**（代理人申立てによる場合，民執規15条の2，民訴規23条）

　弁護士が代理人として申立てをする場合は，その代理権を証する書面として，委任状を提出する必要があります。

④ **公課証明書**（民執規23条5号）

　不動産の固定資産評価額とともに，固定資産税課税標準額，固定資産税相当額，都市計画税課税標準額，都市計画税相当額が記載された証明書です。市区町村役場，東京都では都税事務所，大阪市では市税事務所など，発行する機関は地域によって異なっています。発行する機関によっては税額のみが記載されて固定資産評価額が省略されている場合もあるので，その場合は固定資産評価証明書も必

要となります。

⑤　目的不動産の現場案内図（民執規23条の2第3号），地積測量図，建物図面及び各階平面図，公図

　現場案内図は，対象となっている不動産がどこにあるかを示すもので，住宅地図がよく利用されています。

　地積測量図，建物図面及び各階平面図は，不動産の表示登記（表題部）の申請の時に一緒に法務局に提出されるもので，現在では郵送で写しを申請することができます。ただし，土地台帳から登記簿に移行したような古い登記のものにはこの図面がないものが多く，およそ昭和40年以降に表示登記されているものには，これらの図面が添付されていることが多いです。

⑥　登録免許税

　強制競売申立てをした後，裁判所が手続を開始する決定（強制競売開始決定）が出された後，裁判所により当該不動産の「差押登記」の申請がされます（「嘱託登記」といいます）。このとき，登記する費用として必要となるのが登録免許税で，申立書に記載した債権者の債権額（「請求債権額」といいます）の1000分の4の金額になります。

⑦　民事執行予納金

　強制競売手続では，執行官の現況調査や不動産鑑定士の鑑定評価を行うので，その費用をあらかじめ申立人に納めさせます。対象となる不動産の数や裁判所によって，金額が異なるので一定していませんが，おおよそ東京地裁では100万円，大阪地裁では90万円が予納金の額とされています。

(5)　申立手順

必要書類が揃えば，裁判所に申立てをします。

申立てをする裁判所は，対象となる不動産の所在地を管轄する地方裁判所が管轄裁判所となり（民執44条1項），これは専属管轄となります（民執19条）。

手続の流れは，次のようになります。

第2章 民事執行法と法律事務

強制競売の申立手順

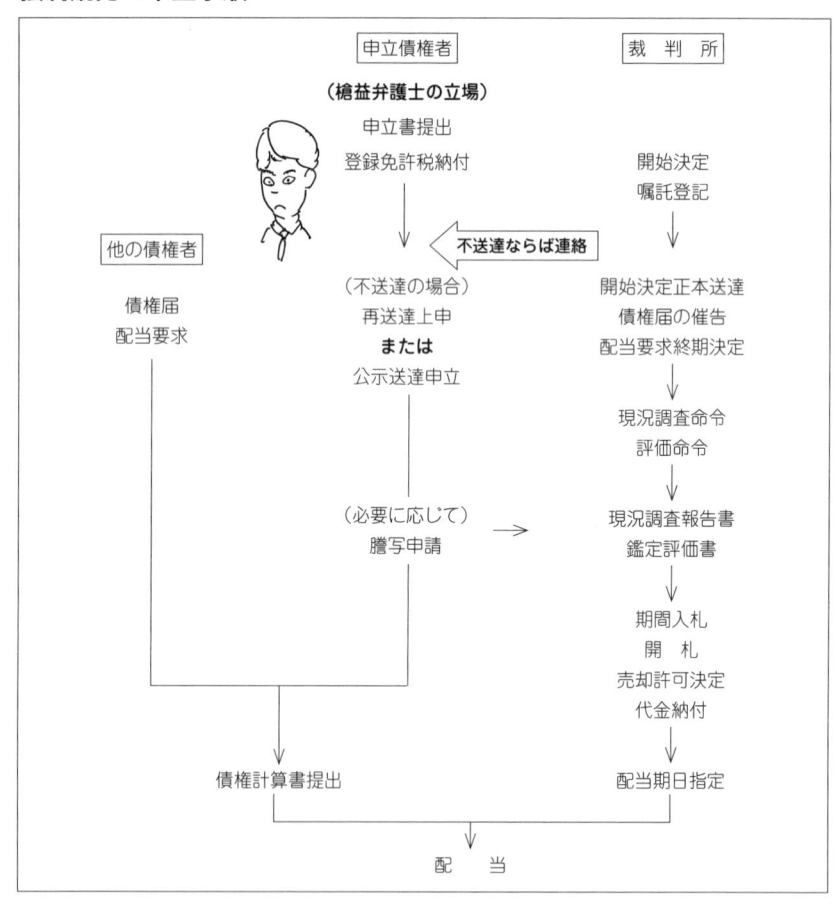

```
                 申立債権者              裁 判 所
              （槍益弁護士の立場）

                 申立書提出              開始決定
                 登録免許税納付          嘱託登記
                     ↓
              ←── 不送達ならば連絡 ──

他の債権者     （不送達の場合）         開始決定正本送達
              再送達上申               債権届の催告
債権届         または                   配当要求終期決定
配当要求       公示送達申立
                                        現況調査命令
                                        評価命令

              （必要に応じて）          現況調査報告書
              謄写申請       →         鑑定評価書

                                        期間入札
                                        開 札
                                        売却許可決定
                                        代金納付

              債権計算書提出           配当期日指定

                          配 当
```

　槍益弁護士の立場は、「申立債権者」にあたります。
　手続の流れをみるとわかるように、競売事件では申立てと最後の配当段階以外は、ほとんど裁判所が行う手続が多いです。
(6) 配当手続
　強制競売事件が順調に進み、落札されると、納付された落札代金を配当原資として、配当手続が行われます。そこで**申立債権者（代理人である**

76

弁護士）がすべきこととして，まず，「債権計算書」の提出があります。

配当日のことを「配当期日(はいとうきじつ)」といいます。配当期日が決まると，裁判所は配当を受けることができる立場にある債権者に対して，

「配当期日呼出状及び計算書提出催告書」

を送ります。この書面には，配当期日として指定された日時などが記載されています。そして，この呼出状を受け取ったときから1週間以内に，債権計算書を提出するように，と記載されています（民執規60条）。

「債権計算書」とは，配当を受けることができる債権者の債権が，配当期日時点でいくらになるかを計算して，その額を記載した書面です。

例えば，貸金債権である場合，元金と配当期日までの利息または損害金を計算して，その合計金額を債権額として記載し，提出します。

裁判所は，各債権者から提出された債権計算書をもとに，配当表を作成します。配当表には，手続に要した費用（手続費用）の額および，各債権者の配当額が記載されています。もし，配当額に不服がある場合，その場で異議を申し出ます（**配当異議**(はいとういぎ)）。

配当異議が出されるようなケースの1つとしては，次のような例が考えられます。

> 1番抵当権者に1,000万円，2番抵当権者に200万円と配当表に記載されていますが，実は1番抵当権者の債権は配当期日直前に弁済されていました。

この例では，1番抵当権者は配当を受けることはできないはずです。しかし，任意で行われた弁済行為は，当事者（この場合は1番抵当権者）が申し出ない限り裁判所は知り得ないので，裁判所は当初提出された債権計算書のとおりの債権額に応じて配当をすることになります。ですから，この場合は，2番抵当権者が，自分と1番抵当権者の配当額に異議を述べれば，1番抵当権者と2番抵当権者へ配当する予定だった配当金は，裁判所によって法務局に供託されることになります。そして，異議

を申し出た2番抵当権者は，配当期日から1週間以内に「配当異議訴訟」を提起し，その受理証明書を執行裁判所に提出しなければなりません。これが，「配当異議手続」，通常，「配当異議」と呼ばれるものです。

配当異議については，当事者かまたは代理人である弁護士が配当期日に異議を述べなければなりません。ですので，異議を述べなければならないような配当が予想される場合，弁護士のスケジュールに注意するようにしましょう。

配当が異議なく行われると，配当金が交付されます。受け取りの方法は，銀行振込か，裁判所の会計係から小切手の交付を受ける方法によるのが一般的です。最近では，銀行振込を利用するケースが多いでしょう。振込先の口座名義ですが，本来であれば，債権者本人の口座への振込になります（受領権者はあくまでも本人ですから）。ただ，最近は，ほとんどの裁判所で代理人弁護士名義の口座への振込が認められる扱いになっています。この点については，**配当期日前に裁判所に確認しておくようにしましょう。**

(7) 原本還付手続（民執規62条2項・3項）（重要！）　書式5

強制競売事件では債務名義を裁判所に提出していますが，事件が終了しても，裁判所は，申立債権者が申し出るまで，債務名義を返還しません。ですから，事件が終了してそのまま放置しておくと，債務名義は裁判所の事件記録に編綴されたままで，さらに数年経つと廃棄されてしまいます。そうなると，後日，新たに債務者の財産が見つかって強制執行しようとしても，債務名義がないので，強制執行の申立てができません。

事務職員としては，**必ず事件が終了した場合は，「債務名義原本還付申請」をしておかなければなりません。**この手続について，書かれた本は少なく，また，弁護士から指示されることがないことも有り得ますが，重要な手続ですので忘れないようにしましょう。

ただし，債権者の債権額の満額が配当され，**債務名義上も債権が残っていない場合，**債権は弁済によって消滅したことになるので，**債務名義は還付されません。**

| 書式5 | 債務名義還付申請書 |

平成21年(ワ)第×××号　貸金返還請求事件
　　原　　告　　株式会社詰込銀行
　　被　　告　　白　濡　存　是　濡

債務名義還付申請書

平成22年〇月×日

東京地方裁判所　第△民事部　　御　中

　　　　　　　　　原告訴訟代理人　弁護士　　小　多　助　板　巣

　上記当事者間の頭書事件は終了したので、下記債務名義を還付されたく申請致します。

記

1. 東京地方裁判所　平成21年(ワ)第×××号事件の
　執行力ある判決正本　　　　　　　　　　　　1通
2. 同送達証明書　　　　　　　　　　　　　　　1通

請　　　　　書

上記書類正に受領いたしました。

平成22年〇月×日

東京地方裁判所　第△民事部　　御　中

　　　　　　　　　原告訴訟代理人　弁護士　　小　多　助　板　巣

3．担保不動産競売

　槍益弁護士の事務所における，顧問先である苔総ファイナンスの担当者である一本木真締との相談風景……。

槍益弁護士　「こんにちは。今日はどうなさったのですか？」
一本木真締　「先生，融資先の会社からの返済が滞っているんですよ」
槍益弁護士　「あ～，最近不景気ですからねぇ」
一本木真締　「それで調べたんですがね，どうやら会社とその社長が破産申立てをしそうなんですよ」
槍益弁護士　「それは，すでにだれか弁護士が代理人となって通知をしてきたということですか？」
一本木真締　「えぇ，そうなんです。そうなると，ウチの融資金は破産債権となってしまいますよね」
槍益弁護士　「そうですけど，何か担保にとっていないのですか？」
一本木真締　「とってます。社長の自宅に根抵当権をつけてます。順位は２番なんですけど，１番は我が社の親会社である苔総銀行で，調べてもらったら，被担保債権が住宅ローンで，残債権はほとんどないようなんです」
槍益弁護士　「とすると，事実上１番ですよね。それならば根抵当権の実行で，担保不動産競売の申立てをしてはいかがですか？」
一本木真締　「でも，破産開始決定が出たら，競売は破産事件との関係で効力がなくなってしまうんでしょ」
槍益弁護士　「破産法42条１項ですね。それは，『強制執行・仮差押え・仮処分・一般の先取特権の実行』で，根抵当権は，『別除権』になりますから，破産開始決定の影響を受けませんよ。ただし，担保不動産競売で配当を受けた金額が全債権額に満たない場合，その残額は破産債権となりますけどね」
一本木真締　「そうなんですか！　じゃ，先生，その担保不動産競売をお願いします」

槍益弁護士　「えっ……（絶句）。でも，そのぐらいの手続なら，そちらの法務部でもできるんじゃないですか？」

一本木真締　「先生，それは親会社の苔総銀行の法務部でしょう。ウチみたいな子会社では法務部っていっても総務部に毛が生えた程度のものですからね。そんな難しいことできる社員はいませんよ」

槍益弁護士　「そうですか……。でも，私に依頼するとお金かかりますよ」

一本木真締　「そりゃそうでしょ。ちゃんとお支払いしますよ。でも，顧問なんだから，少し勉強してくださいね」

槍益弁護士　「はぁ……。わかりました……」

一本木真締　「じゃあ，先生，お願いしますよ！」

（一本木真締帰る）

槍益弁護士　「はぁ……困ったなぁ……。民事執行はやっぱり苦手なんだよなぁ。……。島さん，ちょっと来て〜」

（ベテラン事務職員の島が部屋に入ってくる）

島　須代　「お呼びですか」

槍益弁護士　「今度は苔総ファイナンスからの依頼で，担保不動産競売をすることになったんだけど……」

島　須代　「はい」

槍益弁護士　「……またお願いしていいかな……？」

島　須代　「わかりました。で，その担保物件の不動産の登記事項証明書は？」

槍益弁護士　「あっ！　詳しく聞いてないや……」

島　須代　「それと，鶏葉さんのときもそうでしたけど，委任状頂きましたか？」

槍益弁護士　「あっ！　忘れた！」

島　須代　「いいですよ。一本木さんに電話して，登記事項証明書をファックスしてもらいますから。それと，委任状の他，必要な書類は私の方から手配することでよろしいですか？」

槍益弁護士　「うん，よろしくお願い」

島　　須代　「わかりました」
槍益弁護士　「（あ～，助かった……）」

　不動産を換価して配当をする民事執行は，強制競売の他に，担保不動産競売があります。これは，金融機関などが多く利用していますが，貸金の担保として，不動産に抵当権，または根抵当権などの担保物権（担保権）を設定して，担保権者となり，返済が滞ったら，その担保権に基づいて，当該不動産の競売を申し立てる手続です。

　強制競売と異なる点としては，債務名義を必要とせず，また，槍益弁護士と一本木さんのやりとりにもあったように，債務者に破産手続開始決定が出ても，その影響を受けません（破産手続上，担保権は「別除権」となります）。

　担保不動産競売の申立てに必要な書類は，強制競売とは異なり，債務名義とその送達証明などの代わりに，担保権の存在を証する法定文書（担保権の本登記のされた登記簿謄本等）などの民事執行法181条1項・2項・3項規定の文書が必要ですが，あとは強制競売と同じです。ただ，登録免許税の計算根拠となる額は，**根抵当権であれば，債権額か極度額の少ない方の1000分の4**になることに注意しましょう。

　また，手続の流れは，強制競売の手続の多くが準用されていますが，最後の「原本還付」の手続はありません（民執規173条1項）。

強制競売事件チェックリスト（準備時）

- ☐ 債務名義原本
- ☐ 執行文
- ☐ 債務名義送達証明書

- ☐ 不動産登記事項証明書（1か月以内のもの）
- ☐ 公課証明書
- ☐ 公図
- ☐ 地積測量図
- ☐ 建物図面・各階平面図
- ☐ 現場案内図（住宅地図）

- ☐ 委任状
- ☐ （依頼者が法人の場合）資格証明書
- ☐ （債務者の）資格証明書・住所証明書

- ☐ 印紙（債務名義1通につき4,000円）
- ☐ 郵券（要否・券種・金額を裁判所に確認）
- ☐ 登録免許税（請求債権額の4/1000）
- ☐ 予納金（金額を裁判所に確認）

- ☐ 管轄の確認

強制競売事件チェックリスト（提出時）

- ☐ 申立書
- ☐ 委任状
- ☐ 続行決定申立書
  （滞納処分差押ある場合，正本・副本各1通）
- ☐ 意見書
- ☐ 債務名義原本（執行文付与済）
- ☐ 債務名義送達証明書
- ☐ 不動産登記事項証明書（1か月以内のもの）
  （原本1通，写し2通）
- ☐ 建物不存在上申書（2通）
  （更地の不動産について申立する場合）
- ☐ 公課証明書（原本1通，写し2通）
- ☐ 公図（写し2通）
- ☐ 地積測量図（写し2通）
- ☐ 建物図面・各階平面図（写し2通）
- ☐ 公図・測量図・建図不存在上申書（2通）
  （公図・測量図・建物図面などが法務局にない場合）
- ☐ 現場案内図（住宅地図）
- ☐ 資格証明書（依頼者が法人の場合）
  （3か月以内のもの）
- ☐ 資格証明書（債務者が法人の場合）
  （1か月以内のもの）
- ☐ 住所証明書（債務者が自然人の場合）
  （1か月以内のもの）
- ☐ 当事者目録（1通）
- ☐ 請求債権目録（1通）
- ☐ 物件目録（1通）
- ☐ 印紙（債務名義1通につき4,000円）
- ☐ 郵券（必要な場合のみ）
  （券種・金額を裁判所に確認）
- ☐ 返信用封筒（保管金提出書返送用）

強制競売事件チェックリスト（終了後）

- ☐ 債務名義・送達証明還付申請

第 2 章　民事執行法と法律事務

担保不動産競売事件チェックリスト（準備時）

- ☐ 不動産登記事項証明書（1か月以内のもの）
- ☐ 共同担保目録（共同担保の場合）
- ☐ 公課証明書
- ☐ 公図
- ☐ 地積測量図
- ☐ 建物図面・各階平面図
- ☐ 現場案内図（住宅地図）

- ☐ 委任状
- ☐ （依頼者が法人の場合）資格証明書
- ☐ （債務者・所有者の）資格証明書・住所証明書
- ☐ 印紙（担保権1権につき4,000円）
- ☐ 郵券（要否・券種・金額を裁判所に確認）
- ☐ 登録免許税
  （請求債権額または極度額の4/1000）
- ☐ 予納金（金額を裁判所に確認）

- ☐ 管轄の確認

担保不動産競売事件チェックリスト（提出時）

- ☐ 申立書
- ☐ 委任状
- ☐ 続行決定申立書
  （滞納処分差押ある場合，正本・副本各1通）
- ☐ 意見書
- ☐ 不動産登記事項証明書（1か月以内のもの）
  （原本1通，写し2通）
- ☐ 共同担保目録（共同担保の場合）
- ☐ 建物不存在上申書（2通）
  （更地の不動産について申立する場合）
- ☐ 公課証明書（原本1通，写し2通）
- ☐ 公図（写し2通）
- ☐ 地積測量図（写し2通）
- ☐ 建物図面・各階平面図（写し2通）
- ☐ 公図・測量図・建図不存在上申書（2通）
  （公図・測量図・建物図面などが法務局にない場合）
- ☐ 現場案内図（住宅地図）
- ☐ 資格証明書（依頼者が法人の場合）
  （3か月以内のもの）
- ☐ 資格証明書（債務者または所有者が法人の場合）
  （1か月以内のもの）
- ☐ 住所証明書（債務者または所有者が自然人の場合）
  （1か月以内のもの）
- ☐ 当事者目録（1通）
- ☐ 担保権・被担保債権・請求債権目録（1通）
- ☐ 物件目録（1通）
- ☐ 印紙（担保権1権につき4,000円）
- ☐ 郵券（必要な場合のみ）
  （券種・金額を裁判所に確認）

- ☐ 返信用封筒（保管金提出書返送用）

第4 債権執行

1．債権執行の種類

「債権執行」は，債務者がだれか（第三者）に対し債権を有している場合，その債権の差押えを裁判所に申し立てて，第三者から直接取り立て，債権回収を図る手続です。

日常生活で，
「給料が差し押えられた」
「預金が差し押えらえた」
などということを聞いたことがあると思いますが，これが債権執行にあたります。

債権執行の当事者は，"債権者（差押えの申立てをする人）"と"債務者（差し押さえられる人）"の他に"第三債務者"という人がいます。これは，差し押さえた債権（「被差押債権」または「差押債権」と呼ばれています）の債務者，つまり債務者の債務者を債権者の立場からみた呼び方です。

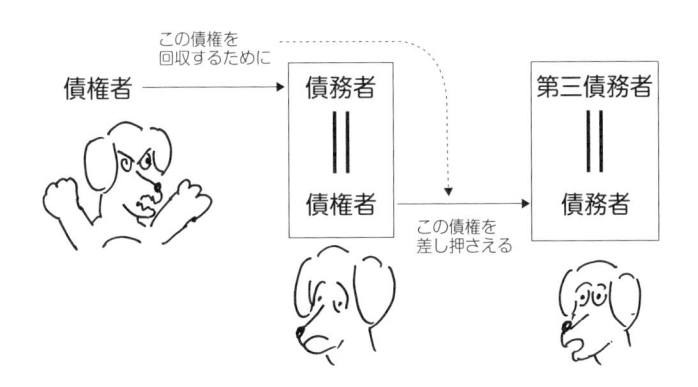

差押債権として考えられるのは，銀行預金や売掛債権のようにすでに発生して，金額が確定している債権で，債権者はそれを差し押さえることで，直接，取立てをして，自己の債権を回収しようとします。

その他に，債権には，給料や賃料といった毎月発生するような継続的給付に係る債権もあります。つまり，債権差押申立時点では，まだ発生しておらず，（来月，再来月のような）近い将来に発生するような債権です。本来，このような債権は毎月発生する都度，債権執行の申立てをしなければならないはずですが，それでは申立てをすることが煩雑となり，債権者に過度の負担をかけ，債務者や第三債務者もその都度対応しなければならず，非常に不便です。そこで，このような継続的給付に係る債権の場合は，申立債権者の債権及び執行費用の額を限度として，差押え後に発生する給付についても差押えの効力が及ぶとされています（民執151条）。

2．差押えの対象となる債権

債権差押えの対象となる債権には給料，預貯金，供託金，不動産の賃料，売掛金などがあります。これらは，あくまでも例であって，この他にも差押えの対象となる債権はあります。ただ，債権は弁済されると消滅するので（民474条～），弁済される前に差押えをしなければならず（弁済される前に第三債務者に「差押命令正本」が送達されなければならず），また，銀行預金などは，第三債務者である銀行が債務者に対して貸付金がある場合，相殺（民505条～）の対象となってしまい，差し押さえても回収できないということが起こりうるなど，不確実な要素もあります。

また，債権の中には「差押禁止」となっているものもあります。例えば，給料や賃金は債務者及びその家族の生活を支えており，また，生活保護法に基づく生活保護費は，国が最低限の生活を保障するために支給しているものですから，これを強制執行によって奪い取ってしまうのでは債務者の生活に支障をきたすので，債務者及びその家族の生活保障を確保するため，債権差押えの制限ないし禁止の規定が設けられています。差押禁止債権としていくつか規定されていますが，**法律事務職員が基本的なこととして覚えておくべきものは以下のものでしょう。**

① 給料，退職金等（民執152条）

　これらの債権は，各支払期に受けるべき給付の４分の３に相当する部分（ただし，その額が標準的な世帯の必要生計費を勘案して政令で定める額を超えるときは，政令で定める額に相当する部分）については差押えが禁止されています。

　「政令に定める額に相当する部分」の主だったものとしては，次のものがあります。

支　　払　　期	政令で定める額
毎　月（月給など）	330,000円
毎　日（日給など）	11,000円
毎半月	165,000円

　ただし，債権者の債権が，養育費請求権や婚姻費用分担請求権（民760条）などの，民事執行法151条の２第１項各号に規定されている債権の場合，その差押禁止範囲は，各支払期に受けるべき給付の２分の１に相当する部分となります（民執152条３項）。

　「各支払期に受けるべき給付」は，毎月の給料（基本給及び諸手当。ただし，通勤手当は除きます）から給与所得税，住民税，社会保険料等の法定控除額を差し引いたものをいうとされています。

> 毎月の給料額が27万円で法定控除額を差し引いた給付額が24万円の場合
> 　　24万円×3/4＝18万円が差押禁止
> 　　24万円×1/4＝６万円が差押可能

　また，「各支払期に受けるべき給付」額が44万円を超える場合，差押禁止とされている４分の３に相当する部分が政令で定める額（33万円）を超えますので，33万円が差押禁止，残りの額は全額が差押可能となります。

> 毎月の給料額が68万円で法定控除額を差し引いた給付額が60万円の場合
>   60万円×3/4＝45万円となるが，これが44万円を超えるので，33万円が差押禁止
>   60万円－33万円＝27万円が差押可能

　②　社会保障制度としての公的な給付請求権
　　生活保護で支給される金員など，生活保護法58条，国民年金法24条，厚生年金保険法41条，雇用保険法11条など社会保障関係の法律に基づいて支給される金員については，差押えが禁止されています。これらは，債務者の生活を保障するためのものであるので，これを奪い取ることは各法律の趣旨を没却してしまうことになるからです。
　③　性質上，差押えが禁止される債権
　　債務者の一身に専属する債権は，性質上，差押えが禁止されます。

3．手続の流れ

　債権差押えの手続は，おおよそ次のようになります。
　不動産に対する執行と比べてみるとわかりますが，債権執行の場合，裁判所は差押命令正本を送達すると，まず，そこで一段落です。あとは，債権者と第三債務者との間での支払方法が問題となります。

4．手続に必要な書類

　債務名義に基づく債権執行の場合，基本として必要な書類は強制競売と同じく，
　①　債務名義
　②　執行文
　③　送達証明
が必要となります。他には，給与や預金の場合は第三債務者が会社，金融機関となるので，

債権差押えの手続

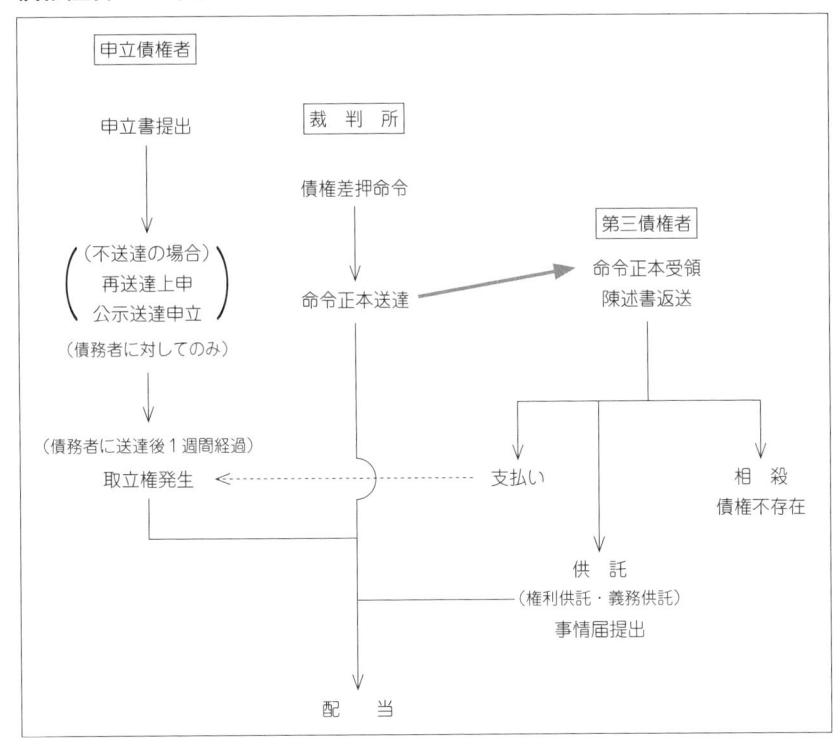

```
┌─────────────────────────────────────────────────────────┐
│  ┌申立債権者┐                                              │
│       │                                                 │
│    申立書提出      ┌ 裁 判 所 ┐                              │
│       ↓                                                 │
│                債権差押命令             ┌第三債権者┐           │
│  (不送達の場合)        │                                    │
│   再送達上申          ↓          ───→  命令正本受領         │
│   公示送達申立     命令正本送達              陳述書返送         │
│  (債務者に対してのみ)                                         │
│       ↓                              │                 │
│                                      ↓                 │
│ (債務者に送達後1週間経過)                                     │
│   取立権発生  ←----------------  支払い       相 殺          │
│       │               │                  債権不存在        │
│       │               │            ↓                    │
│       │               │           供 託                   │
│       │               └──── (権利供託・義務供託)              │
│       │                        事情届提出                  │
│       ↓                                                 │
│     配 当                                                │
└─────────────────────────────────────────────────────────┘
```

④ 当事者（第三債務者も含む）が法人の場合は資格証明書
が必要となり，さらに弁護士が代理人となって申立てをするときは，

⑤ 委任状
が必要となります。**この委任状ですが，他の書類に気をとられ，忘れがちになるので注意が必要です。**

5．管 轄

管轄は，債務者の普通裁判籍で，債務者が自然人（個人）の場合は，その者の住所地を管轄する裁判所であり，債務者が法人（会社など）の

場合は、その主たる事業所（本店）の所在地を管轄する裁判所が管轄裁判所となります（民執144条1項、民訴4条）。これは、専属管轄であり、当事者の合意によっても管轄を変えることはできません（民執19条）。

6．第三債務者に対する陳述催告の申立て

　債権差押手続で、不動産に対する執行と違う点として「第三債務者に対する陳述催告の申立て」というものがあります（民執147条）。債権差押申立てをしても、債権は流動的ですからすでに弁済されていたり、不動産と違い、債権は目に見えないものですから、もともとそんな債権はなかったということもありえます。つまり、申立段階でも、実際に対象となる債権が存在するかは不明なのです。例えば、
　　「銀行預金の差押申立てをしたが、裁判所からの差押命令が第三債務者である銀行に送達された時点より前に、当該銀行口座が解約されていた場合」
　　「給料の差押申立てをしたが、裁判所からの差押命令が第三債務者である債務者の勤務先に送達された時点より前に、債務者が退職していた場合」
等の場合が起こりえます（通常「空振り」と呼ばれています）。
　そこで、差押命令が第三債務者に送達された後に、第三債務者に対して、差し押さえられた債権が存在するか否か、債権者に対して支払う意思があるか否か、支払わない場合はその理由、等を回答するように裁判所から催告してもらう制度が、「第三債務者に対する陳述催告の申立て」です。

7．取立権・取立届

　差押命令は、第三債務者に送達された後、債務者に送達されます。債務者に送達された時から1週間を経過すると、債権者に「取立権」が発生し、原則として債権者は第三債務者から直接差押債権を取り立てることができます（民執155条1項）。

債権者は取立てをした後，直ちに「取立届」を裁判所に提出しなければなりません（民執155条3項）。

　そして，継続的な債権（給与など）の場合は，続けて取立てをして，その都度，取立届を提出しなければなりませんが，単発的な債権（預金債権，売掛金債権など）の場合は，取立てが終わると，次回の取立ては起こりえません。差し押さえた債権を取り立てて自己の債権全額が回収できれば，それで事件は終了ですが，自己の債権全額に満たない場合，つまり，申立時の請求債権額よりも取り立てた債権額が小さい場合は，取り立てることができなかった部分について，事件の「取下げ」をして，使用した債務名義を還付しなければなりません。

　その際，取下書の書き方としては，
　「……すでに取り立てた金〇〇円を除くその余を取り下げます」
としなければならないことに注意しましょう。

Note

第3章 民事保全法と法律事務

第1 民事保全とは何か　✓CHECK □□□

1．保全とは

「保全」の「保」は「保護」の「保」，「保全」の「全」は「安全」の「全」，「保全」とは，「保護して安全にすること」で，民事保全とは，**「債権などの民事上の権利ないし権利関係を，（強制執行など）その強制的な実現ないし確定ができるまで暫定的に保護して安全にする手続」**をいいます。つまり，民事保全法でいう「民事保全」とは，将来，強制執行をするときのために，あらかじめ，相手の財産を押さえておくこと，と考えておけばよいでしょう。

2．保全の必要性

さて，なぜ保全をする必要があるのでしょうか。それは，民事訴訟手続に時間がかかり，その間に，不都合が生じるかもしれないからです。例えば，貸金返還訴訟を提起しようとしているとき，被告となる相手が，判決が出される前に財産を処分してしまうと，その後に判決を取得しても，強制執行する財産がないので，判決はただの「紙切れ」になってしまいます。そうならないために，相手の財産を「保全」しておくのです。

民事保全事件に対して，対応する訴訟を「本訴」または「本案」と呼びます。民事保全事件は，本案の結論が出るまでの仮の措置として申し立てられます。

民事保全法に規定されている保全は，(1)仮差押え，(2)係争物に関する仮処分，(3)仮の地位を定める仮処分，に分類されます。

コーヒーブレイク

　本章でお話するのは，民事保全法に定められている保全手続ですが，「保全」という手続は，様々なところで出てきます。民事訴訟法に規定されている「証拠保全」（民訴234条～），民事執行法に規定されている「売却のための保全処分」（民執55条，188条），「最高価買受申出人または買受人のための保全処分」（民執77条，188条），「担保不動産競売開始決定前の保全処分」（民執187条）なども「保全手続」にあたります。
　民事保全法以外にも保全手続があることは頭に置いておくようにしましょう。

第2 仮差押え（民保20条）　✓CHECK □□□

　仮差押えは，相手方（債務者）に対して，なんらかの金銭債権がある場合に，その債権による将来の強制執行を保全するために，債務者の財産を仮に差し押さえる手続をいいます。

　槍益弁護士の事務所にて，依頼者田井辺駄からの法律相談での出来事……。

槍益弁護士　「こんにちは。今日はどうされたんですか？」
田井辺駄　「実は，初めて取引した会社なんですがね，代金払ってくれないんですよ」
槍益弁護士　「田井さんはウェブデザイナーでしたよね。ということは，ホームページを作成したのですか？」
田井辺駄　「そうなんです。新しくできたばかりの会社で，ホームページを作りたいからって，そのサイトのデザインの発注を受けたんです。それで，できあがって納品したんですが，ぜんぜん払ってくれないんですよ」
槍益弁護士　「どれどれ，（契約書を見る）う〜ん，株式会社イイカゲン，代表取締役扶見田尾巣造ですか。おっ！　田井さん！　ちゃんと相手の社長を連帯保証人としているんですね，さすがですねぇ〜」
田井辺駄　「いえいえ，契約書のひな型っていうのをコピーして使っていたんです。たまたま，連帯保証人の欄があったので，個人会社との契約では，社長に連帯保証人欄に署名してもらっていたんです」
槍益弁護士　「いえいえ，上出来ですよ。でも，できたばかりの会社で，いきなり財政状況悪いのかなぁ」
田井辺駄　「そんなんじゃないんですよ。まったく払う気ないんですよ。私たちの業界ではよくあるんですがね，ウェブデザインってパソコンでは見えるけど，いうなれば無形のものじゃないですか，だから，

そういう無形のものにお金を払うことに抵抗ある人多いんですよ。でも，ほとんどの場合，ちゃんと説明すれば納得して払ってくれるんですけどね．今回は，まったくそんな気ないようなんです．だって，『ホームページなんてもん，だれでもできるんだろ，それに簡単に無料でできるっていうじゃないか！　そんなもんで金とろうなんて，お前らずうずうしいんだよ！』って言われてしまって……．最初からお金なんて払う気なかったんだと思います」

槍益弁護士「たしかに，日本人は無形のものにお金を払うことに抵抗がある人が多いようですねぇ（弁護士の法律相談も聞くだけ聞いて相談料払わない人っているもんなぁ）．でも，今回のは悪質ですね，確信犯というか……」

田井辺駄「そうなんですよ！　でもね，どうやら経営状態もそんなによくないみたいなんですよ．ウチだけじゃなくて，他にも払ってもらえなくて困っている人たちがいるみたいです．自転車操業になっているようなんです．先生，なんとかなりませんか」

槍益弁護士「まぁ，訴訟をすれば勝てるでしょうね．でも，現実問題として，お金を回収するには，訴訟の結果によって相手が素直に払うか，払わなければ強制執行することになりますが，その場合は相手の会社に財産がないとだめですからねぇ．でも，そんな状態じゃあ……」

田井辺駄「財産ならあると思いますよ．もともと自宅で事業していた人が，会社にしたようです．だから，自分の持ち家の住所を会社の本社の住所にしてるんですよ．それに，SGF四伊銀行と取引してるって自慢げに言ってましたから．個人経営の会社で都銀大手と取引してるっていうから信用してしまったんですけど……」

槍益弁護士「えっ，自宅，取引銀行！　じゃあ，訴訟をする前に仮差押えしますか！」

田井辺駄「カリサシオサエ？　なんですか？？」

槍益弁護士「う〜ん，つまりね，判決とかの訴訟の結果が出る前に，相手の財産を仮に確保しておこうって考えてくれればいいですよ．仮差

押えしておくと，その後に名義を変えたりしても，こっちにはそれを主張できないんですよ」

田井辺駄　「なるほど～！」

槍益弁護士　「それにね，仮差押えすることで，相手が話し合いを持ちかけてくることも多いんですよ。『言うとおりにするから，仮差押えを取り下げてくれ～』ってね」

田井辺駄　「じゃあ，先生，それ，お願いしますよ！」

槍益弁護士　「わかりました。いま，印鑑持ってないですよね。じゃあ，この委任状を１通お渡ししておきますから，署名・捺印して，こっちへ送ってくれますか。それと，相手の不動産の所在地と会社の本店所在地も教えて下さい。あとはこちらで調べますから」

田井辺駄　「わかりました。じゃあ，帰ったらすぐに送ります。宜しくお願いします」

（田井辺駄帰る）

槍益弁護士　「よし，今回はちゃんと，委任状の手配をしたぞ～！　我ながら完璧かなぁ～。さてと，島さん，ちょっと来て～」

（ベテラン事務職員の島が部屋に入って来る）

島　　須代　「お呼びですか」

槍益弁護士　「実は，田井さんの件，仮差押えすることになったんだけど，準備してくれるかなぁ」

島　　須代　「わかりました。で，委任状は？」

槍益弁護士　「だいじょうぶ，今回はちゃんと１通渡しておいたから，すぐに送ってくるよ」

島　　須代　「えっ？　１通？　先生，仮差押えだったら担保の供託用も含めて，委任状は２通必要ですよ！」

槍益弁護士　「えっ？　そうなの？？　しまった……，１通しか渡してないや……」

島　　須代　「それから，担保として供託金が必要になること，お話ししてますか？」

檜益弁護士 「あっ,しまった……,話してないや
　　　　　……」
島　　須代 「……田井さんの携帯に連絡して,
　　　　　戻ってきてもらいます」
(島が部屋を出て行く)
檜益弁護士 「……(しょぼん)」

　民事保全法20条1項では,
①　金銭の支払いを目的とする債権について
②　強制執行をすることができなくなるおそれがあるとき
　　　または,
　　強制執行をするのに著しい困難を生ずるおそれがあるとき
に,仮差押命令を発することができる,とされています。
　田井さんは,相手に対して代金を払ってもらうという金銭債権を持っています(①の要件)。でも,相手は資金はあるのに,全く払う気がないんでしょうね。さらに田井さんは,相手は不動産を所有していることを知っているし,取引銀行もわかっている。そんなとき,田井さんは,相手にその不動産を売らせてお金に換えて払わせる,預金を払い戻しさせる……ということはできません。不動産であろうが預金であろうが相手の財産ですから,いくら支払義務があるといっても,裁判もせずに強引に他人の財産を処分させることはできません。
　そこで,田井さんは,株式会社イイカゲンと連帯保証人である扶見田御巣造さんに対して訴訟を提起して,勝訴判決を得て,その判決をもとに強制執行(強制競売または債権差押え)をして,代金を回収します。
　しかし,訴えを提起して勝訴判決が出るまでは時間がかかります。その間に,"負け"を確信した相手は,将来の強制執行を免れるために不動産を第三者に譲渡するかもしれません。また,株式会社イイカゲンの経営状況は悪いので,財産を処分して他社(他者)への弁済にあててしまうかもしれません。そうなると,田井さんはせっかく"勝訴判決"を

とっても，そのときには強制執行できる財産がない，ということになってしまいます（②の要件）。

　そこで，田井さんは訴訟を提起する前（提起後で訴訟係属中でもいいですが）に，仮差押えという民事保全の手続をする意義が出てくるのです。

第3章　民事保全法と法律事務

第3　係争物に関する仮処分（民保23条1項）　✓CHECK □□□

　係争物に関する仮処分は，特定の物に関する給付請求権を有する際，相手がその物の処分や現状を変更するおそれがある場合に，目的物の現状を維持することを目的としてなされる手続です。
　民事保全法23条1項には，
　① **その現状の変更により**
　② **債権者の権利を実行することができなくなるおそれがあるとき**
　　または，
　　権利を実行するのに著しい困難を生ずるおそれがあるとき
に，**係争物に関する仮処分命令**を発することができる，とされています。この仮処分では，「占有移転禁止の仮処分」と「処分禁止の仮処分」の2つを覚えておけばよいでしょう。

1．占有移転禁止の仮処分

　槍益弁護士の事務所に田井辺駄の紹介で，内尾虎令太が法律相談にやってきたときの会話……。

槍益弁護士　「はじめまして」
内尾虎令太　「はじめまして，よっ，よと……よろしくお願いします」
槍益弁護士　「どうぞ，楽にしてください。さて，田井さんからおおよそのことは聞いていますが，なんでも家を貸していたとか……」
内尾虎令太　「そうなんです。私，不動産の賃貸業をしていて，井須割益代（いすわりますよ）さんという方に家を賃貸していたんですけど，家賃を払ってくれないんで，出て行ってほしいんです。賃貸借契約書はこれで，物件の不動産登記事項証明書はこれですが……」
槍益弁護士　「なるほど，それじゃ，まず賃貸借契約を解除してから，建物

　　　　　　　　明渡訴訟をすることになりますね。判決が出されて，相手が明け渡してくれればいいのですが，そういかないときは，明渡しの民事執行をすることになります」
内尾虎令太　「え〜，結構面倒くさいんですね。でも先生，相手はだれかに又貸ししようとしているようなんです」
槍益弁護士　「えっ？　どういうことですか？」
内尾虎令太　「どうやら勝手に自分の知り合いに，自分の代わりにそこに住まわそうとしているようなんです。近所の人から聞いたんですが，『安い家賃で借りたいという人がいたら，貸してあげるって言っておいて』って言ってるようなんです」
槍益弁護士　「なるほど，そうなると，『占有移転禁止の仮処分』が必要かもしれませんね」
内尾虎令太　「何ですか？　それ？？」
槍益弁護士　「つまりですね，訴訟をして勝訴判決をとっても，訴訟中にその建物を占有している人が変わってしまっていたら，判決に基づく明渡執行ができず，改めて，新たに占有している人を相手にして訴訟をやり直さないといけない。そうならないために，いま，この時点で占有している人に対して，『その建物の占有を移転するな』という命令を裁判所に出してもらうんです。これが『占有移転の仮処分』です。この仮処分が出され執行しておけば，その後に，仮に占有者が変わっても関係ない，ってことなんですよ」
内尾虎令太　「ふ〜ん，そんなもんなんですか。まぁ，それが必要ならばお願いしますよ」
槍益弁護士　「わかりました。では，いま印鑑をお持ちですか？」
内尾虎令太　「はい，あります」
槍益弁護士　「じゃ，この委任状に署名と捺印してください」
内尾虎令太　「3通もいるんですか？」
槍益弁護士　「えぇ，仮処分のためには担保として裁判所が命じるお金を供託しなければならないんです。つまり，裁判をする前に，他人の

権利に制限をかけてしまうわけですからね，いちおう，こちらの言うことが正しいという前提で，裁判所は仮処分命令を出してはくれますが，万が一，こちらが，まちがっていた，将来の裁判で敗訴した，などの場合のために，損害賠償の担保として保証金を供託しておかなければならない場合もあるのです。もちろん，将来，訴訟で勝訴すれば，そのお金は返ってきますよ。あと，仮処分の執行に1通必要です」

内尾虎令太 「ふ〜ん，じゃあ，そのお金も用意しておかないといけないんですね。それと先生にお支払いするお金と」

槍益弁護士 「ありがとうございます（いいなぁ，こういう依頼者だと楽だなぁ）。その点については，また改めて金額などをご連絡しますので，振り込んでいただければ結構です」

内尾虎令太 「そうですか，それじゃ，お願いします」

（内尾虎令太帰る）

槍益弁護士 「よし，今回こそ完璧！　委任状の手配もしたし，供託金，弁護士費用の話もした。うん，完璧だ！　さてと，島さん，ちょっと来て〜」

（ベテラン事務職員の島が部屋に入ってくる）

島　　須代 「お呼びですか」

槍益弁護士 「内尾さんの件，『占有移転禁止の仮処分』をすることになったから，準備をお願い。今回は，委任状は3通もらったし，着手金，供託金の話もしたよ！」

島　　須代 「はい，ところで，その仮処分をする相手と占有している不動産の登記事項証明書や賃貸借契約書が見当たらないんですけど？」

槍益弁護士 「えっ？　さっき，そこに置いてあった……。あっ！　内尾さん，持って帰っちゃったんだ〜！」

　内尾さんは自己所有の建物を井須割さんに賃貸していたところ，家賃を払ってくれないので契約を解除して出て行って欲しいと思っているん

でしょうね。手続としては契約を解除して、井須割さんに対して建物明渡請求訴訟を提起して、その勝訴判決（「建物を明け渡せ」という判決）をもって、建物明渡しの強制執行をすることになります。

でも、その訴訟の事実審の口頭弁論終結時（基準時）よりも前に井須割さんはその建物の占有を全くの他人（第三者）に移転し、その第三者が占有をし始め、その後に判決が出たとしても、それは井須割さんに対し「明け渡せ」という効力しかなく、その時点で占有している第三者に対しては効力がないので、その判決では第三者に対して建物明渡しの強制執行はできません。そうなると、再度、その第三者を相手にして訴訟を提起しなければならないのですが、また同じことが起こるかもしれません。

そこで、内尾さんは井須割さんに対する建物明渡請求訴訟の提起前（後でもかまいません）に、**占有移転禁止の仮処分**という民事保全手続をとる必要が出てきます（民保62条）。

これは、

① **債務者に対し、係争物の占有の移転を禁止し、係争物の占有を解いて執行官に引き渡すべきことを命ずること**

② **執行官に係争物の保管をさせ、かつ、債務者が係争物の占有の移転を禁止されている旨および執行官が係争物を保管している旨を公示させること**

を内容とします（民保25条の2第1項）。

内尾さんが井須割さんに対して、この仮処分を執行し、その後井須割さんに対して建物明渡請求訴訟を提起し、勝訴すれば、口頭弁論終結前に井須割さんから第三者へ占有が移転していたとしても、その占有移転は仮処分の後になされたもの、つまり、「占有の移転を禁止」した仮処分命令に反してなされたものですから、第三者の占有は内尾さんに対しては対抗できないものとなるので、内尾さんは井須割さんに対する勝訴判決をもって、新たな占有者に対し、建物明渡しの強制執行ができることになるのです。

２．処分禁止の仮処分

　槍益弁護士の事務所に，またまた，内尾虎令太が法律相談にやってきたときの会話……。

槍益弁護士　「こんにちは」
内尾虎令太　「どうも，先生，先日はありがとうございました」
槍益弁護士　「どういたしまして。ところで今日はどうされましたか？」
内尾虎令太　「はい，実は不動産の名義を勝手に変えられていたんです。私が所有している土地の登記名義が知らない間に，株式会社横取商事というところに変わっていたんです」
槍益弁護士　「どれどれ……（登記事項証明書を見る）。ホントだ，原因は，売買による『所有権一部移転』の後に，『共有物分割』として所有権を移転していますね。こりゃ，素人じゃないな。なにか心当たりはありませんか」
内尾虎令太　「実は，数か月前，私の甥で，羽目太郎というのがいるんですけど，そいつが私の所に来て，不動産の管理はだいじょうぶかっていうんで，一通りの書類を見せたんですよ。ひょっとしたら，そのときにこの土地に関する書類を持ち出したのかもしれない。見当たらないんですよ。でも印鑑は盗られてないんですよ」
槍益弁護士　「羽目太郎にハメられた……しゃれにもならないですね。だいたい，印鑑なんて盗らなくても，書類を作っておいて，あなたの目を盗んで，その場でその書類に押印して元に戻しておけばいいんですよ」
内尾虎令太　「なるほど，そうだったのか……。しかし，身内にハメられるとは……。先生，なんとかなりませんか」
槍益弁護士　「この横取商事に対して，所有権移転登記の抹消登記手続請求訴訟をするんですよ。それに勝訴すれば，その判決で抹消登記手続ができますからね。でも……」

内尾虎令太　「でも？　なんですか？？」
槍益弁護士　「この横取商事というところは，かなり胡散臭そうですからね。訴訟しても判決が出される前に何も知らない第三者に売却して，登記を移転してしまうかもしれないんですよ。そうなると，訴訟で勝っても，その判決で第三者への登記の抹消はできませんからね，やはり，仮処分をしておく必要があるでしょうね」
内尾虎令太　「また仮処分ですか。となると，供託金がまた必要になるんですよね」
槍益弁護士　「えぇ，まぁ。でも，やっておかないと……」
内尾虎令太　「わかってますよ，先生。そのあたりはお任せします。必要な書類は，その登記事項証明書の他には？」
槍益弁護士　「また委任状を……」
内尾虎令太　「はいはい，前と同じですね。それじゃ，（署名・押印する）はい，これで。それと，今度は着手金はおいくらですか？」
槍益弁護士　「そうですねぇ，事案によりますので……また連絡します」
内尾虎令太　「わかりました。じゃ，お願いします」
（内尾虎令太帰る）
槍益弁護士　「しかし，あの人もトラブル多いなぁ。さて，島さん，ちょっと来て〜」
（ベテラン事務職員の島が部屋に入ってくる）
島　　須代　「お呼びですか」
槍益弁護士　「内尾さんの件，今度は『処分禁止の仮処分』をすることになったから，準備をお願い。対象となるのはこの不動産だよ（登記事項証明書を渡す）」
島　　須代　「はい，その他の書類の手配はお願いしてあるんですよね」
槍益弁護士　「うん，だいじょうぶ（のはずだ……）」
島　　須代　「はい，わかりました」
（島が部屋を出て行く）
槍益弁護士　「うん，だいじょうぶのはず……だいじょうぶ……だいじょう

ぶ……だ……（内心不安になっている）」

　内尾さんの所有している土地が，知らない間に横取商事に所有権移転登記がされているとしたら，内尾さんとしては，この横取商事への所有権移転登記を消したいでしょう。そこで，横取商事に対して所有権移転登記抹消登記手続請求訴訟を提起して，確定判決を得て，それをもとに横取商事への所有権移転登記の抹消手続をすることになります。しかし，その訴訟の終わる前（口頭弁論終結時前）に横取商事がその土地を第三者に売却して，その所有権移転登記を済ませてしまったら，内尾さんは横取商事に対する訴訟で勝訴したとしても，横取商事への登記を抹消することができなくなってしまいます。

　そこで，内尾さんは横取商事に対する抹消登記手続請求訴訟を提起する前（後でもかまいません）に，**処分禁止の仮処分**という民事保全手続をとる必要が出てきます。

　民事保全法23条１項では，
　① 　その現状の変更により
　② 　債権者の権利を実行することができなくなるおそれがあるとき
　　　または，
　　　権利を実行するのに著しい困難を生ずるおそれがあるとき
に，**係争物に関する仮処分命令**を発することができる，とされています。第三者への所有権移転登記は，係争物の「現状の変更」にあたり，第三者への登記がされてしまうと，内尾さんの権利を実行できなくなるので，この係争物に関する仮処分命令を裁判所に発してもらうことができるようになります。

　この仮処分は，「不動産の登記請求権を保全するための処分禁止の仮処分」というものであり，処分禁止の仮処分登記をすることによって執行されます（民保53条１項）。この後に，横取商事が第三者に登記を移転しても，内尾さんには対抗できず（民保58条１項），内尾さんが横取商事に対して抹消登記手続請求訴訟で勝訴判決を得て，抹消登記手続をする

ことになります（民保58条2項，不登111条）。だから，仮に横取商事が仮処分命令を無視して第三者に譲渡し，所有権移転登記をしていたとしても，その登記も抹消されてしまうのです。

☕ コーヒーブレイク

　この処分禁止の仮処分に関係して，所有権以外の登記請求権の保全の場合には，保全仮登記（民保53条2項）というものがあります。これは，抵当権の設定登記に債務者が協力してくれないという場合，債権者は物件の所有権が欲しいのではなく，抵当権の登記をしたいのですから，抵当権設定契約時の登記の順位が保全できればよいわけです。なので，その保全仮登記がされた後に所有権移転や，抵当権の設定を受けた第三者は，後日，保全された仮登記が本登記に変わるという危険を負担するだけで，登記自体が抹消されることがないのです。

　この保全仮登記の登記は，処分禁止の登記が甲区に，保全仮登記が乙区に，相互の関連が明示される記載がなされます。

第4　仮の地位を定める仮処分（民保23条2項） ✓CHECK ☐☐☐

民事保全法23条2項では，
① 争いがある権利関係について
② 債権者に生ずる著しい損害または急迫の危険を避けるためこれを必要とするとき

に，仮の地位を定める仮処分命令を発することができる，とされています。

この保全は，いままでの保全とは少し形式が異なります。具体例をあげてみます。

> **ケース** 歌川令太(うたがわれいた)さんは，勤めていた栗鼠虎(りすとら)株式会社であらぬ疑いをかけられ，理由なく解雇されました。

この場合，歌川さんは，「不当解雇」として，会社を相手に「従業員の地位確認と賃金支払請求訴訟」を提起しようと考えているとします。歌川さんがこの訴訟に勝訴すれば，その判決に基づいて会社から過去に遡って賃金（給料）を受け取ることになるでしょう。

でも，訴訟提起した時点で歌川さんは出社しても「解雇」扱いになっているので，仕事もなければ給料も出ないでしょう。つまり，歌川さんは勝訴するまで生活費を得ることができませんので，今後の生活費自体を自分で何とかしなければならず，日常生活に困窮してしまいます。だからといって，すぐに職が見つかるわけでもないし，解雇を不当だといっているのに，自分からそれを認めるように他社に勤めるのも矛盾するような……。

そこで，歌川さんは会社相手に「従業員の地位確認と賃金支払請求訴訟」を提起する前（後でもかまいません）に，**地位保全の仮処分**という民事保全の手続をとる必要があり，この例の場合は，「従業員の地位保全

及び賃金仮払いの仮処分申立」というものになります。

　歌川さんと会社との間の雇用関係について争いがあり，会社の賃金不払いによって歌川さんの生活に困窮が生じているので，歌川さんは仮の地位を定める仮処分を裁判所に発してもらうことができることになります。

　この仮処分命令で，「賃金を支払え」と給付を命じる部分は，仮処分命令が債務名義とみなされるので（民保52条2項），会社が賃金を支払わない場合に，歌川さんは強制執行することができます。

　この仮処分は，暫定的な措置を行うもので，債務者にとっては不利益となる場合もあるので，原則として，債務者の立ち会うことができる審尋または口頭弁論を経ることが必要とされます。ただし，審尋をしている余裕のない緊急性を要する場合は，無審尋で命令が出されることもあります（民保23条4項）。

第5 民事保全事件の流れ（準備段階）

1．管　轄

　民事保全事件の管轄は，「本案の管轄裁判所」または「仮に差し押さえるべき物若しくは係争物の所在地を管轄する地方裁判所」が管轄裁判所となり（民保12条1項），これは専属管轄となります（民保6条）。ただし，本案について合意管轄があれば，そこが「本案の管轄裁判所」となるので，民事保全の管轄も生じることになります。また，保全するべき債権（被保全債権）が金銭債権の場合，特別の取決めがなければ，義務履行地が債権者の住所地となるので，本案の管轄裁判所は債権者の普通裁判籍（住所地など）の所在地を管轄する裁判所となり（民訴5条1項1号，4条1項，民484条），保全事件も本案と同じ裁判所に申立てをすることができることとなります。

　本案の管轄裁判所は，第一審の裁判所とされますが（民保12条3項本文），本案がすでに控訴審となっている場合は控訴裁判所となります（民保12条3項ただし書）。

2．書類の取り寄せ

　① 委任状

　　通常，**民事保全事件用の委任状**と**担保提供用の委任状**の2通を用意しておけばよいでしょう。「仮の地位を定める仮処分」のように，担保を立てずに審尋または口頭弁論を行うことがあるようなケースでは，担保提供用の委任状は必要なくなるかもしれないですが，担保を立てるか否かは裁判所が判断するので，用意しておくべきでしょう。

　② 法人登記事項証明書（資格証明書・商業登記簿謄本）

　　当事者が法人の場合，特に債権仮差押えにおいては，第三債務者が法人であるケースが多いので（株式会社，銀行等），法人の登記事

項証明書，または資格証明書が必要となります。また，送達先が支店である場合，その支店登記の記載も求められます。

依頼者自身が法人の場合，まず忘れることはないと思いますが，**債務者または第三債務者が法人の場合**，うっかり忘れてしまうことがありますので注意が必要です。特に，債権仮差押えの場合，第三債務者が債務者に支払う前に仮差押決定が届かなければなりませんが，遅くなると仮差押えができなくなってしまうことがありますので，注意しましょう。

③ **不動産登記事項証明書**（不動産登記簿謄本）

不動産仮差押え，不動産仮処分の申立てでは，目的不動産の登記事項証明書が必要となります（民保規20条1号）。

債権仮差押え，特に給与債権仮差押えの場合は，勤務先が第三債務者となるので，そこに仮差押決定正本が送達されると，債務者が仮差押えを受けるような状況にあることが勤務先にわかってしまいます。また，銀行預金債権仮差押えであれば，債務者が仮差押えを受けるような状況にあることが，債務者の取引銀行にわかってしまいますので，債務者の受けるダメージがかなり大きいです。そこで，債権仮差押えをするにあたっては，不動産は債務者の名義ではない，または多額の担保権が設定されていて，仮差押えをする価値がない，債務者に他の財産がない，など**その債権（給与や銀行預金）を仮差押えする必要があること**の疎明のために債務者自身の自宅（会社ならば本店所在地の建物など）の不動産登記事項証明書の提出を求められることがあります。これは，条文で直接に規定されていることではないのですが，「保全の必要性」を疎明するために提出を求める運用にしている裁判所があるので，注意が必要です。

④ **固定資産評価証明書**

不動産仮差押え，不動産仮処分の申立てでは，目的不動産の固定資産評価証明書が必要となります（民保規20条1号ハ）。

未評価，非課税等で評価証明書が取り寄せられない場合は，土地

の場合は近隣地の評価証明書，建物の場合は，各法務局が定める「新築建物認定価格基準表」と「建物経年残価表」により価格を計上した上申書を添付します。

⑤　その他

債権者自身の債権（保全される債権で「被保全債権」，仮差押えのときは，「請求債権」という言い方もします）の存在を示す書類（契約書など）など，事案に応じて必要になる書類がありますので，各事案をよく検討し，整えておく必要があります。

また，保全をするに至った事情を説明する債権者の「報告書」（陳述書）が必要となることが多いので，あらかじめ債権者（依頼者）に作成しておいてもらうか，代理人が債権者（依頼者）から事情を聞いて作成し，署名・押印をもらうようにします。

3．申立書の作成

民事保全の申立ては書面で行います（民保規1条）。申立書の記載事項は以下のとおり規定されています。

①　当事者氏名・住所，法定代理人氏名・住所（民保規13条1項1号）
②　郵便番号・電話番号・FAX番号（民保規6条，民訴規53条4項）
③　申立ての趣旨・理由（民保13条1項，民保規13条1項2号）
④　証拠の記載（民保13条2項，民保規13条2項）

③の「申立ての趣旨」とは，どのような主文の保全命令を求めるかということで，例えば，特定の土地の仮差押えを求めるとか，ある土地・建物について一切の処分の禁止の仮処分を求めるなどです。

民事保全法13条1項には，「……保全すべき権利または権利関係及び保全の必要性を明らかにして……」とあります。この「必要性」とは，なぜ民事保全の措置が必要かという事情です。

4．疎明書類の作成

保全の必要性を疎明する資料の写し，または原本を提出します。被保

全債権の証書などは，写しを提出しますが，全体の事情を述べた「報告書（陳述書）」と対象不動産の登記事項証明書（不動産登記簿謄本）は原本を提出します。

また，申立時には，裁判所が写しとして提出した疎明資料の原本確認（照合）を行うので，依頼者から預かった原本は必ず保管しておくことが必要です。

5．その他の準備

① 担保の方法，供託可能金額，現金（有価証券）を用意するのに必要な日数等の確認しておきます。**特に供託する金額が高額になると予想される場合，債権者（依頼者）にその旨を連絡しておくよう注意しましょう。**
② 供託の場合は，供託書と供託用の委任状，場合によっては資格証明書，支払保証委託契約の場合は，立担保許可申請書と金融機関に対する支払保証委託契約書と委任状の準備をします。
③ 不動産に対する保全事件で登録免許税が必要になる場合は，金額を算定しておく必要があります。これは，請求債権（被保全債権）の1000分の4にあたる金額が必要になります。

以上より，民事保全事件の場合は，担保に供する現金（有価証券），さらに不動産に対する保全の場合は登録免許税が必要になりますので，債権者（依頼者）にその旨を十分に理解しておいてもらう必要があります。

第6 民事保全事件の流れ（申立て以降）

1．申立書の提出

申立ては保全部の受付に提出します。裁判所（特に支部）によっては，通常の事件係や，保全部と執行部が1つになっているところもあります。

申立書と添付書類は，それぞれ正本を1部提出します。

添付資料は，疎明資料，委任状の他には資格証明書，固定資産評価証明書などですが，事案に応じて変わることもあるので注意が必要です。

2．裁判官面会（面談）と担保決定

民事保全申立てでは，裁判官と債権者または代理人弁護士との面会（面談）を行います。この面会（面談）は，裁判所・事案によっては事務職員と面会（面談）を行ったり，面会（面談）を行わない裁判所もあります。ただ，それは，事案によって異なりますので，原則は面会（面談）があり，例外のケースもあると考えておく方がよいでしょう。

裁判官面会（面談）では，疎明資料の原本を示したり，申立ての理由についての補充，担保の額・方法・提供期間についての意見を求められます。

3．担保の提供

① 供託による場合

裁判官面会（面談）時，またはその後に，一定の期間を定めて担保を立てるよう，担保の額が決められます。ただ，これは，決定書が交付されるようなことはなく，また，面会（面談）がなく，書面のみで担保額が決められるようなときは，口頭での通知ですので，**聞き間違えなどがないように要注意です。**

供託により担保提供する場合は，原則として申立裁判所の所在地を管轄する法務局に供託します（民保4条1項，14条1項）。ただし，

例えば，岡山在住の債権者が東京地方裁判所に申立てをした場合，東京法務局に供託するには時間がかかり，岡山の法務局で供託する方がスムーズになります。このように，本来の法務局に遅滞なく供託することが困難な場合には，あらかじめ許可を得て，債権者の住所地または事務所の所在地その他裁判所が相当と認める地を管轄する地方裁判所の管轄区域内の法務局に供託することができます（民保14条2項）。

また，あらかじめ許可を得て債権者に代わって第三者が担保を立てることもでき，この場合はあらかじめ上申書や許可申立書を用意しておきます。

有価証券の供託により担保を立てる場合は，あらかじめその有価証券の種類，額面等を特定して裁判所の許可を得ることが必要です。

供託後は供託書を受領し，裁判所に供託書原本または写しを提出します（**裁判所によって扱いが違うので注意が必要です**）。

供託に必要なものは，供託書，現金，委任状，（法人ならば）資格証明書です。ただ，法人の資格証明書は提示するのみで，また，法人の登記がある法務局と同一の法務局に供託をするときは，「簡易確認」という方法により，登記官の認証を受けることで省略することができる場合があります。

供託の手順は，供託書と委任状（及び資格証明書）を窓口に提出し，現金を受け入れる窓口がある法務局では現金を提出，現金を扱わない法務局では，窓口で供託書を受け取り，日本銀行の代理店になっている銀行に供託書と現金を提出して，供託書の返還を受けます。ここで注意が必要なのは，**日本銀行の代理店となっている銀行といえども普通の銀行ですから，窓口業務は午後3時に終了します**。しかし，法務局は午後3時以降も業務を行っていますから，午後3時以降に法務局に供託書を提出しても，実際に現金を納めることができるのは翌日となってしまい，仮差押えは迅速に行う必要性の高い手続であるのに，仮差押命令が出されるのも翌日となってしまうと

いうことになってしまいます。そうならないように注意する必要があります。
② 支払保証委託契約による担保の場合（民保規2条）
支払保証委託契約とは，債務者に対し，損害賠償の必要が生じた場合に，支払保証先の銀行が，その支払いをするようにあらかじめ結ぶ契約をいいます。

支払保証委託契約による場合は，あらかじめ「支払保証委託契約による立担保許可申請書」を提出し，許可謄本を受領します。その許可謄本とともに，銀行が用意している「支払保証委託契約書」を提出した後，銀行から「支払保証委託契約締結証明書」を受け取り，それを裁判所に提出します。
③ 担保提供期間に担保が用意できなかった場合
担保決定の際に，立担保の期間（1週間程度）が定められ，この期間内に担保の提供がない場合は申立ては却下されます。その期間内に担保の提供ができない場合，期間延長の許可申請書（裁判所によっては上申書）を提出すれば，延長が認められる場合がありますが，却下されて終わりという場合もありますので注意が必要です。

4．決定正本の受領

担保の提供が終われば，裁判所から決定正本を受領します。受領にあたり，裁判所に提出するものは，
① 供託書（原本または写し）または支払保証委託契約締結証明書
② 登録免許税（不動産に関する保全事件の場合）
です。裁判所によっては，この時に決定書添付用の目録や送達郵券を納付させるところもあります。

主な場合の登録免許税の金額は，
① 不動産仮差押えの場合……請求債権額の1000分の4
② 不動産仮処分の場合で，
・所有権に関する処分禁止の場合……目的不動産の固定資産評価

額の1000分の4
　・抵当権の場合……債権額の1000分の4
　・根抵当権の場合……極度額の1000分の4
です。

第7　民事保全事件の流れ（決定正本受領後）　✓CHECK □□□

1．送　達

　保全事件の決定が出された後，裁判所から債務者（債権仮差押えの場合は債務者と第三債務者）に対して，「決定正本」が送達されます。もし，債務者らに「不在」，「転居先不明」，「宛所尋ね当たらず」などの理由で送達ができなかった場合，「休日送達」「就業場所送達」「書留郵便に付する送達」「公示送達申立」など，債権者が再度送達方法を上申しなければなりません。特に債権仮差押えは「第三債務者」に，「あなたの債務（第三債務者から見れば仮差押えされる債権は「債務」になります）が仮差押えを受けたので，債権者（である本事件の債務者）には支払わないで」ということを「第三債務者」に知らせる，つまり，仮差押決定正本が「第三債務者」に送達されなければ目的を達成されないようなケースが多いですので，速やかに再送達の手段を考えましょう。

2．本案訴訟の準備

　仮差押えなどの場合は，将来それを強制執行することが予定されている（事件によっては，仮差押えをするだけが目的と考えられるものもあるかもしれませんが）のですから，次のステップとして，本案訴訟を提起する準備を進めておくようにしましょう。

第8 民事保全事件の取下げ

　民事保全事件の決定正本が債務者に送達されると，債務者が債権者またはその代理人である弁護士に対して話し合いを求め，本案訴訟を提起する前にその話し合いで紛争が解決することもよくあります。その場合は，解決後に保全事件の取下げをする必要が出てきます。

　民事保全事件は，債務者の同意なくしていつでも取り下げることができます。

　取下げは取下書の提出によって行われます。ただ，保全事件の記録は5年で廃棄されるので，5年を経過した事件では，取下書提出時に改めて委任状や資格証明書などの提出，場合によっては決定正本の写しの提出を求められることもあります。

　取下げにあたって提出する目録類や郵券は，裁判所によって異なるので，事前に確認するようにします。

(1)　不動産仮差押え，不動産仮処分の取下げ

　保全処分の登記がなされている事件の取下げは，裁判所から法務局へ抹消登記嘱託によって行われます。

　取下書は裁判所と債務者の人数分提出します。通常，登記嘱託用の目録（物件目録，登記権利者・義務者目録）を提出します。

　ほかに，登録免許税として物件1筆（または1棟）につき1,000円の収入印紙を納めます。

(2)　債権仮差押えの取下げ

　債権仮差押事件の取下げは，取下書の提出により，裁判所から債務者，第三債務者へ取下書が送付されます。

　取下書は，裁判所と債務者，第三債務者の合計数を提出します。

Note

第4章 （民事保全事件での）担保取消と法律事務

第1 担保取消の意義

「担保取消」とは，**民事訴訟事件，民事保全事件，強制執行事件等に関連して立てた担保の返還を求める手続**をいいます。

そもそも，なぜこのような担保が必要になるのでしょうか。それについて，民事保全事件（仮差押事件）を例にとってお話します。

> **ケース** AさんはBさんにお金（500万円）を貸していました。でも，Bさんは，なかなか返してくれません。そこで，AさんはBさん相手に訴訟をしようと考え，その前にBさんの銀行預金を仮差押えしておこうと考えました。

この事例のように，仮差押事件（保全事件）は，本案訴訟の提起前，または係属中に申立てをします。Aさんは，「自分は正しい」と考えているとしても，本案訴訟の決着がつく前にBさんの財産を保全することになるのです。それに仮差押事件など保全事件では「迅速性」が求められるため，債務者（この場合はBさん）の主張を聞かず，Aさんの主張だけで裁判所は仮差押決定を出すことができます（民保3条）。

しかし，裁判官も人間です。Aさんの主張が，

「一応，正しいようだ」

と考えても，万が一，Aさんの主張が間違っていた場合（例えば，すでに

Aさんの貸金債権は時効で消滅していたような場合），Bさんは損害を受けることになります。なので，あらかじめAさんにその損害賠償のためのお金を提供させるのです。これが「担保」となります（民保14条1項）。

　事件が進行して，結果としてAさんが勝訴した場合のように，Bさんのために担保を用意しておく必要がなくなることがあります。そうなると，Aさんとしては，提供したお金を返して欲しいと思うでしょう。このように，本案訴訟で原告（債権者）が勝訴したり，債務者が債権者の主張を認めるなど，担保を立てておく必要がなくなった場合，その担保を提供者は取り戻すことができます。これが「担保取消」の手続となります。

第2 担保取消事由

✓CHECK ☐☐☐

1．担保提供事由の消滅（民保4条2項，民訴79条1項）

担保を立てている事由が消滅した場合，それ以上置いておく必要はないから，担保を立てた者はそれを証明して，担保取消を求めることができます。

担保提供事由が消滅する場合としては，次のものがあります。

① **本案訴訟で全面勝訴し，その勝訴判決が確定した場合**

本案訴訟で原告（債権者）が勝訴した場合，原告（債権者）の主張が認められたことになるので，被告（債務者）に損害賠償請求の根拠はなくなり，担保取消申立てができます。

② **本案訴訟で被告（債務者）が認諾した場合**

本案訴訟で被告（債務者）が認諾した場合は，勝訴判決と同じ扱いになりますので，担保取消申立ができます。

③ **本案訴訟で勝訴的な和解が成立した場合・調停が成立した場合**

本案訴訟で原告（債権者）が勝訴的な和解をした場合，または調停事件で勝訴的な調停が成立した場合，理屈上は勝訴判決と同じことですが，実務上は条項の中に「同意条項」を入れて，相手方の同意を得た場合（124ページ参照）と同じ扱いをすることもあります。

④ **民事保全が執行不能となった場合**

仮差押えをしようとした不動産が，仮差押命令が出される前にすでに債務者から第三者へ登記名義が移転していた場合のように，民事保全事件で執行不能となれば，（相手は自分の財産に何かされたということではないので）相手方に損害が発生しないのは明らかです。その場合は，担保取戻許可申立（136ページ参照）の手続によることになります。

2．担保権利者（相手方）の同意（民保4条2項，民訴79条2項）

相手方から同意が得られれば（相手方のための担保ですから）担保を立てておく必要はなくなり，申立人はいつでも担保取消申立ができます。

手続の流れとしては，相手から「同意書」「（担保取消決定正本の）請書」「（即時抗告権の）放棄書」を受け取ります。なお，同意書には相手方が本人の場合は，相手方の実印を押印し，印鑑証明書を添付し，また，代理人弁護士による場合は，担保取消の同意・抗告権放棄の授権事項の記載のある委任状を添付するのが通常です。

その後，申立てをすれば，（同意があるので）相手に担保取消決定正本が送付されることはなく，手続的には一番早く済みます。

3．権利行使催告による担保取消（民保4条2項，民訴79条3項）

本案訴訟で原告（債権者）が敗訴した場合，または，本案訴訟を提起しなかった場合，原則としては，相手方（債務者）から同意が得られない限り，担保取消はできません。しかし，債務者が何もしないならば，不確定な状態が続くことになり，いつまでたっても担保に提供したお金が戻ってこない状況が続きます。そこで，その場合，担保取消申立権者は相手方に対し，損害賠償訴訟をするなどの権利を行使するように催告するように裁判所に申立てをして，一定期間内に権利行使がないときは，「同意」が擬制され，担保取消決定がされます。

具体的なケースとしては，①本案訴訟（一部）敗訴確定，②本案訴訟敗訴的和解成立，③本案未提起，④本案訴訟取下げ，などがあります。

権利行使催告による担保取消申立の場合は，保全事件の取下げがされていることが前提となります。ですから，一部敗訴の場合は，勝訴部分の執行をして，保全事件の取下げができるようになってから担保取消申立てをするようにします。

第3 担保取消申立手続

1．申立人

　担保取消の申立人は，担保を提供した者（供託者，支払保証委託契約者など）です。通常は仮差押・仮処分事件の債権者が担保となるお金を提供するでしょう。ただ，債権者がお金が用意できないから，代わりに第三者が担保を提供している場合があります。そのときはその第三者が担保取消の申立人となります。

　次に，担保を立てた後に，その人が死亡して相続が起こったり，担保を提供したのが会社で，その会社が他の会社に吸収合併されたために，もとの会社が消滅したような場合，「担保提供者の地位の承継」があったことになり，その承継人（相続人，吸収した側の会社など）が担保取消の申立人になります。この場合，承継を証する書類等を申立書と一緒に提出します。

　その他に，担保を立てた者が破産して破産管財人が選任された場合は，担保取消の申立人は破産管財人になり，担保を立てた者が成年被後見人になった場合，申立人は本人ですが，成年後見人が法定代理人として手続をすることになります。

2．管　轄

　担保取消の申立ての管轄は，**その担保を立てることを命じた裁判所**となります。実際に保全事件で担保取消を申し立てるような場合，保全事件を扱った裁判所に申立てをすることになります。

　ただ，裁判所によっては，保全事件の決定が出されてからある程度の時間（日数）が経過すると，**事件記録が保全部ではなく記録係で保管されている場合がありますので，少し時間を要する場合があることを認識しておく必要があるでしょう**（依頼者の中には，すぐにでもお金が戻ってくると思っている人もいますから）。

3．担保提供事由の消滅の場合の手続の流れ

(1) 本案勝訴判決確定，認諾，勝訴的和解成立，調停成立の場合

必要書類は，

① 担保取消決定申立書
② 供託原因消滅証明申請書（または支払保証委託原因消滅証明申請書）
　　　 書式6-1 　　書式6-2 ＋印紙150円
③ 判決正本など（認諾調書・和解調書・調停調書など）
④ 判決による場合は判決確定証明書
⑤ 担保取消決定正本の請書
⑥ 委任状（代理人弁護士による申立ての場合）
⑦ 送達用の郵券（郵便切手）

があります。

手続の流れとしては，

---

① 担保取消決定申立書等の必要書類を裁判所に提出
　　　　　↓
② 裁判所が担保取消決定正本を相手方（債務者）に送達する
　　　　　↓
③ 相手方（債務者）から即時抗告がなければ確定
　　　　　↓
④ 裁判所から申立人（債権者）に供託原因消滅証明書（または支払保証委託原因消滅証明書）が交付される

となり，法務局（または支払保証委託先金融機関）で供託物を受け取ることになります（支払保証委託契約を利用した場合は，契約の内容にもよるが，多くの場合は担保とした預金を解約することになります）。

書式6-1　供託原因消滅証明申請書(1)

平成21年㈱第×××号　　不動産仮差押命令事件

　　債権者　　株式会社詰込銀行
　　債務者　　白濡存是濡

供託原因消滅証明申請書

平成22年○月×日

東京地方裁判所　第△民事部　　御中

　　　　　　債権者代理人　弁護士　　小多助板巣

　頭書事件について，申立人が担保として供託した別紙記載供託物は，供託原因が消滅したことを証明願います。

請　　　書

平成22年○月×日

東京地方裁判所　第△民事部　　御中

　　　　　　債権者代理人　弁護士　　小多助板巣

供託原因消滅証明書1通正にお請けしました。

書式6-2 供託原因消滅証明申請書(2)

平成21年㋳第×××号　　不動産仮差押命令事件

　　債権者　　株式会社詰込銀行
　　債務者　　白 濡 存 是 濡
　　　　　　　しら ぬ ぞん ぜ ぬ

供託原因消滅証明申請書

平成22年○月×日

東京地方裁判所　第△民事部　御中

　　　　　　　債権者代理人　弁護士　小 多 助 板 巣
　　　　　　　　　　　　　　　　　　お た すけ いた す

　頭書事件について，申立人が担保として供託した別紙記載供託物は，供託原因が消滅したことを証明願います。

(2) 担保権利者（相手方）の同意がある場合

　必要書類ですが，裁判所により多少の違いがあるようですが，一般的には以下のものが必要となるでしょう。

① 担保取消決定申立書
② 同意書（相手方の署名と実印の押印）　書式7
③ 即時抗告権の放棄書　書式8
④ 担保取消決定正本の請書（申立人・相手方の双方）　書式9
⑤ 相手方（債務者）の印鑑登録証明書
⑥ 供託原因消滅証明申請書（または支払保証委託原因消滅証明申請書）＋印紙150円
⑦ 送達用の郵券（郵便切手）←不要な場合もあります

手続の流れとしては，

---

① 担保取消決定申立書等の必要書類を裁判所に提出
　　　　↓
② 裁判所が担保取消決定正本を相手方（債務者）に送達する。即時抗告権を放棄しているので，即時確定する
　　　　↓
③ 裁判所から申立人（債権者）に供託原因消滅証明書（または支払保証委託原因消滅証明書）が交付される

となり，あとは(1)のケースと同じように，法務局（または支払保証委託先金融機関）で手続をします。

書式7 同意書

平成21年㈡第×××号　　不動産仮差押命令事件

　　債権者　　株 式 会 社 詰 込 銀 行
　　債務者　　白　　濡　　存　　是　　濡
　　　　　　　しら　　ぬ　　ぞん　　ぜ　　ぬ

同　　意　　書

平成22年○月×日

申立人株式会社詰込銀行代理人
　　弁護士　　小　　多　　助　　板　　巣　　殿
　　　　　　　お　　た　　すけ　　いた　　す

被申立人　　白　　濡　　存　　是　　濡
しら　　ぬ　　ぞん　　ぜ　　ぬ

　頭書事件について，申立人の供したる別紙記載供託物を供託する方法による担保の担保取消決定に同意する。

書式8 放棄書

平成21年㈣第×××号　不動産仮差押命令事件
　　債権者　株 式 会 社 詰 込 銀 行
　　債務者　白　　濡　　存　是　濡
　　　　　　しら　ぬ　　そん　ぜ　ぬ

　　　　　　　　放　　棄　　書

　　　　　　　　　　　　　　　　　平成22年〇月×日

東京地方裁判所　第△民事部　　御　中

　　　申立人株式会社詰込銀行代理人
　　　　　弁護士　小　多　助　板　巣
　　　　　　　　　お　た　すけ　いた　す

　　　　　被申立人　白　濡　存　是　濡
　　　　　　　　　　しら　ぬ　そん　ぜ　ぬ

　頭書事件について，平成　　年　　月　　日付担保取消決定に対し抗告権を放棄する。

第4章 （民事保全事件での）担保取消と法律事務

書式9 請　書

平成21年㈲第×××号　　不動産仮差押命令事件
　　債権者　　株式会社詰込銀行
　　債務者　　白　濡　存　是　濡
　　　　　　　しら　ぬ　ぞん　ぜ　ぬ

　　　　　　　　　　請　　　　書

　　　　　　　　　　　　　　　　　　　平成22年〇月×日

東京地方裁判所　第△民事部　　御　中

　　　　　申立人株式会社詰込銀行代理人
　　　　　　　弁護士　　小　多　助　板　巣
　　　　　　　　　　　　お　た　すけ　いた　す

　　　　　被申立人　　白　濡　存　是　濡
　　　　　　　　　　　しら　ぬ　ぞん　ぜ　ぬ

頭書事件について，下記書類お請けしました。

　　　　　　　　　　　記
　1　担保取消決定正本　　　　　　　　　1通

(3) 権利行使催告による担保取消の場合

この場合は，(1)(2)とは異なり，担保取消決定と同時に権利行使催告申立をします。必要書類としては，一般的には，

① 権利行使催告申立書　書式10
② 担保取消決定申立書
③ 供託原因消滅証明申請書（または支払保証委託原因消滅証明申請書）
　＋印紙150円
④ 担保取消決定正本の請書
⑤ 送達用の郵券（郵便切手）

があります。

手続の流れとしては，

① 権利行使催告申立書，担保取消決定申立書等の必要書類を裁判所に提出
　↓
② 裁判所が権利行使催告書を相手方（債務者）に送達する
　↓
③ 催告期間（14日間）経過待ち
　↓
④ 裁判所が担保取消決定正本を相手方（債務者）に送達する
　↓
⑤ 相手方（債務者）から即時抗告がなければ確定
　↓
⑥ 裁判所から申立人（債権者）に供託原因消滅証明書（または支払保証委託原因消滅証明書）が交付される

となり，あとの手続は，(1)と同じです。

書式10 権利行使催告申立書

平成21年㈤第×××号　不動産仮差押命令事件
　　債権者　　株式会社詰込銀行
　　債務者　　白　濡　存　是　濡
　　　　　　　しら　ぬ　ぞん　ぜ　ぬ

権利行使催告申立書

平成22年○月×日

東京地方裁判所　第△民事部　御　中

　　　　　　　申立人株式会社詰込銀行代理人
　　　　　　　　弁護士　　小　多　助　板　巣
　　　　　　　　　　　　　　　お　た　すけ　いた　す

　上記当事者間の頭書事件について，
1　すでに保全命令申立取下げ，執行は全部解放されていること
2　本案取下げ・本案未提起・申立人敗訴の判決確定
により，申立人の供したる下記担保に対し被申立人に一定の期間内に担保権の行使を為すべき旨催告されたく申立てます。

記

1　金　　　　万円也　東京法務局平成　　年度金第　　　号
2　平成　　年　　月　　日株式会社○○銀行（××支店）との間に
　金　万円を限度とする支払保証委託契約を締結する方法による担保

以　上

(4) その後の手続

　担保取消申立をした後，担保取消決定正本が相手方に送られ，即時抗告がなければ確定します。

　その後，供託原因消滅証明書（または支払保証委託原因消滅証明書）を受領し，法務局で証明書と共に「供託物払渡請求書」「委任状」を提出して供託金を受け取ります（振込または小切手で支払われます）。

第4 担保取戻許可（民保規17条）　✓CHECK ☐☐☐

　「担保取戻」とは，執行不能など相手方に損害が発生する余地がない場合に，保全命令を発令した裁判所の許可を得て，担保を取り戻す方法で，担保取消手続よりも簡易に担保を取り戻す手続です。
　担保取戻のできるケースとして，
　① 命令前，執行前に申立てが取り下げられた場合
　② 執行期間が徒過して執行ができなかった場合
などがあります。具体的には，保全事件では，仮差押えをしようとした不動産の所有名義が，仮差押命令発令前に，債務者から第三者に移転していたため，仮差押えが取り下げられた場合があります。
　必要書類としては，
　① 担保取戻許可申立書
　② 担保取戻許可決定正本の請書
　③ 保全事件の取下書（保全命令取下書）
　④ 送達用の郵券（郵便切手）
が必要となり，その他には，
　⑤ （発令後執行着手前の取下げ，執行期間の徒過の場合）保全命令正本
　⑥ 執行未着手証明書（債務者に損害が発生していない証明書。記録上明らかな場合は不要）
　⑦ 供託原因消滅証明申請書（または支払保証委託原因消滅証明申請書）
　　＋印紙150円
が必要となることがあります。
　手続の流れとしては，裁判所から「担保取戻許可決定正本」が交付された後，法務局（または支払保証委託の金融機関）で取戻しの手続を行います。

第5章 民法と法律事務

第1 民法と法律事務の関わり

　ある日の「街の角の法律事務所」にて……。
　ベテラン事務局長の地式法富が希美のデスクにやってきました……とさ。

地　式　「希美ちゃん，民事訴訟の勉強はどう？　おもしろい？」
希　美　「はい，いままで知らなかったことがいっぱいあるんで，おもしろいことはおもしろいんですけど……」
地　式　「ん？　ですけど？？」
希　美　「まだ何となく，ピンとこないんです」
地　式　「う〜ん，民事訴訟自体があまり生活に密着してないからねぇ。どうしようか……」

　そこの所長の穏屋加兵温がやってきました。

穏屋加　「じゃ，民法を勉強してみたら？」
希　美　「えっ？　民法ですか？」
穏屋加　「そう，民法は実体法，つまり，日常生活のルールを定めたような法律だからね，まだなじみやすいかもしれないよ」
希　美　「そっか……。わかりました。っていっても，どこから勉強したらいいかなぁ……。民法って条文が多いんですよね」

地 式「お～，よく知ってるね」
希 美「そのくらい知ってますよ～。どうしようかなぁ，本読むのも眠くなりそうだし……」
穏屋加「じゃ，張切先生に教えてもらう？」
希 美「いえ！　……すみません，自分で勉強します」

（別室の張切弁護士は……）
張 切「ハ～ックション！」

　現在の法律事務所の多くは，受任する事件の大半が民事事件と思われます（もちろん，刑事事件を主としているという法律事務所もあります）。一口に「民事事件」といっても，契約に関する紛争，不動産に関する紛争，相続問題などがあり，広い範囲になると，会社などが関係してくる「商事事件」も（刑事事件という概念の反対として）民事事件に含むという考え方もあります。この「民事」，つまり私生活，私的関係を規律する基本法が民法です。民事事件を扱う以上，民法の知識は必須となってくるでしょう。

　なぜ民法が定められているのかですが，日常生活を社会という集団のなかで営む以上，他人との関わりは避けて通れません。物の売買や，結婚，財産など人と人との関係，社会を前提として成り立っています。ですから，人が社会生活を営むにあたっては，集団を規律し秩序を維持するためのルールが必要になります。つまり，民法が，
　「社会生活での個々人の財産関係や身分関係を規律するルール」
になるのです。

コーヒーブレイク

　民法や刑法のように、私的関係を規律したり、刑罰、罪名を定める法律を「実体法」、民事訴訟法や刑事訴訟法のように、裁判の手続を定めた法律（裁判のルールを定めた法律）を「手続法」といいます。
　「実体法」や「手続法」という言葉は、法律業界では、「あたりまえの言葉」として使われていますので、覚えておくようにしましょう。

第2 民法の構造

民法は，大きく分けると5つの分野で構成されています。

(1) 総則（人・法人・物・法律行為・期間の計算・時効など）

民法全体に関するルールが規定されています。

未成年者の権利能力や法人の規定，失踪宣告，通謀虚偽表示・錯誤・詐欺・強迫などの法律行為の規定，代理，無効・取消し，条件・期限，時効などについて規定されています。

(2) 物権（占有権・所有権・地上権・留置権・抵当権など）

人と物との関係について規定されています。

対抗関係，所有権，占有権，即時取得，地上権，地役権，留置権，先取特権，質権，抵当権，根抵当権について規定されています。

(3) 債権（債権の効力・多数当事者の債権債務・債権譲渡・契約・不法行為など）

人と人との関係について規定されています。

債権の効力，損害賠償，連帯債務，保証債務，各種契約（売買，賃貸借など），不法行為などについて規定されています。

(4) 親族（婚姻・親子・親権・後見など）

親子関係，婚姻，離婚など親族の関係について規定されています。

(5) 相続（相続の効力・相続放棄・遺言・遺留分など）

相続関係について規定されています。

第3 権利の主体・客体

1．権利の種類

自由権，平等権，生存権等々，権利はさまざまな観点から分類できますが，民法の定める財産的権利としては，**物権**と**債権**があります。また，法律事務では，これに関係する言葉もたくさん出てきます。例えば，「所有権」は「物権」ですし，「貸金」や「売買代金」は債権で，さらに身近な例では，給料を受け取る権利は「給与債権」です。なので，まずはこの2つから押さえていきます。

⑴ 物　権

物権とは，「**物を直接的排他的に支配することを内容とする権利**」と説明されます。漠然としてわかりにくいかもしれませんが，物に対する"所有権"を考えてみてください。

所有者は，その所有物を自由に使用，収益，処分できます。例えば車の所有者は，自分の車を運転したり，売却したりできます。さらに，他人に使用を妨害されているときは，その排除を請求することができます。自分の車を他人が無断で使用しているとき，その他人に対して車を返せ（返還請求）ということができます。「物を直接的支配」する権利ですので，すべての人に対して主張することができます。これが，物を直接に利用できる効果，「物に対する直接的支配」です。

極端に言えば，今あなたの隣に座った人に対しても，

「これ，私の物」

と言うことができます（ただし，本当に言ったら『この人おかしいんじゃない』と思われるかもしれませんが）。これを「**絶対的権利**」といいます。

このように，物権そのものに強い効力があるので，勝手に物権をつくったり，内容を変えたりすると大変な混乱が起こります。ですから，**物権は法律で定められたもの以外は勝手に創設できず，また勝手に内容を変更することはできません**。これを「**物権法定主義**」といいます。

(2) 債　権

　債権とは，「**特定の人に対して一定の行為（作為，不作為）を請求することができる権利**」です。例えば，物の売買をしたとき，買い主は売り主に対して，その物を引き渡すように請求できる債権を有し，売り主は買い主に対して，物の代金を支払うように請求できる債権を有することになります。

　債権は原則として，債権関係にある当事者間でしか主張できません。つまり**相対的権利**なのです。例えば先の例では，「物を引き渡せ」と言える相手は売り主だけで，通りすがりの他人に対して言っても「うるせ〜！」と言われるだけでしょう。そういう関係が「相対的」ということです。物権が絶対的権利であることとの違いでもあります。

　また，売買で物を売った売り主が，さらに第三者に同じ物を売ったとしましょう。例えば，中古車業者がAさんに展示している車を売る契約をしたとします。そのあとに同じ車をBさんに売ったとします。この場合，中古車業者とAさん，中古車業者とBさんのそれぞれの売買契約はどちらも有効に成立します。先のAさんの契約が取り消されることもあり得ますからね。

2．権利の主体

　権利を有する者（主体）はだれでしょうか？　最近はペットも家族の一員のようになっている家庭も多いですが，犬に権利が認められるでしょうか？　愛犬家からすると，

　「認められる！」

と言いたいところですが，民法では犬に権利は認められていません。

　民法では法律関係を"**権利と義務**"の関係として捉えます。この権利を主張したり，義務を履行したりする資格，地位を「**権利能力**」といいます。この権利能力を有するのは「人」です。ですから，犬に財産を相続させようとしても，犬は権利を取得することができないのです。

　ここにいう「人」とは「**自然人**」と「**法人**」を意味します。自然人と

いえば野生児のように聞こえますが，これは人間のことで，法人とは法律の規定によって人格を与えられた団体です。ですから，同じ団体であっても法人格を有しない団体には権利能力がありません（これを「権利能力なき社団（または財団）」といいます）。

権利能力は自然人の場合，

> **民法3条1項**
> 　私権の享有は，出生に始まる。

と規定されており，出生によって権利能力を取得します。つまり，生まれて初めて権利を主張しうることになるのです。

> 　Aの父親は，Aが胎児であったときに交通事故で死亡しました。Aは父親の財産を相続できるでしょうか。

　生まれて初めて権利を取得するとすると，Aはまだ胎児ですので，権利を取得できない，父親の財産を相続できない，ということになりそうです。

　でも，そうすると，Aのように胎児であるというだけで相続権が認められず，すでに生まれている者だけに相続権が認められるとすると，出生の時期が遅かっただけで不公平な結果となります。

　そこで，例外規定として，
① 　不法行為に基づく損害賠償請求（民721条）
② 　相続（民886条）
③ 　遺贈（民965条）
については，胎児はすでに生まれたものとみなされ，権利能力を有するとされています。つまり，**父親が死亡した段階で，Aはすでに生まれていたとみなされ**，Aが出生したときに父死亡時に遡って相続権が認められます。

3．権利の客体

　権利の対象となるものを客体といいます。権利そのものが様々でありますが，難しいことは考えず，まず，「物」が権利の客体になる，と考えてください。

　民法上，「物」とは有体物をいいます（民85条）。つまり，固体，液体，気体など形ある財産といってよいでしょう。物は不動産と動産にわかれます。この定義ですが，

> 民法86条
> ① 土地及びその定着物は，不動産とする。
> ② 不動産以外の物は，すべて動産とする。

となっています。つまり，ふだん何気なく「動産」と言っているものは，実は非常に範囲が広いのです。

　土地の定着物とは，「継続的に土地に固着し，固着して使用されることがその物の取引上の性質と認められるもの」をいいます。土地に固着した立木（例外あり）や石垣などは固着物です。建物も土地の固着物ですが，法律上は別個の不動産として扱われています。

4．物権の種類

　民法に規定されている物権のうち，このほかに「担保物権」（留置権・先取特権（さきどりとっけん），質権，抵当権）というものがありますがこれらを除くと，覚えていた方がよいのは，以下の4つでしょう。

(1) 占有権（民180条）

　通常，物に対する占有は，所有権や賃借権に基づいていますが，これとは無関係に，物を事実上支配する状態（占有している状態）そのものにも，権利として法的保護が与えられました。これを「占有権」（民180条～204条）といいます。

(2) 所有権（民206条）

　所有権とは，「**所有物を自由に使用・収益・処分することのできる権利**」です。所有権は物に対する絶対的支配権といわれますが，権利は社会全体の利益と調和の限度で行使されるべきものとされています。

(3) 地上権（民265条）

　地上権とは，「**植林や工作物の所有を目的として，他人の土地を利用する権利**」です。鉄道を敷設するため，高架橋を設置するため，送電線敷設のためなどなど，工作物を設置するために使われることが多いです。

(4) 地役権（民280条）

　地役権とは，「**ある土地（要役地）の便益のために他の土地（承役地）を利用する権利**」です。地役権は通行のために設定されることが多いです（通行地役権といいます）。

第4 契約 ☑CHECK □□□

1．契約の成立

　契約は一般に，「申込み」と「承諾」という意思表示の合致によって成立します。意思の合致があれば契約は成立しますので，多くの場合，契約書が必要ということではないのですが，「要式契約」といって，一定の方式に従って，契約することが成立の要件となっている契約もあります。

> 　A所有の土地について，AがBに「買わないか」と持ちかけ，BがAに対して「買う」と言った。

　この"AのBに対する「買わないか」"が「申込み」にあたり，"BのAに対する「買う」"が「承諾」になります。

> 　Aはショーウィンドウに展示してある服を見て，店員Bに対し「この服を買う」と言い，Bはこれに応じた。

　この場合は，"AのBに対する「この服を買う」"が申込みにあたり，Bが応じたことが承諾になります。ショーウィンドウへの展示は「申込みの誘因」といい，申込みそのものではありません。

　では，**契約による所有権の移転**の時期はいつでしょうか。

> 　AB間でA所有の建物について売買契約が成立した。所有権の移転時期については特約がない。

　まず，

> 民法176条
> 　物権の設定及び移転は、当事者の意思表示のみによって、その効力を生ずる。

とされています。これを物権変動の**意思主義**といいます。これは契約が成立すれば、他に登記とか引き渡しを必要とすることなく所有権が移転する、ということです。

　ただ、所有権の移転について特約があれば、その特約は有効となり、特約で定められた時期に所有権が移転します。

> 　ＡＢ間でＡ所有の建物について売買契約が成立した。その後、Ａは同じ建物をＣに売却する契約をし、Ｃに所有権移転登記をした。

　この場合、ＡＣ間の売買契約は無効だと思う人もいるかもしれませんが、法律的にはこのような売買契約も有効に成立します。

　このように、同一不動産が二重に譲渡された場合（「二重譲渡」といいます）、ＢＣのいずれかに所有権の帰属を認めるほかないわけです。このようなＢＣの（食うか食われるかの）関係を「**対抗関係**」といいます。不動産に関しては、

> 民法177条
> 　不動産に関する物権の得喪及び変更は、不動産登記法その他の登記に関する法律の定めるところに従いその登記をしなければ、第三者に対抗することができない。

とされています。つまり、登記を先に備えた方が優先する、ということになります。ですから、この場合は、Ｃに所有権が帰属することになります。

2．契約成立に問題がある場合

契約の申込みや承諾をする意思表示は，

動機 → 内心的効果意思 → 表示

というプロセスをたどります。「この土地を売る」という意思表示をする場合，最初に，「土地を売って借金を返済しよう」とか，「値下がりしないうちに売ろう」というような「**動機**」があるわけです。

次に，この動機に導かれて，「土地を売ろう」という意思決定をします。この意思を「**内心的効果意思**」といいます。そして，相手方に対して「土地を売る」という**表示**行為をします。このプロセスのどこかに欠陥がある場合，意思表示に瑕疵があるものとされ，動機に他人の違法な行為が作用して内心的効果意思が形成された場合を「**瑕疵ある意思表示**」といいます（詐欺・強迫による意思表示）。表示に対する内心的効果意思が欠ける場合を「**意思の不存在**」といいます（心裡留保，虚偽表示，錯誤）。

(1) 心裡留保（民93条）

心裡留保とは，冗談や戯れ言のように**意思表示をした者自身が，その内心的効果意思と表示が一致しないことを知りながらする意思表示**です。このような意思表示でも原則として有効ですが，相手方が表意者の真意を知りまたは少し注意すれば知ることができたという場合は無効になります。

(2) 虚偽表示（民94条）

虚偽表示とは，相手方と通謀してする**内心的効果意思を欠く意思表示**です。このような意思表示は原則として無効です。しかし，そのような事情について知らない（善意の）第三者には対抗することができません。

AはBと通謀して，売却する気はないのにBに対し自己所有の建物について売却しBに所有権移転登記をした。Bは自己に登記があることを利用し，事情を知らないCに同建物を売却した。

この場合，ＡＢ間の売買契約は，通謀虚偽表示として無効ですから，所有権はＢには移転しません。しかし，Ｃはそのような事情については知らない（善意）ですので，このようなＣに対して，ＡはＡＢ間の契約の無効を対抗することはできません。ですから，建物の所有権はＣに移転します。

(3) 錯誤（民95条）

錯誤とは簡単に言えば，「勘違い」のことです。つまり，勘違いがあったために，**真意と表示との間に食い違いを生じた場合**をいいます。民法では**意思表示の「要素に錯誤」**がある場合，**無効**となります。「要素の錯誤」とは意思表示の本質的に重要な部分の錯誤であり，その錯誤を知っていたなら当事者も一般人もその意思表示をしなかったであろうと認められるような錯誤をいいます。

例えば，Ｂが１千万円で土地を買うと言ったのに，Ａが１億円と勘違いしたような場合です。

ただ，Ａに重大な過失がある場合は，無効の主張はできません。

(4) 詐欺による意思表示（民96条）

詐欺とは，相手をだまして意思表示させることをいいます。詐欺による意思表示は取り消すことができますが，善意の第三者に対しては対抗することができません（民96条3項）。

(5) 強迫による意思表示（民96条）

強迫とは，相手をおどして意思表示させることをいいます。強迫による意思表示は取り消すことができ，詐欺とは違い善意の第三者に対しては対抗することができます（民96条3項の反対解釈）。

3．契約が効力を生じない場合

取引社会に一本立ちできる能力が不足している者として，単独で有効に法律行為をなし得る能力（行為能力）を制限されている人を**制限行為能力者**といいます。

制限行為能力者には，**未成年者，成年被後見人，被保佐人，被補助人**

があります。

> 未成年者……年齢20歳未満の者
> 成年被後見人……精神上の障害で判断能力を欠く常況にあり，家庭裁判所で成年後見開始審判がなされた者
> 被保佐人……精神上の障害で判断能力が著しく不十分であり，保佐開始の審判がなされた者
> 被補助人……精神上の障害により判断能力が不十分であり，補助開始の審判がなされた者

　これらの制限行為能力者のなした法律行為の効果ですが，未成年者は，法律上，単独でなし得る行為（民5条1項ただし書・3項，6条）以外，法定代理人（親権者・未成年後見人）の同意なしで未成年者が単独で行った法律行為は原則として取り消すことができます（民5条2項）。

　成年被後見人が行った法律行為は，たとえ法定代理人（成年後見人）の同意を得ていたとしても，取り消すことができます（民9条）。なぜなら，仮に同意を得ていたとしても，成年被後見人がそのとおりの法律行為をするとは限らないからです。ただし，日用品の購入，日常生活に関する行為については，取り消すことができません（民9条ただし書）。

　被保佐人は，原則として民法13条1項に規定する行為については，保佐人の同意を得なければならず，この同意がない，または，同意に代わる家庭裁判所の許可（民13条3項）がない場合は，取り消すことができます（民13条4項）。

　被補助人は，民法13条1項に規定されている行為のうち，特定の法律行為をするには，補助人の同意が必要とする審判がなされている場合，その行為について，補助人の同意がない，または同意に代わる家庭裁判所の許可（民17条3項）がない場合は，取り消すことができます（民17条4項）。

4．契約の種類

民法では典型契約として13種類の契約が規定されていますが主なものとしては，以下のものがあります。

(1) 贈与（民549条）

贈与とは無償で自己の財産を相手方に与えることを目的とする契約で，書面によらない贈与は撤回することができます。

(2) 売買（民555条）

売買とは，当事者の一方がある財産権を相手方に移転することを約し，相手方がこれに対して代金を支払うことを約することによって成立する契約です。実際に物の引き渡しなどがなされなくても契約は成立しています。

(3) 消費貸借（民587条）

消費貸借とは，金銭その他の代替物を借りて，後にこれと同等・同種・同量の物を返還する契約をいいます。

金銭の貸借が典型的な例になります。

(4) 使用貸借（民593条）

使用貸借とは，貸し主が借り主に無償で物を貸すことにして目的物を引き渡し，借り主が使用収益した後，返還するという契約です。

(5) 賃貸借（民601条）

賃貸借とは，賃貸人があるものを賃借人に使用収益させることを約し，相手方がこれに対して賃料を支払うことを約することによって成立する契約です。

不動産の賃貸が典型例です。

(6) 委任（民643条）

委任とは当事者の一方が法律行為をすることを相手方に委託し，相手方がこれを承諾することによって成立する契約です。

弁護士と依頼者の間の契約も委任契約です。

5．契約（債権）を担保するための手段（物的担保）

金銭消費貸借契約を締結するときに，その賃金債権を担保するための手段によく使われるのが，抵当権，根抵当権です。民法では，法定担保物権として留置権，先取特権を，約定担保物権として，質権，抵当権，根抵当権などを規定しています。

(1) 抵当権（民369条）

抵当権は担保した不動産について他の債権者に先立って自己の債権の弁済を受ける担保物権です。

抵当権は，その担保する債権（被担保債権）が弁済されない場合，競売によって担保物を売却し，その代金から優先弁済を受けることになります。

(2) 根抵当権（民398条の2）

根抵当権は，契約で定めたところの一定の範囲に属する不特定の債権を極度額の限度において担保する担保物権です。

継続的に，金融機関から融資を受ける場合に利用されます。

抵当権や根抵当権は，よく見かける担保物権だと思います。現在では，抵当権は住宅ローンの担保に，根抵当権は事業者が取引銀行から融資を受けるときによく利用されています。

(3) 質権（民342条）

質権は，債務者または第三者から提供を受けた物を占有し，かつその物につき他の債権者に先立って自己の弁済を受ける担保物権です。

質権は担保となるものが債権の場合に利用されています。例えば，生命保険の保険金請求権に質権を設定したり，火災保険の保険金請求権について，住宅ローンを融資した銀行が質権を設定する場合です。

6．契約（債権）を担保するための手段（人的担保）

担保となる物件がない場合，連帯債務，保証債務などの人的担保が利用されます。

(1) 連帯債務（民432条〜）

連帯債務は，各債務者が全額について支払義務を負う債務の形態です。

> ＡＢＣの3名は，共同してＤから別荘を3,000万円で購入した。代金については，連帯して支払う旨の特約をし，各自の負担部分はそれぞれ3分の1ずつと定めた。

この場合ＡＢＣが連帯債務者となります。連帯債務も債務者の数に応じた別個の債務です。したがって，連帯債務者の1人について無効や取消しの原因があっても他の連帯債務者は影響を受けません。ただし，例外もあり，弁済や請求，更改，相殺，免除など，連帯債務者の1人に生じた事由が他の連帯債務者に影響する事由もあります（絶対効を生じる事由，民434条〜439条）。

債権者は各連帯債務者に対し，同時にまたは順次に債権の全額または一部を請求することができます。

連帯債務者間では，それぞれが支払義務を負う割合を定めることができます。これを「**負担部分**」といいます。

(2) 保証債務（民446条〜）

保証債務は主たる債務が履行されない場合に主債務者に代わって支払義務を負う債務の形態です。

> ＢはＡに対して1,000万円の金銭債務を負い，ＣおよびＤがこの債務について保証人になった。

この場合，ＢのＡに対する債務が主債務，ＣおよびＤがＡに対して負う債務が保証債務になります。

保証債務は，**債権者と保証人間の契約によって成立**します。一般的には主たる債務者に頼まれてなることが多いでしょうが，主たる債務者と保証人との間の事情は債権者には無関係です。

保証債務は，**主たる債務が履行されない場合に初めて履行しなければならない**，という性質があります。これを「**補充性**」といいます。保証人は債権者に対し，

「まず，先に主債務者に請求してくれ」

と言うことができます。これを「**催告の抗弁権**」といいます。

次に，債権者に対し，主債務者に資力があり，執行が可能であるならば，

「まず，主債務者の財産を強制執行してくれ」

と言うことができます。これを「**検索の抗弁権**」といいます。

保証債務は主たる債務に付従する債務ですので，主たる債務に生じた事由は保証債務に及びます（連帯債務との違い）。

(3) 連帯保証債務（民454条）

連帯保証債務は主たる債務と連帯して保証人が保証債務を負担する形態です。連帯保証も主たる債務に付従するものですが，保証債務との大きな違いは，催告の抗弁権，検索の抗弁権がない，ということです（民454条）。

ですから，連帯保証人の場合には，主債務者には請求せず，いきなり連帯保証人に対し請求がきても，連帯保証人は支払わなければなりません。

また，連帯債務の絶対的効力が生じる事由が準用されますので（民458条，434条〜439条），連帯保証人に生じた事由が主債務者に影響することもあります。

7．契約以外の債権発生

契約以外でも債権が発生する例として，民法では事務管理，不当利得，不法行為が規定されています。

(1) 不法行為（民709条）

不法行為とは，他人の権利・利益を違法に侵害して，損害を与える行為をいい，不法行為によって金銭賠償請求をする債権が発生します。

コーヒーブレイク

　保証人に「催告の抗弁権」や「検索の抗弁権」があるとわかったら，債権者が保証人に請求してきても，対抗できるんじゃないかと思った人もいるでしょう。でも実際に保証人となっている人は，今の日本では皆無に近く，ほとんどが「連帯保証人」でしょう。

　多くの金融機関，金融業者が使用する契約書には，あらかじめ「連帯保証人」と不動文字で印刷されています。だから，「催告の抗弁権」や「検索の抗弁権」は，ないケースがほとんどでしょうね。

　それに，連帯保証人の中には，
　「あいつ（借りた本人である主たる債務者のこと）が『絶対に迷惑をかけない』と言ったんだから，あいつからとればいいじゃないか！　なんで，俺が払わなきゃいけないんだ！」
と言う人がいますが，連帯保証債務は，「債権者と連帯保証人との契約」によって成立しているのですから，借りた本人がなんて言っていようと関係ないんですよ。

　別のケースで，夫が借金をして，妻が連帯保証人となった後に，離婚した場合，奥さんは，
　「もう離婚したんだから，あの人（元の夫のこと）のことは関係ありません。夫婦だから保証人になったんですから，離婚したらもう保証人じゃないでしょう」
と言う人がいますが，これも関係ありません。離婚しようがしまいが，連帯保証契約は債権者と連帯保証人との契約なのですから，夫がどうこうという事情は関係ありませんからね。

交通事故が典型的な例ですが，暴力によって怪我をした場合，さらには医療過誤による損害賠償請求をする場合もこれに含まれることもあります。

(2) **不当利得**（民703条，704条）

不当利得とは，法律上の原因なく，他人の財産または労務によって収益を受け，そのために他人に損失を及ぼした者がその利得を返還する義務を負う制度です。

サラ金事件での過払金返還請求がこれにあたります。

(3) **事務管理**（民697条）

事務管理とは，法律上義務がないのに，他人のためにその事務（仕事）を管理（処理）することです。この根源的な考え方は社会生活における相互扶助にあります。

教科書的な事例では，留守宅を隣人が修繕した場合などがあります。

8．債権の効力

契約その他によって発生した債権にはどのような効力があるのでしょうか？

(1) **債務不履行による損害賠償請求**（民415条）

契約関係にある当事者の場合，債務者がその履行をしない場合，債務不履行に基づく損害賠償請求ができます。この賠償の方法ですが，

> 民法417条
>   損害賠償は，別段の意思表示がないときは，金銭をもってその額を定める。

となっており，金銭賠償が原則になっています。また，金銭債務については，履行不能は認められず，履行遅滞しかありませんし，不可抗力によっても債務者は責任を免れません（民419条3項）。

(2) 債権譲渡（民466条）

　債権は性質上可能であれば他人に譲渡することができます。これを「債権譲渡」といいます。「性質上可能」とされているのは、譲渡性のない債権は他人に譲ることができないからです。例えば、自分の肖像画を描かせる債権のようなものは、債権者が異なると全く違うものになってしまうからです。

　通常は金銭債権を譲渡（売却）することが一般的のようです。債務整理案件などで債権者が変わったことがあると思いますが、その原因の一つとして、この債権譲渡が考えられます。

9．債権の消滅

　債権が消滅するケースとして主に次のようなものがあります。

(1) 弁済（民474条～）

　もっともノーマルな債権の消滅事由です。返済という言葉のほうが馴染みがありますが、民法では「弁済」となっています。借りたお金も返してしまえば、借金はなし、ということです。

(2) 供託（民494条～）

　債権者が弁済を受領しない、債権者の所在がわからない等の一定の場合、債権者は法務局に供託することによって、債権を消滅させることができます。

(3) 相殺（民505条～）

　債権者と債務者が互いに同種の債権を有し、それらが弁済期にあるとき、対当額（対等額ではありません）で相殺することができます。

　相殺は相手方に対する意思表示でなされます。このとき、自分の債権を「**自働債権**」、相手の債権（自分の債務）を「**受働債権**」といいます。

(4) 免除（民519条）

　免除とは、債権者が無償で債権を消滅させる行為です。お金を貸した人が、

　「もう返さなくてもいいよ」

と言って"借金をチャラ"にしてしまう場合です。

(5) 消滅時効（民166条〜）

債権は，それを行使できるときから原則として10年経過することにより時効消滅します。債権によっては，2年，3年等，短い期間で消滅するものもあります（民169条〜174条）。

なお，民法の時効の規定は「**取得時効**」と「**消滅時効**」があります。

「**取得時効**」は定められた**時効期間が経過することにより権利を取得**する規定で，「**消滅時効**」は逆に**時効期間経過により権利が消滅**する規定です。

民法では，

> 民法167条
> ① 債権は，10年間行使しないときは，消滅する。
> ② 債権または所有権以外の財産権は，20年間行使しないときは，消滅する。

と規定されています。つまり，債権は行使できる時から起算して10年で時効消滅する，ということです。

ただ，**ある一定の事由が発生した場合に，それまで経過した時効期間の経過を無にしてしまう制度**があります。それが「**時効の中断**」というものです。

民法では，時効の中断は，

> 民法147条　時効は，次に掲げる事由によって中断する。
> 　一　請求
> 　二　差押え，仮差押えまたは仮処分
> 　三　承認

と規定されています。ここにいう「請求」とは本訴提起などの「**裁判上**

の請求（民149条）」，支払督促（民150条），催告（民153条）などをいい，単純に口頭での督促や，請求書の発行はここにいう「催告」にあたるとも考えられますが，「催告」はそれをしたときから6か月以内に「裁判上の請求」「支払督促の申立て」，その他民法153条に規定されている手続をしなければ，時効の中断の効果は生じません。なので，請求書を発行した後に，また請求書を発行しても，時効は中断しません。

　債権者が貸金返還請求権の消滅時効が完成する直前に，訴訟を提起するのは，この時効中断が目的の場合があります。

第5 親　族

1．親族の範囲

親族とは一定の血縁関係や，婚姻・養親子関係にある者相互の身分関係をいいます。親族の範囲は，
① 6親等内の血族
② 配偶者
③ 3親等内の姻族
です（民725条）。

2．婚姻・婚姻の解消（離婚）

婚姻の成立要件は，婚姻意思（社会通念上夫婦であると認められる関係を築く意思）があること，婚姻の届出をすること，です。

婚姻の解消は，離婚や一方の死亡によって生じます。離婚には，当事者の協議による「協議離婚」（民763条），家事調停による「調停離婚」（家審17条），調停に代わる審判による「審判離婚」（家審24条），及び裁判による「裁判上の離婚」（民770条，人訴2条1号），があります。

裁判上の離婚をするには，一定の事由が必要とされています。

第6章 相続と法律事務

第1 相続とは何か

1．相続とは

相続とは，

「**被相続人の財産に属した一切の権利義務が，被相続人と一定の親族関係にある人（相続人）によって，法律上当然に，かつ包括的に承継される制度**」

をいいます。ここでいう「**財産**」とは，不動産など土地・建物，現金，預貯金，株式など，一般に「資産」と呼ばれる「プラスの財産」と，借金などの「負債」である「マイナスの財産」の両方を意味します。

「**包括的に承継**」とは，被相続人の地位（立場）・権利・義務をそっくりそのままの形で受け継ぐということです。少し具体的に考えてみましょう。

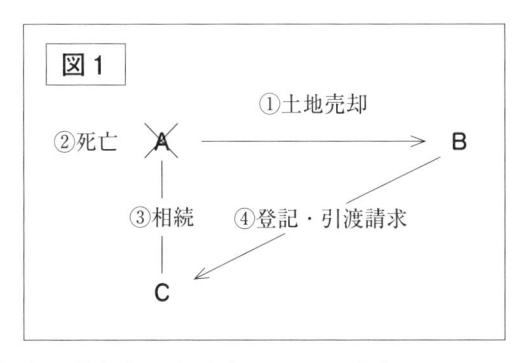

```
図1
               ①土地売却
   ②死亡  A ──────────→ B
          ╲
    ③相続  ④登記・引渡請求
           ╲
            ↓
            C
```

Aさんが自分が所有する土地をBさんに売却し（Aさんが売主，Bさんが買主），AさんがBさんに土地の移転登記・引渡しをする前に亡くなっ

て，CさんがAさんを相続したとします。BさんがCさんに土地の引渡しと移転登記手続をすることを請求してきた時（図1），Cさんが土地をBさんに渡したくないと考え，

「土地はAが売ると言ったが，そんなこと俺は知らない。Aがやったことは俺には関係ないから，土地は俺のものだ！」

と言ったとします。しかし，これは通りません。なぜなら，CさんはAさんを相続したことにより，Aさんの売主としての立場（売買契約者の当事者のとしての地位）をそっくりそのまま受け継いだことになります（図2）。

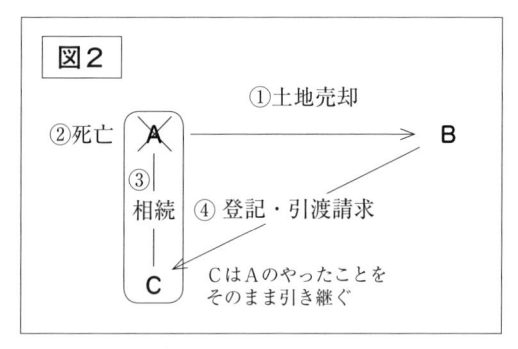

```
┌─────────────────────────────────────────┐
│  図2                                    │
│                  ①土地売却              │
│      ②死亡  A ──────────────→ B        │
│             │③                         │
│             │相続  ④ 登記・引渡請求     │
│             ↓                           │
│             C   CはAのやったことを       │
│                 そのまま引き継ぐ         │
└─────────────────────────────────────────┘
```

つまり，相続によりCさんがこの売買契約の売主になったということです。ですから，

「Aがやったこと」

と言っても，つまりは，

「私（C）がやったこと」

になるので，Bさんから土地の移転登記・引渡しを請求されたときは，それを拒むことができなくなります。これが，**「包括的に承継」** するということです。

2．相続開始原因と時期

相続は，どの時点から開始するのでしょうか？ 民法882条には，

「相続は，死亡によって開始する」

とあります。つまり，被相続人の死亡によって相続は開始します。これは，相続の開始時点の規定であり，相続人となる人が被相続人の死亡を知っているかどうかにかかわらず，相続は被相続人の死亡時から開始するということです。

第2　相続人とその順位

1．相続人

（例題1）　Aが死亡しました。Aには配偶者である妻甲と子BとC，母親Dと父親E，兄弟Fがいます。この場合，だれがAの相続人となるでしょうか？

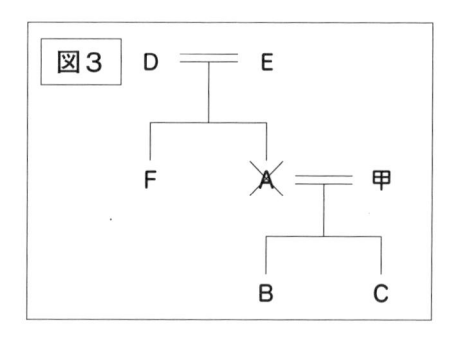

```
図3   D ══ E
         │
    ┌────┴────┐
    F        ✕A ══ 甲
              │
          ┌───┴───┐
          B       C
```

　Aを取り巻く人の身分関係は**図3**のようになります。

　このような問題が生じた場合，「相続人は……」と考える人が多いのですが，まず考えなければならないことは，Aが遺言書で相続人の相続分を指定していないか，ということです。もともと，Aの財産ですから，それをどのように処分するかは，（遺留分というものはありますが）Aの自由に決めてよいのです。だから，Aが相続人の中の特定の者に相続させることも，全くの第三者に譲ることも，自由にできるのです（この第三者を「受遺者」といいます）。

　しかし，だれしも自分が死んだ時のことを想定して日常生活を送っている人は少ないと思います。高齢の方ならば，そういうことを考えることもあるでしょうが，働き盛りのサラリーマン，20歳・30歳代の若い人たちならば自分が死ぬ時のことなんて普段は考えていないでしょう。でも，人間だれしも，いつ死ぬかはわかりません。ですから，突然亡くなって，その後のことを何も考えていない人は非常に多いと思います。そうなった時，だれが相続人となるかを法律で規定しています。

では，だれが相続人となるのでしょうか？

まず，**配偶者**は常に相続人となります（民890条）。亡くなった人に子，直系尊属（親，じいさん・ばあさん），兄弟姉妹（こじゅ～と）がいようと，配偶者には相続権があります（ただし，子，直系尊属，兄弟姉妹のうちだれが相続人になるかによって相続分は違います）。

次に，配偶者と共に子，直系尊属，兄弟姉妹がいればその人たちも相続人となりますが，これには順位が付いており，被相続人の，

① **子**（民887条）
② **直系尊属**（民889条1項1号）
③ **兄弟姉妹**（民889条1項2号）

の順で相続人になります。

直系尊属とは，被相続人の実父母，祖父母，曽祖父母など，被相続人の直系血族のうち被相続人より世代が上の者をいいます。

順位というのは，亡くなった人（被相続人）に子どもがいないか，またはその子が幼くして亡くなっていたりした場合，つまり，第1順位の相続人としての「子」にあたる者がいない場合，第2順位の直系尊属が相続人になり，同様に，直系尊属にあたる者が死亡していていない場合，第3順位の兄弟姉妹が相続人となる，ということです。

ここで注意していただきたいのは，先順位の相続人がいない場合，順位が繰り上がるのではないということです。相続法を勉強し始めたばかりの人の中には，

「子どもがいない夫婦の場合，夫が死亡したら，第1順位が直系尊属になる」

と考える人がいるのですが，これは間違いです。第1順位の人がいなくても第2順位はあくまでも第2順位なので，順位が繰り上がることはありません。また，後にお話しますが，相続の順位によって相続分（176ページ参照）が変わりますので，順位は間違えないようにしてください。

例題1の場合，甲は配偶者として相続人になります。甲とともに相続人になるのは，まず，第1順位の相続人（子）であるBとCです。Bと

第6章 相続と法律事務

> **コーヒーブレイク**
>
> 相続の問題で，例題が作られる場合，
> 　配偶者を「甲」・「乙」……
> 　その他の相続人を「A」・「B」・「C」……
> と表すことが多いのですが，これは，配偶者は常に相続人になり，他の相続人は順位がついていることから，立場が違うことを意識して使い分けていると考えられているようです。

CがAの死亡の前に（B・C自身に子どもがなく）すでに死亡していたり，相続放棄（187ページ参照）をした場合は，第2順位の相続人（直系尊属）であるDとEが甲とともに相続人となります。さらにB，C，D，EがAの死亡の前にすでに死亡していたり，相続放棄をした場合は，第3順位の相続人（兄弟姉妹）であるFが甲とともに相続人となります。

（例題2）　Aが死亡しました。Aには配偶者である妻甲と子BとCがいます。また，Aが死亡した時点で，甲には胎児Gがいました。この場合，だれがAの相続人となるでしょうか？

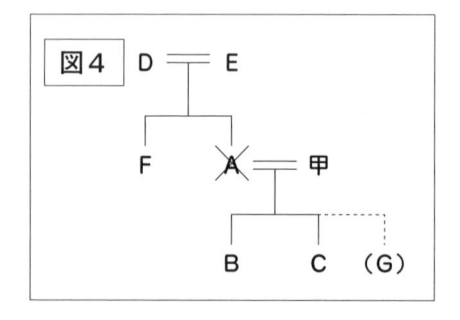

図4　家系図：D＝E、その子がF・A、A＝甲、その子がB・C・(G)

相続に関しては，
「胎児はすでに生まれたものとみなす」（民886条）
とされており，胎児にも相続権があるとされています。ですから，もし，Aが死亡した時点で甲が懐胎していて胎児Gがいたとするならば，相続人は，

166

甲 （配偶者）
B，C，G （子）
となります（図4）。

> （例題3） Aが死亡しました。Aには配偶者である妻甲と子BとCがおり，Aと甲の間には養子Dがいます。さらにAには先妻乙との間の子Eがいます。この場合，だれがAの相続人となるでしょうか？

相続人としての「子」には，実子と養子を含みます。また，「実子」には，先妻との間の子も含みます。つまり，血のつながった自分の「子」を意味します。ですから，先妻の子でも，血のつながった実子であることには違いないので，相続人となります。

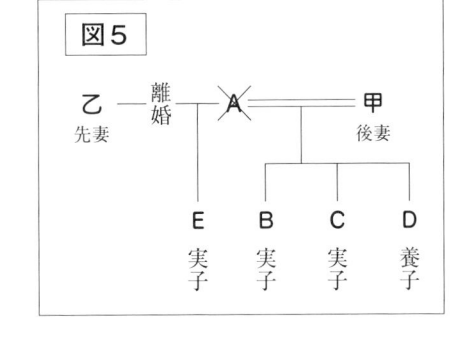

図5

乙 —離婚— A = 甲
先妻　　　　　　　後妻

E　　B　　C　　D
実子　実子　実子　養子

したがって，相続人は，
甲 （配偶者）
B，C，D，E （子）
となります（図5）。

> （例題4） Aが死亡しました。Aには配偶者である妻甲と子BとCがおり，甲には前夫との間に生まれた子Dがいます。さらにAには先妻乙との間の子Eがいます。この場合，だれがAの相続人となるでしょうか？

相続人となる「子」は実子と養子を含みます。「実子」はあくまでも

第6章 相続と法律事務

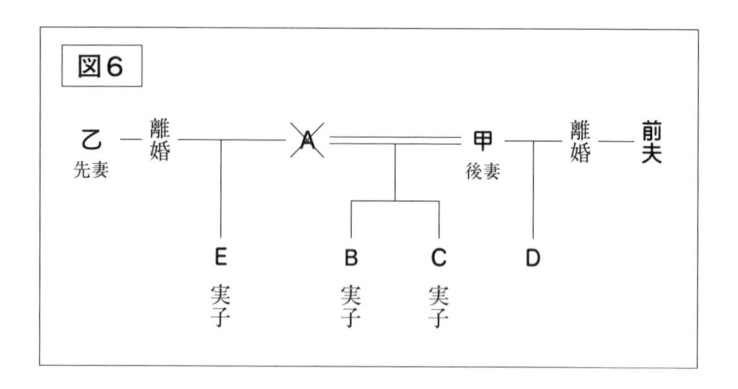

```
図6

乙 ――離婚――┐    ╳――――――甲――離婚――前夫
先妻         │    A          後妻              
             │    │                           
             E    ├─┐        D                
             実子 B  C                         
                 実子 実子                     
```

"被相続人と血のつながった子"
ですので，血縁がなければ（養子にならない限り）相続人にはなりません。
　この場合，EはAと血縁がありますが，Dは甲とその前夫の子ですので，Aとは血縁がありません。よって，相続人は，

　甲（配偶者）
　B，C，E（子）

となります（図6）。

（例題5）　Aが死亡しました。Aには配偶者である妻甲と子BとCがおり，さらにAは，甲と甲の前夫との間に生まれた子Dと養子縁組をしました。この場合，だれがAの相続人となるでしょうか？

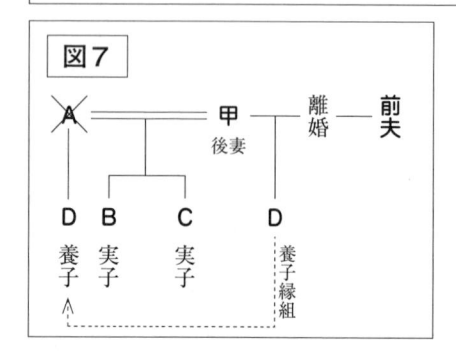

```
図7

╳―――――甲――離婚――前夫
A        後妻              
├─┬─┐   │                 
D B  C   D                 
養子 実子 実子 養子縁組     
```

　相続人となる「子」は実子と養子を含みます。配偶者の連れ子でも，養子縁組をしない限り，相続人とはなりません。
　この場合，DはAと血縁がありませんが，AとDが養子縁組することによって，相続人とな

ります。よって，相続人は，
　甲（配偶者）
　B，C，D（子）
となります（図7）。

（例題6） Aが死亡しました。Aには配偶者である妻甲と子BとCがおり，愛人乙との間に認知した子Dがいます。この場合，だれがAの相続人となるでしょうか？

　Dのような立場の子を「非嫡出子」といいます。これに対しB，Cを「嫡出子」といいます。
「嫡出子」とは，
「婚姻中の夫婦の間に懐胎・出生した子」
をいいます。
　非嫡出子は"認知"によって法律的に親子関係が認められた子です。

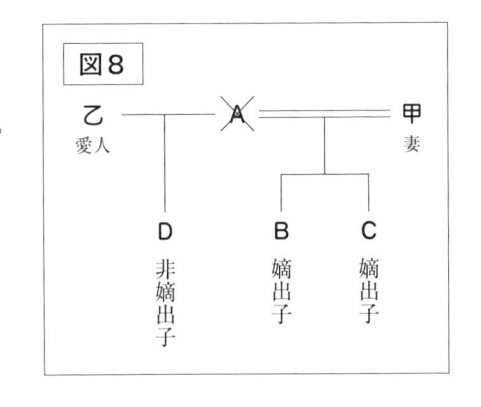

```
図8
　乙 ────── A ══════ 甲
　愛人     ✕       妻
　│       │
　│    ┌──┼──┐
　D    B    C
　非    嫡    嫡
　嫡    出    出
　出    子    子
　子
```

　Dは認知されているので，法律的にAと親子関係が生じていますから，Dも相続人となり，その結果，
　甲（配偶者）
　B，C，D（子）
が相続人となります（図8）。ただし，B，CとDの相続分は異なります（例題11参照）。

> **(例題7)** Aが死亡しました。Aには配偶者である妻甲と子BとCがおり，愛人乙との間に子Dがいます（Dは認知されていません）。この場合，だれがAの相続人となるでしょうか？

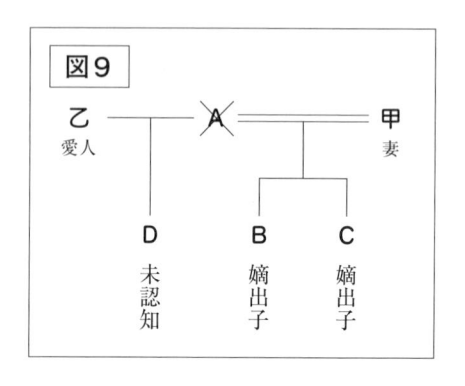

```
図9
  乙 ――――― A ――――― 甲
  愛人       ×         妻
         ┌───┼───┐
         D   B   C
        未  嫡  嫡
        認  出  出
        知  子  子
```

例題6のケースと異なり，Dは認知されていないので，AとDの間に法律的な親子関係はありません（生物学的な親子関係は別です）。なので相続人は，

甲（配偶者）
B，C（子）

となります（図9）。

AがDを認知せずに死亡した場合，Dとしては「認知の訴え」（民787条）を提起することができます。

「認知の訴え」とは，父または母が任意に認知しない時，子またはその直系卑属，これらの者の法定代理人が認知を求めて提起する訴訟をいいます。

ただし，父または母が死亡した日から3年を経過した時は，認知の訴えができなくなります（民787条ただし書）。

ですからDとしては，Aの死亡から3年以内に認知の訴えを提起することが考えられます。

> **(例題8)** Aが死亡しました。Aには配偶者である妻甲がおり，子どもはいません。Aの両親はすでに死亡し，Aには兄B，妹Cと異母弟Dがいます。この場合，だれがAの相続人となるでしょうか？

被相続人に子，直系尊属がいない場合，被相続人の兄弟姉妹が（第3

順位の）相続人となります。

その兄弟姉妹には，異母兄弟，異父兄弟も含まれます。ただし，相続分は異なります（例題14参照）。

よって，この場合は，

甲（配偶者）

B，C，D（兄弟姉妹）

が相続人となります（図10）。

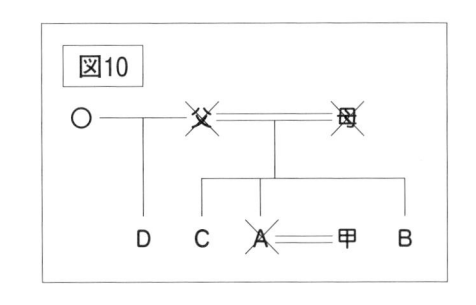

図10

2．代襲相続（民887条）

> **ケース** Aが遺産を残して死亡しました。Aには，妻甲と子B，CがおりAR，Bには妻乙との間に子（Aにとっては孫）D，Eがいますが，BはAの死亡前にすでに死亡しています。

このように，相続開始時点で相続人になるべき人がすでに亡くなっている場合がありますが（親が子より先に死亡している場合，親と子が同時に死亡した場合），その場合はどのように扱われるのでしょうか？

相続開始時にすでにいないのですから，いないものとして扱う，相続人ではないと考えるのも1つでしょう。しかし，その相続人となるはずだった人にも配偶者や子がいるでしょう。相続人が生きていればその配偶者や子もなんらかの期待が持てるのに，相続人が亡くなっているからといって，その期待を無視してしまうのは酷でしょう。

そこで民法は，**代襲相続**という規定を設けました（民887条2項・3項，889条2項）。代襲相続とは，

「相続開始時に相続人となるべき者が，死亡・相続欠格・廃除によって相続権を失った場合に，その直系卑属がその者に代わって同一順位で相続人となり，その者の受けるはずであった相続分を承継する制度」

図11 Bが死んでからA死亡

※A ワシの遺産は……

※B 私は先に死んだから受け取れない……

甲 私は何にもナシ

C 僕がパパの代わりに相続するんだ！

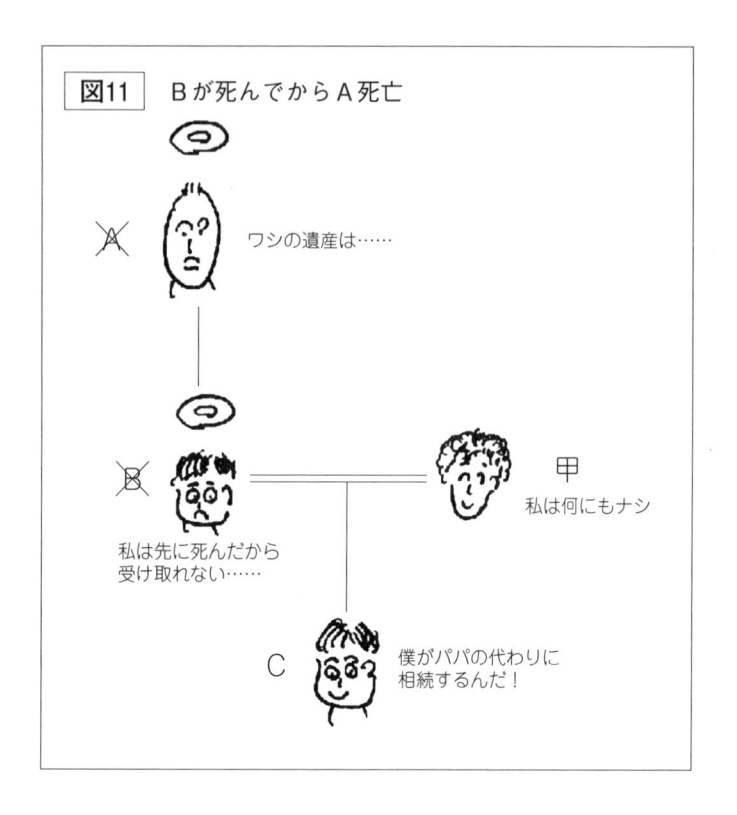

です。

　Aの子どもがB，Bの子どもがCである場合，**BがAと同時か，あるいはAよりも先に死んでいれば**，CがBの相続分を取得することになります。このBを**被代襲者**，Cを**代襲者**といいます（図11）。

　ここで，**BがAの後に死んだ場合**は，BはAの相続開始時には生存したのですから，BはAを相続し，さらにBの相続が発生することになります。これは代襲相続ではなく，Aの相続とBの相続が相次いで起こったケースとなります（図12）。

　代襲の原因は，被代襲者が相続開始以前に死亡するか，または相続権を失ったことです。"相続権を失った場合"とは，被代襲者が，

　① 相続欠格者である場合

図12 Aが死んでからB死亡

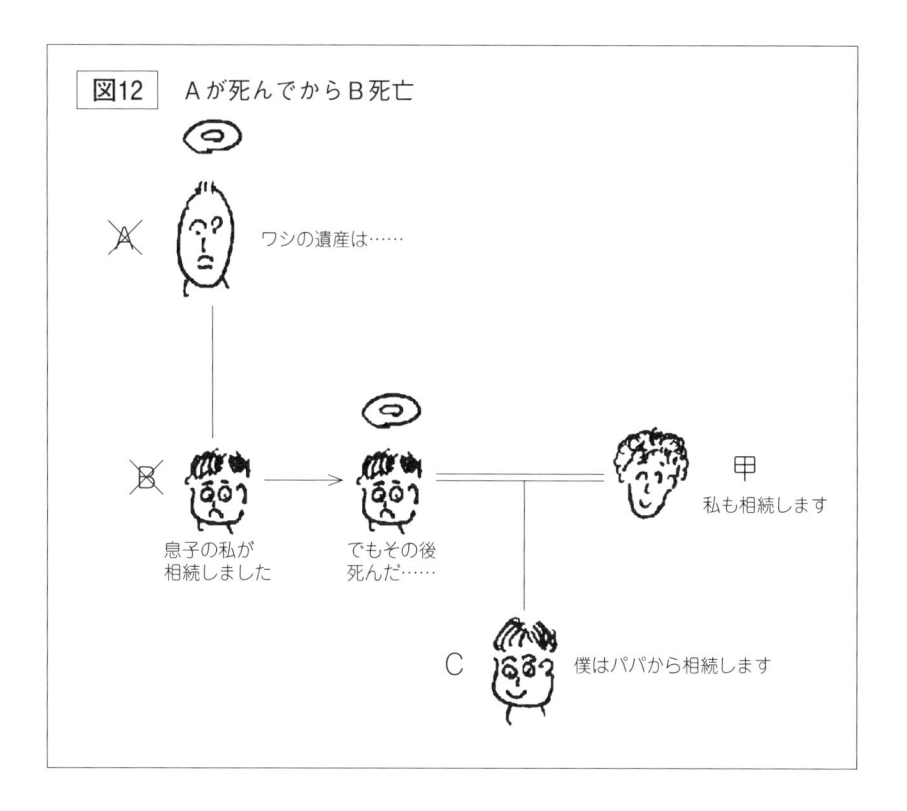

ワシの遺産は……

息子の私が相続しました

でもその後死んだ……

甲 私も相続します

C 僕はパパから相続します

② 廃除を受けた場合

です。"相続放棄"をした場合は含まれません（"相続欠格"，"廃除"，"相続放棄"は後ほど説明しますので，今は言葉だけを覚えておいてください）。

代襲相続は，子と兄弟姉妹に認められています。

相続開始時に被代襲者のみならず，代襲者も死亡していた場合，その代襲者の子が代襲相続します（"**再代襲**"といいます）。つまり，冒頭の ケース でDも先に死んでおり，Dに子Fがいる場合，Fが代襲相続するということです。ただし，兄弟姉妹には再代襲は認められていません。

3．相続欠格（民891条）

　相続人の資格を有する人の中に，相続に関して不正な利益を得ようとした人がいた場合，そのような人に相続を認めることは許されないでしょう。そこで，法は一定の不正行為を行った相続人について，相続資格を法律上当然に剥奪することにしました。これを"相続欠格"（民891条）といいます。

　相続欠格となる事由は5つあります。

民法891条（相続人の欠格事由）
1．故意に被相続人または相続について先順位若しくは同順位にある者を死亡するに至らせ，または至らせようとしたために，刑に処せられた者
2．被相続人の殺害されたことを知って，これを告発せず，または告訴しなかった者。ただし，その者に是非の弁別がないとき，または殺害者が自己の配偶者若しくは直系血族であったときは，この限りではない
3．詐欺または強迫によって，被相続人が相続に関する遺言をし，撤回し，取り消し，または変更することを妨げた者
4．詐欺または強迫によって，被相続人に相続に関する遺言をさせ，撤回させ，取り消させ，または変更させた者
5．相続に関する被相続人の遺言書を偽造し，変造し，破棄し，または隠匿した者

　欠格事由があれば，その者は何らの手続を待つまでもなく法律上当然に相続権を失い，また受遺者にもなれません。

4．推定相続人の廃除（民892条〜）

　相続人の中には，
「こいつが相続するなんて不合理だ」

と思えるような者がいることもあるでしょう。

　そこで，民法は被相続人が生存中に，将来相続人となる者（推定相続人）を将来の相続から廃除する規定を定めました。それが"推定相続人の廃除"（民892条〜）です。

　ただ，一時の感情で廃除されてしまうと，遺留分などの規定が無に帰するので，廃除ができる要件が定められており，

① 　遺留分を有する推定相続人が被相続人に対し虐待若しくは重大な侮辱を加えたこと，または，推定相続人にその他の著しい非行があったこと
② 　被相続人が家庭裁判所に廃除の請求をし，廃除の審判が確定すること

が必要です。

　ですから，
「長男はいいが，二男は気にくわない」
というだけの理由では廃除はできない，ということです。

第3 相続の効力

✓CHECK
□□□

1．相続分

被相続人が遺言で相続分を指定する場合，自由に決めることができますが（指定相続分，民902条1項），そうでない場合，法律の規定によって相続する割合が定められています。これを「法定相続分（民900条）」といいます。

法定相続分は，だれが相続人となるかによって，下記のように異なります。

子，直系尊属，兄弟姉妹が複数いる場合，（例外もありますが）その相続割合の分を頭割りします。具体的に考えてみましょう。

配偶者		第1順位　子	
常に相続人となります	法定相続分 2分の1		法定相続分 2分の1
	法定相続分 3分の2	第2順位　直系尊属	法定相続分 3分の1
	法定相続分 4分の3	第3順位　兄弟姉妹	法定相続分 4分の1

ボクは……これ

(例題9) Aが遺産600万円を残して死亡しました。Aには配偶者である妻甲と子BとCがいます。Aの遺産はだれが，いくらずつ相続するでしょうか？

まず，この場合の相続人は甲とB，Cになります。甲の法定相続分は2分の1で，B，Cは2人合わせて2分の1となります。そして，B，Cはこの相続したものをさらに分けますので，それぞれ4分の1ずつとなります。

ですから，Aの遺産600万円は，
甲：300万円（1/2）
B：150万円（1/4）
C：150万円（1/4）
の割合で相続することになります。

(例題10) Aが遺産1,200万円を残して死亡しました。Aには配偶者である妻甲と子BとCがおり，先妻乙との間に子Dがいます。Aの遺産はだれが，いくらずつ相続するでしょうか？

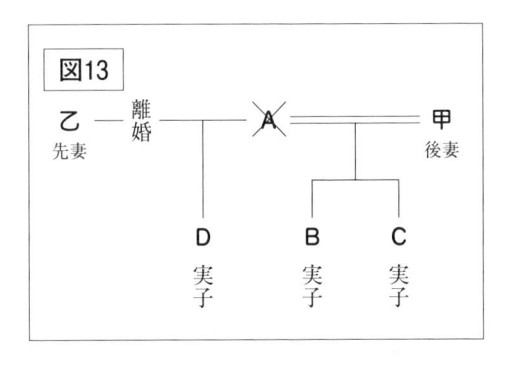

図13
乙―離婚―Ⓧ―甲
先妻　　　　　後妻
　　　　│　　│
　　　　D　B C
　　　 実子 実子 実子

第1順位の相続人としての「子」には，その被相続人の子がすべて含まれ，先妻の子も実子ですので「子」にあたり，法律婚で生まれた子ですから，「嫡出子」です。ですから，先妻の子と後妻の子で相続分に違いはあ

177

第6章 相続と法律事務

りません。
　ですから，Aの遺産1,200万円は，
　甲：600万円（1/2）
　B：200万円（1/6）
　C：200万円（1/6）
　D：200万円（1/6）
の割合で相続することになります（図13）。

> **（例題11）** Aが遺産1,000万円を残して死亡しました。Aには妻甲と子BとCがおり，愛人乙との間に認知した子Dがいます。Aの遺産はだれが，いくらずつ相続するでしょうか？

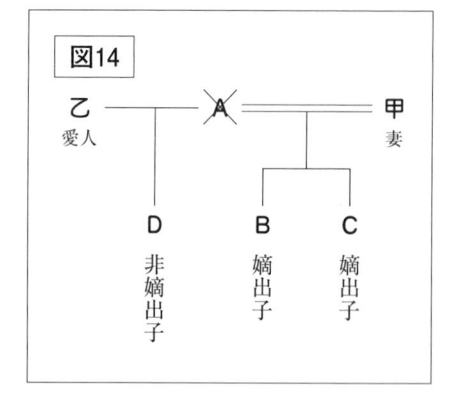

　子が数人いるときは，各自の相続分は均等となりますが，非嫡出子の相続分は嫡出子の2分の1とされています（民900条4号）。ですから，子が相続する2分の1の財産を，
　嫡出子：非嫡出子＝2：1
の割合で分けます。
　本問の場合は，子が相続するのは2分の1の500万円で，これをB，C，Dが2：2：1の割合で分けますので，結果として
　甲：500万円（1/2）
　B：200万円（1/5）
　C：200万円（1/5）
　D：100万円（1/10）
となります（図14）。

図14

乙 ──── ✕A ════ 甲
愛人　　　　　　　　妻
　　　　　　　┌──┴──┐
D　　　　　　B　　　　C
非嫡出子　　　嫡出子　　嫡出子

(**例題12**) Aが遺産600万円を残して死亡しました。Aには妻甲がおり，子どもはいません。その他にAの両親B，Cがいます。Aの遺産はだれが，いくらずつ相続するでしょうか？

Aには第1順位の相続人である子がいないので，配偶者と直系尊属が相続人となります。よって，
　甲：400万円（2/3）
　B：100万円（1/6）
　C：100万円（1/6）
となります。

(**例題13**) Aが遺産600万円を残して死亡しました。Aには妻，子どもはおらず，両親B，Cはすでに死亡していますが，祖父Dと弟Eがいます。Aの遺産はだれが，いくら相続するでしょうか？

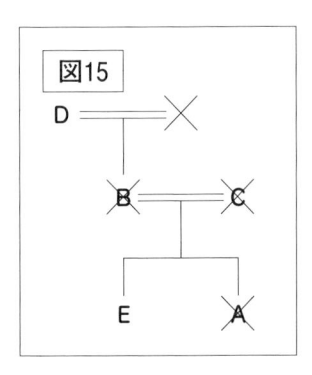

図15

第2順位の相続人である「直系尊属」は，父母，祖父母，曽祖父母などがこれにあたり，これらの者が複数いるときは，親等の近い者が相続人となります（民889条1項1号ただし書）。

本問では，Aの相続人は第2順位のDのみで，Dの単独相続となるので，
　D：600万円
となります（図15）。

第6章 相続と法律事務

> **（例題14）** Aが遺産4,000万円を残して死亡しました。Aには妻甲がおり，子はいません。Aの両親B，Cはすでに死亡しており，その他にはAの実兄D，実姉Eと異母弟Fがいます。Aの遺産はだれが，いくらずつ相続するでしょうか？

この場合，Aの相続人は妻甲と兄弟姉妹D，E，Fとなり，その割合は，配偶者4分の3，兄弟姉妹4分の1となり，D，E，Fたちは4分の1の遺産を分け合います。ここで，D，EはAと両親を同じくする兄弟，Fは母を異にする兄弟なので，Fの相続割合はD，Eたちの2分の1となります（民900条4号）。

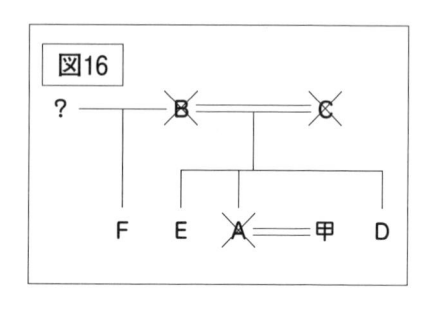

なので，
　D：E：F＝2：2：1
となるので，
　甲：3,000万円（3/4）
　D：400万円（1/10）
　E：400万円（1/10）
　F：200万円（1/20）
となります（図16）。

2．遺留分（民1028条）

被相続人は遺言でだれに何を相続させるかなどを決めることができます。ですから，相続人のうちの1人にすべてを相続させ，他の人には何もなし，という遺言もできます。

しかしそうなると，遺言がなければ本来なら法定相続分はもらえたは

ずなのに，何ももらえない，という人も出てくるでしょう。しかもそれが被相続人と生計を共にしていた身近な相続人であったら，その人にとっては以後の生活が不安になるでしょう。

そこで，法律では，配偶者，子，直系尊属については，仮に遺言で相続分をなしとされても，最低限，被相続人の財産の2分の1を受け取ることができることとしました（直系尊属のみが相続人である場合は，被相続人の財産の3分の1）。これを"**遺留分**"といいます。

この遺留分は同じ法定相続人でも**兄弟姉妹にはありません**ので注意してください。

3．特別受益者（民903条）

共同相続人の中に，被相続人から遺贈を受けたり，婚姻，養子縁組のため，または生計の資金として金銭の贈与を受けた者がいる場合があります。このような人を「**特別受益者**」といいます。

このような特別受益者がいる場合の相続は，被相続人が相続開始のときに有した財産の価額に贈与の価額を加えます（遺贈の分は相続財産の中に含まれていますので加えません）。この贈与の価額を加えたものを相続財産とみなし，相続割合によって分割し，分割後に贈与を受けた価額を控除します。つまり，先にもらった人の相続分はその分減りますよ，ということです（民903条1項）。

具体的に考えてみましょう。

> **ケース** Aが遺産750万円を残して死亡しました。Aには妻甲と子A，B，Cがいます。Cは生前に生計の資金として150万円の贈与を受け，甲は200万円の遺贈を受けました。

この場合，相続開始時の財産である750万円に贈与の150万円を加算します（900万円となります）。遺贈の200万円はもともとの750万円に含まれていますので加算しません。

そして，個別に計算をします。
妻甲の法定相続分は2分の1ですから，
900万円×1/2＝450万円
となりますが，200万円を遺贈でもらうので，相続分は250万円となります。
次に，子どもたちですが，子どもたち全員が相続する分は，
900万円×1/2＝450万円
で，それを均等に分けるので，それぞれが取得する金額は150万円ずつとなります。ところが，Cは生計の資金として150万円をもらっているので，Cが取得する金額は，
150万円－150万円＝0円
となります。

ここで特別受益についてですが，「婚姻もしくは養子縁組または生計資本としての贈与」がこれにあたります。
この生計資本の中には，「自宅の購入資金」「他の兄弟と違った高等教育のための学費」が含まれます。
評価の時点は，「相続開始の時」になります。例えば，贈与をされたマンションの価額が，贈与当時は3,000万円でも，相続開始時には老朽化しており，査定価額が800万円であれば，800万円の贈与とみなします。金銭の贈与の時は，贈与の時の金額を相続開始の時の貨幣価値に換算して評価します（最判昭51.3.18）。
もし，3,000万円のマンションが隣家からの火事で焼失していれば0円，それにより火災保険を3,000万円受け取っていれば3,000万円の贈与と評価します。
でも，その財産が贈与を受けた人（受贈者）の行為によって焼失・減価した場合は，贈与された現状のままであるとみなします（民904条）。
そうすると，計算の結果，贈与の価額が非常に大きく，計算した相続分よりも，贈与でもらった金額のほうが大きい場合が考えられるでしょ

う。その場合は、民法903条2項によると、
「相続分の価額に等しく、またはこれを超えるときは、受遺者または受贈者は、その相続分を受け取ることができない」
とされており、超えるときは、相続分を受け取ることができないにとどまり、超過分を返すとはされていません。

4．寄与分（民904条の2）

相続人の中には、被相続人の事業を手伝ったり、療養看護をするなりして、結果として、相続財産の増加・維持につながるということもあります。このように、被相続人の財産の維持・増加について特別の寄与をした人に対しては、相続財産の中から**寄与分**（きよぶん）が認められ、法定相続分に寄与分を加えたものがその人の相続分となります（民904条の2第1項）。

つまり、特別受益の逆で、相続財産の維持・増加に貢献した相続人には、その度合いに応じて功労を認めようというもので、特別受益も寄与分も共同相続人間の公平の見地から認められるものです。

① 寄与分権利者の範囲

寄与分が主張できるのは、「共同相続人」に限られます（民904条の2第1項）。

ここで注意しなければならないのは、「共同相続人以外の者には寄与分は認められない」ということです。どういうことかというと、被相続人の療養看護・介護をするのは、「長男の妻（＝長男の嫁）」の場合が多いです。また、配偶者らしい人が療養看護・介護にあたっていても、戸籍上の配偶者ではない場合、つまり「内縁の妻」の場合もあります。

この「長男の妻（長男の嫁）」「内縁の妻」は相続人にはなりませんので、寄与分は認められません。不合理に思われますが、法律上はこのようになっています。

② 寄与の態様

どのような寄与をすれば「寄与分」が認められるかですが、民法

904条の2には,

「……労務の提供または財産上の給付,被相続人の療養看護その他の方法……」

となっています。具体的にはいろいろ考えられますが,財産の維持または増加をもたらすものならば,どのような方法でもよいとされています。

では,どの程度の寄与があればよいのでしょうか。被相続人の療養看護を1年した相続人と10年した相続人と,どちらも寄与分を認めるか,妻と子どもがどちらも療養看護をした場合,同等の寄与分を認めるか,などが問題となります。

この点については寄与した人の立場によって寄与の程度が異なります。

例えば,妻が夫の療養看護をして夫が死亡したとします。ここで妻は法定相続分に加えて寄与分も主張したとします。そうなると,相続財産の大部分を妻が取得することになります。しかし……。

もともと配偶者の相続分は他の相続人よりも多く規定されています。それは,配偶者は相互に「協力扶助義務」(民752条) があり,それを果たしたという前提で,他の相続人よりも相続分が多くなっているのです。だから,配偶者が,

「私は療養看護に尽くしました」

といっても,それは通常の協力扶助義務があるからであって,特別な寄与とは言えないのです (ただし,通常の家事労働や看病を超えているならば認められる余地もあります)。

しかし,子どもと兄弟姉妹は配偶者と同じような寄与をしなければならないということはありません。もし,子どもや兄弟姉妹が配偶者と同じような寄与をしたならば,それは「特別な寄与」と言えるでしょう。だから,寄与の程度は相対的といえるのです。

③ **寄与の時期**

寄与は相続開始前のものでなければなりません。これは,相続開

始時を基準として財産を把握するためです。
　実際には相続開始後に寄与するということも考えられるでしょう。例えば，被相続人の死後に相続財産を維持しようとしたような場合です。しかし，相続開始後に寄与したからとしても，寄与分として認定できるわけではありません。

第4 相続の承認及び放棄

1．単純承認

相続では，被相続人の一身専属権を除く権利・義務を承継します。民法920条は，

「相続人は，単純承認をしたときは，無限に被相続人の権利義務を承継する」

と規定しています。この単純承認とは，

「相続人が，被相続人の権利義務を全面的に承継することを内容として相続を承認すること」

をいいます。ここで見落としがちなのは**"義務も承継"**することです。親が莫大な借金を残して死んでしまったら，その借金を返済する義務を相続することになります。

つまり，単純承認すると，不動産などのプラスの財産などを取得するが，負債などの債務も承継し，その債務額が莫大で，相続したプラスの財産を上回っていたとしてもその責任は免れず，相続人個人の財産をもって返済していかなければなりません。

しかし，このような（マイナスの）財産は相続したくないと思うでしょう。そこで，民法では相続人の意思によって，一応生じた相続の効果を確定させるか否かを選択する自由として，"相続放棄（民938条～）"・"限定承認（民922条～）"という規定を設けています。

2．限定承認

民法922条では，

「相続人は，相続によって得た財産の限度においてのみ被相続人の債務及び遺贈を弁済すべきことを留保して，相続の承認をすることができる」
となっています。つまり，限定承認とは，
「相続人が相続によって得たプラスの財産の限度においてのみ被相続人の債務及び遺贈を弁済することを留保して相続すること」
をいいます。債務は相続するが，その責任は相続財産の範囲に限られます。例えば相続財産として，
「現金が1,000万円，借金が5,000万円」
である場合，プラスの財産が現金1,000万円なので，その限度で借金を返済する，つまり，5,000万円のうち1,000万円支払えば相続人は借金の返済義務を免れる，ということです。

限定承認は相続人が数人いるときは，共同相続人の全員でしなければなりません（民923条）。ですから，共同相続人のうちの1人が単純承認するならば，他の相続人は限定承認はできないことになります。

3．相続放棄

相続放棄とは，
「相続人が一応生じた相続の効果を全面的に拒絶する行為」
をいいます。つまり，被相続人の財産の一切（プラス・マイナスを問わず）を相続しません，ということです。

相続放棄は，各相続人単独ですることができます。

相続放棄をすると，その人は最初から相続人とならなかったとみなされます（民939条）。最初から相続人ではないのですから，代襲相続も起こりません。

4．承認・放棄の熟慮期間

相続の承認・放棄は，相続人が「自己のために相続の開始があったことを知った時」から3か月以内に為される必要があります。この期間は

「熟慮期間」と呼ばれます。この熟慮期間は判例では，

「相続人が相続財産の全部若しくは一部の存在を認識したときまたは通常これを認識しうべき時」

から起算すべきとしています（最判昭59.4.27）。ですから，被相続人が死亡して自分が相続人であるとわかっていても，相続すべき財産が全くないと信じており，そう信じることに相当な理由があると認められるならば，被相続人の死亡から3か月以上経過した後に相続財産を発見したその時から熟慮期間は始まる，ということです。

5．法定単純承認

単純承認する場合は，特別な手続は要しません。逆に，一定の行為をした場合，単純承認したものとみなされます。これを"法定単純承認"といいます。

この一定の行為とは以下の通りです。

民法921条　（法定単純承認）

次に掲げる場合には，相続人は，単純承認をしたものとみなす。
1．相続人が相続財産の全部または一部を処分したとき。ただし，保存行為及び第602条に定める期間を超えない賃貸をすることは，この限りでない。
2．相続人が第915条第1項の期間内に限定承認または相続の放棄をしなかったとき。
3．相続人が，限定承認または相続の放棄をした後であっても，相続財産の全部若しくは一部を隠匿し，私にこれを消費し，または悪意でこれを相続財産の目録中に記載しなかったとき。ただし，その相続人が相続の放棄をしたことによって相続人となった者が相続の承認をした後は，この限りでない。

第7章 戸籍と法律事務

第1 戸籍とは何か　　　✓CHECK ☐☐☐

1．戸籍とは

戸籍とは，

「日本国民の身分を証明する公文書で，出生・死亡・婚姻・離婚・親子関係（実親子，養親子）などの事項が記載されたもの」

をいいます。

弁護士の業務のうち，相続人調査や家事事件で，戸籍謄本の取り寄せをしたり，身分関係を調べるなど，事務所によっては，戸籍謄本の取り寄せを頻繁に行うところもあるでしょう。

さらに，身分関係や相続人の調査は，弁護士から指示を受けて，事務職員がすることが多いです。つまり，戸籍謄本の読み方，取り寄せ方などは，事務職員の仕事としては基本中の基本になります。

ですから，ここであらためて戸籍について勉強しましょう。

2．戸籍謄本・抄本の請求

(1) 戸籍謄本・抄本の請求先

法律事務職員の業務として，戸籍謄本等の請求があります。その請求先ですが，

「請求しようとしている戸籍に記載されている本籍地を管轄している市区町村役場」

となります。

本籍地の記載の中には，現在ではすでになくなっている市区町村名，つまり合併などでなくなった市区町村名などが記載されている場合があります。そのようなケースでは，当該本籍地の都道府県庁に問い合わせ

ればその市区町村名が現在のどこにあたるかを回答してくれます。そうすれば管轄する市区町村がわかるでしょう。

(2) **謄本と抄本**

謄本は、記載されている事項のすべての写しであり、抄本は、記載している事項のうちの一部の写しです。

具体的にいうと……。

例えば、Ａさんが筆頭者（戸籍の一番最初に記載されている人）となっている戸籍には、配偶者のＢさん、長男のＣさん、長女のＤさんが記載されているとします。

このＡさんの戸籍の「戸籍謄本」を請求した場合、その謄本に記載されているのは、Ａさん、Ｂさん、Ｃさん、Ｄさん、つまりＡさんの家族すべての人が記載されています。「戸籍抄本」を請求する場合は、請求の対象となる人を特定する必要があります。ここで、「Ａさんの戸籍抄本」と請求したならば、戸籍の記載事項のうち、「Ａさんに関する事項」が記載された部分のみの写しが、「Ｃさんの戸籍抄本」と請求したならば、戸籍の記載事項のうち、「Ｃさんに関する事項」が記載された部分のみの写しが交付されてきます。

コーヒーブレイク

　たとえ本籍地を管轄している市区町村役場がわかったとしても，戸籍簿がないということがあります。

　具体的には，戦災や火災で焼失して再製されていない場合があります。また，旧樺太・千島関係の戸・除籍簿は，旧樺太のものは外務省で，千島関係のものは釧路地方法務局根室支局で保管されていますが，ほんの一部でしかありません。なので，ここにもない戸籍簿については，戸籍謄本等を取り寄せることができません。

　なお，旧樺太の戸籍については，外務省のホームページにその詳細が掲載されています。
http://www.mofa.go.jp/mofaj/annai/honsho/sosiki/gaichi/kosekisyoumei.html
　千島関係の戸籍については，法務局のホームページにその詳細が掲載されています。
http://houmukyoku.moj.go.jp/kushiro/static/kouhuseikyuusyohtmljtd.htm
（いずれも平成22年1月現在です）

第2　戸籍の記載様式と種類

✓CHECK □□□

1．戸籍の記載様式の変遷

　戸籍の記載様式は，現在の戸籍の形式になるまでに幾度か変更されていますが，大きく分けると下の3つに分かれます。①は時期によって多少の形式の違いはありますが，記載されている主だった事項は，ほぼ同じです。

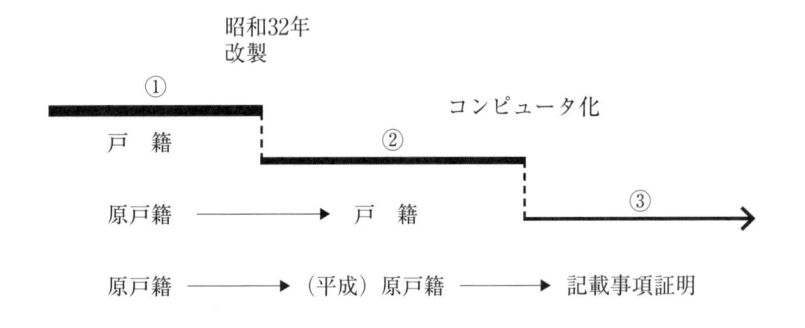

```
                昭和32年
                改製
       ①                      コンピュータ化
     戸　籍 ─────┐          ②
                   └──────────────┐          ③
     原戸籍 ───────→ 戸　籍        └──────────────→

     原戸籍 ───────→ （平成）原戸籍 ───────→ 記載事項証明
```

① 「家・一族」を1単位として編製されている戸籍

　"家"を単位として構成する"家督制度"というものがあり，この"家督"を受け継ぐ者が"戸主"と呼ばれ，その戸主を筆頭にその親族すべてが1つの戸籍に記載されている形式です。

② 「家族」を1単位として編製されている戸籍

　戦後，家督制度が廃止され，戸主制度がなくなり，それに伴った戸籍法改正及び昭和32年の改製で，原則として，一組の夫婦及びこれと氏を同じくする子を単位として構成されるようになった形式の戸籍です。

　戸籍の一番最初に記載されている者を"筆頭者"といい，その筆頭者の戸籍の中に配偶者と未婚の子が記載されていることが多いです。それ以外では，相手の氏を称して結婚した後に離婚して復籍し

なかった者が筆頭者となっているもの，未婚の者が子を出生した際に筆頭者となっているものなどがあります。
③　コンピュータ化により形式が変更された戸籍
　　平成6年に戸籍電算化事業が開始され，戸籍簿に代わり，戸籍のコンピュータ化が始まり，市区町村役場によっては，コンピュータによりプリントアウトされたものが交付されるようになりました。従来の戸籍謄本だったものは，"全部事項証明書"となり，戸籍抄本だったものは"個人事項証明書"または"一部事項証明書"の名称になりました。

2．交付される謄本の種類

市区町村役場から交付されるものは，その記載されている内容，または時期により，およそ以下の3種類に分類されます。
①　戸籍謄本
　　現在の状態の戸籍簿の原本の記載事項の全部をコピーし，市区町村長が認証したもので，「現在戸籍」とも呼ばれます。
　　この戸籍上に記載されている人が，死亡したり，婚姻した場合などには，その戸籍から除かれます（これを「除籍」といいます）。
②　除籍謄本
　　除籍となった戸籍簿の原本のコピーを市区町村長が認証したものです。戸籍に記載されている人が全員除かれたとき，その戸籍は，"除籍"となります。
　　除籍となる原因は主に以下のものがあります。
　　①　死亡，婚姻，離婚
　　②　他の市区町村に本籍を移転（転籍）した場合
　　③　昭和32年改製前の戸籍で，戸主が変わった場合
③　改製原戸籍謄本
　　法律改正などにより戸籍を作り直した（改製した）場合，従前の戸籍は"改製原戸籍"と呼ばれ，そのコピーを市区町村長が認証し

たものを「改製原戸籍謄本」といいます。通常,「原戸籍」と省略されて呼ばれていることが多いです。「原戸籍」の読み方は,「はらこせき」とも「げんこせき」とも言われますが,現在戸籍（現戸籍）と区別する意味で,「はらこせき」と呼ばれるのが一般的のようです。

改製原戸籍となる原因は,
① 昭和32年法務省令による戸籍の改製
② 平成6年法務省令による改製（戸籍のコンピュータ化に伴う改製）
があります。

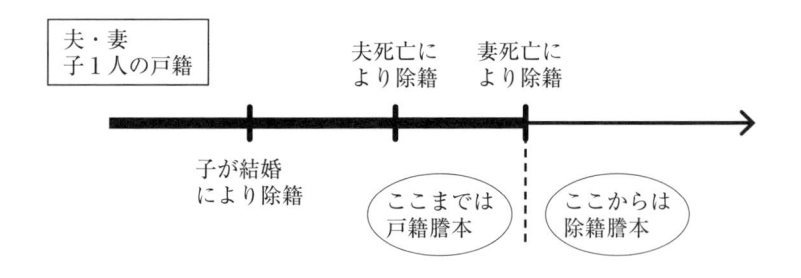

第3 （相続人調査のための）戸籍の見方

1．戸籍を読む手順

　まず最初は被相続人死亡時の戸籍謄本からですので，被相続人の死亡年月日を確認します。次に戸籍謄本は必ずその編製された原因と日付が記載されています。

　戸籍の編製の原因は，
　「昭和32年法務省令」
　「出生の届出」
　「婚姻の届出」
　「転籍の届出」
が主なものです。それを確認すれば，その戸籍が，
　「いつからいつまでの記載のものか」
が判明します。

　例えば，
　「死亡年月日が平成10年10月1日」
　「婚姻の届出により昭和50年3月10日編製」
となっていれば，その戸籍謄本には，被相続人の，
　「昭和50年3月10日から死亡（平成10年10月1日）まで」
の事項が記載されています。

　次にその1つ前の戸籍を取り寄せます。上の例では昭和50年3月10日以前の戸籍がそれにあたります。婚姻により戸籍が編製された場合ならばその前戸籍に関する記載は，
　「○○年○月○日×××と婚姻届出△△県……○○番地□□戸籍から入籍」
となっている場合が多いです。そこで，その前戸籍の本籍地の市区町村役場から戸籍謄本（除籍謄本）を取り寄せます。

　そうやって，被相続人の出生まで遡ったら，あとは相続人にあたる人

2．戸籍による被相続人の出生から死亡までの確定

　まず，被相続人（死亡した人）の死亡が記載された戸籍謄本が最初の手掛かり（スタート）になります。
　資料1 の戸籍を見ると，甲野直樹さんは，
「平成15年5月29日死亡」
であることがわかります（①の部分）。
　そして，生年月日が，
「昭和20年8月9日」（②の部分）
ですから，甲野直樹さんの一生は，
"昭和20年8月9日から平成15年5月29日"
ということになります。
　そして，この 資料1 の戸籍は，
「昭和46年11月8日」
に高知県から転籍したことにより，大阪府箕面市緑台で作成されたので（③の部分），甲野直樹さんの一生のうち，
"昭和46年11月8日から平成15年5月29日"
までを示したものになります。
　では，昭和46年11月8日以前の戸籍はどこにあるかですが，③の部分を見ると，
「高知県宿毛市矢沢空心町290番地3から転籍」
とありますので，昭和46年11月8日以前の戸籍は高知県宿毛市にあることとなります。それが 資料2 です。

第3 （相続人調査のための）戸籍の見方

資料1

本籍　大阪府箕面市緑台二丁目十番

氏名　甲野直樹

① 昭和四拾六年拾月八日高知県宿毛市矢沢空心町二百九十番地三から転籍届出㊞ ③

昭和四拾年八月九日大阪市港区から送付入籍　昭和弐拾壱年六月拾四日父出生同月拾四日父届出入籍㊞

父　甲野辰徳　二男

母　甲野りつ

夫　直樹

② 昭和弐拾年八月九日

平成拾五年五月拾九日午前拾壱時五拾五分大阪府豊中市で死亡同月参拾日親族甲野明子届出除籍㊞

昭和四拾壱年拾弐月参拾壱日兵庫県西宮市長から送付同月登日丁野明子と婚姻届出昭和四拾二百九十番地三甲野辰徳戸籍から入籍㊞

父　丁野信介　長女

母　丁野陽子

妻　明子

昭和六年拾月参拾壱日父出生同月六日父届出入籍㊞

昭和四拾壱年拾弐月参拾壱日兵庫県西宮市長から送付同市登町三百三十番地丁野信介戸籍から入籍㊞

昭和六年拾月参拾壱日

昭和四拾七年四月弐拾八日兵庫県西宮市で出生同年五月拾日父届出同月拾五日同市長から送付入籍㊞

平成拾五年五月弐拾九日夫死亡㊞

父　甲野直樹　二男

母　明子

浩介

出生　昭和四拾七年四月弐拾八日

⑨ 昭和四拾八年拾壱月弐拾壱日兵庫県西宮市で出生同月拾四日父届出同月拾八日同市長から送付入籍㊞

平成拾参年六月弐拾壱日乙川陽介と婚姻届出大阪府豊中市槻木町十一丁目二番地十四に夫の氏の新戸籍編製につき除籍㊞ ⑩

父　甲野直樹　長女

母　明子

直子

出生　昭和四拾八年拾壱月弐拾壱日

この謄本は、戸籍の原本と相違ないことを認証する。
平成拾八年七月弐拾日　大阪府箕面市長　○○○○

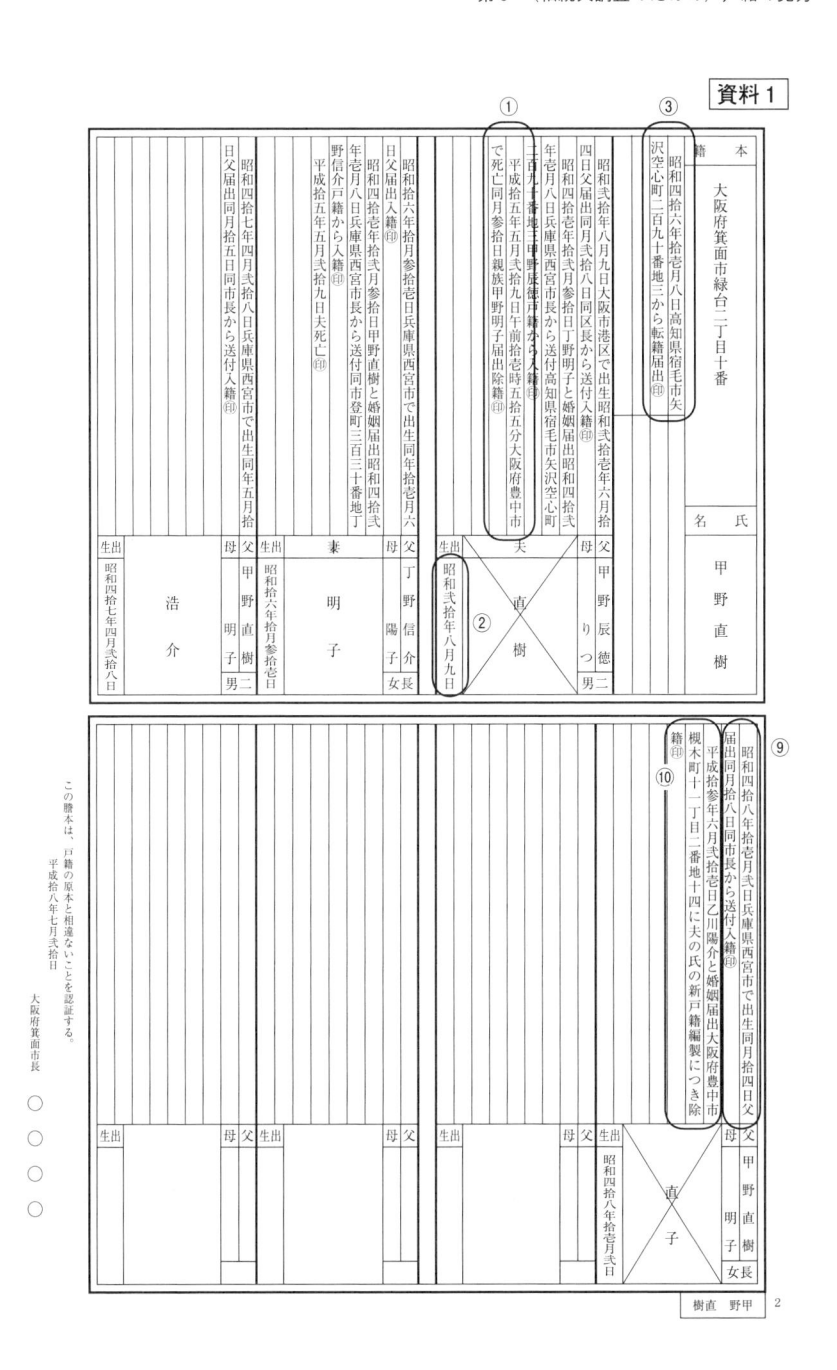

第7章 戸籍と法律事務

[資料2：除籍謄本の画像]

本籍　高知県宿毛市矢沢空心町二百九十番地三
氏名　甲野直樹

④ 婚姻の届出により昭和四拾弐年壱月八日夫婦につき本戸籍編製㊞
　　昭和四拾六年拾壱月八日大阪府箕面市長から送付消除㊞

⑤ 台二丁目十番地
　　昭和弐拾六年八月九日大阪市港区○町○○番地で出生父甲野辰徳届出同月拾七日同市長
　　辰徳届出昭和四拾弐年壱月八日送付高知県宿毛市矢沢空心町
　　区長から送付入籍㊞
　　丁野明子と婚姻届出昭和四拾弐年壱月八日兵庫県西宮
　　市長受附同月参拾日送付高知県宿毛市矢沢空心町
　　二百九十番地三甲野辰徳戸籍より入籍㊞

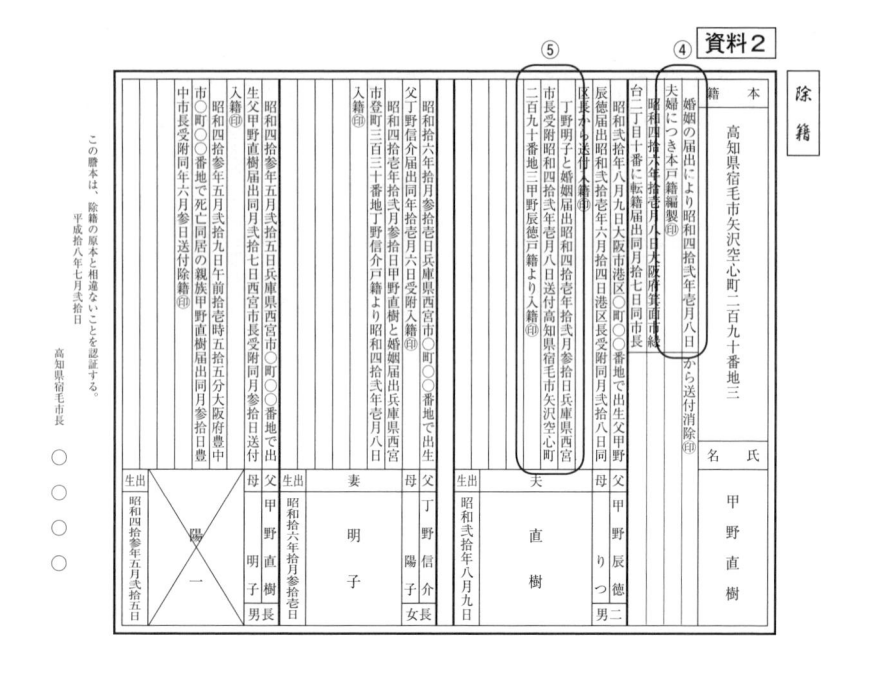

夫　甲野辰徳二男　直樹
　　出生　昭和弐拾年八月九日
　　母　りつ
　　父　甲野辰徳

妻　丁野信介長女　明子
　　出生　昭和六年拾弐月弐拾壱日
　　母　陽子
　　父　丁野信介

父丁野信介届出同年拾弐月弐拾日受附入籍㊞
市登四三三十番地三丁野信介戸籍より昭和四拾弐年壱月八日
入籍㊞

昭和四拾弐年五月弐拾七日午前拾時参拾分大阪府豊中
市○○番地で死亡同居の親族甲野直樹届出同月参拾日送付
中市長受附同年六月弐拾日送付除籍㊞

生父甲野直樹届出同年五月弐拾七日西宮市長受附同月参拾日送付
昭和四拾参年五月弐拾五日兵庫県西宮市○町○○番地で出生

出生　昭和四拾参年五月弐拾五日
陽一（×印）

この謄本は、除籍の原本と相違ないことを認証する。
平成拾八年七月弐拾日
高知県宿毛市長　○○○○

資料2 は，
「婚姻の届出により昭和42年１月８日夫婦につき本戸籍編製」（④の部分）
となっていますから，甲野直樹さんの一生のうち，
"昭和42年１月８日から昭和46年11月８日"
までを示したものになります。
　では，昭和42年１月８日以前のものは，
「高知県宿毛市矢沢空心町290番地３甲野辰徳戸籍より入籍」（⑤の部分）
となっていますので，甲野直樹さんの父親である甲野辰徳さんの戸籍からここにきたことになります。それが 資料3 になります。

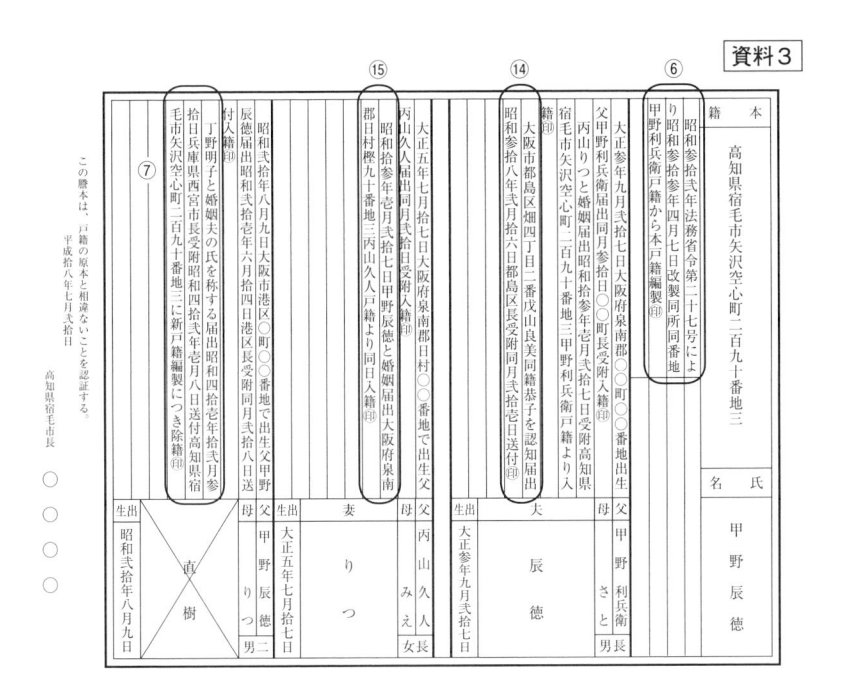

第3　（相続人調査のための）戸籍の見方

資料3

本　籍	高知県宿毛市矢沢空心町二百九十番地三							
氏　名	甲野　辰徳							

⑥ 甲野利兵衛戸籍から本戸籍編製㊞
昭和参拾弐年法務省令第二十七号により昭和参拾参年四月七日改製同所同番地

大正参年九月弐拾七日大阪府泉南郡○○町○○番地出生
父甲野利兵衛母さと男長
宿毛市矢沢空心町二百九十番地三甲野利兵衛戸籍より入
昭和参拾年壱月弐拾七日受附㊞
婚姻届出同月弐拾八日送付高知県

⑭ 大阪市都島区畑四丁目二番戊山良美同籍恭子を認知届出
昭和参拾八年弐月弐拾六日都島区長受附同月弐拾壱日送付㊞

出生　大正参年九月弐拾七日
夫　辰徳
母みえ長女
父内山久人
大正五年七月拾七日大阪府泉南郡日村○○番地で出生父

⑮ 昭和拾参年壱月弐拾七日甲野辰徳と婚姻届出大阪府泉南郡日村欅九十番地三内山久人戸籍より同日入籍㊞

妻　りつ
母甲野辰徳二男
父丁野明子
出生　大正五年七月拾七日

⑦ 辰徳届出昭和四拾弐年壱月八日送付高知県宿毛市矢沢空心町二百九十番地三に新戸籍編製につき除籍㊞
丁野明子と婚姻夫の氏を称する届出昭和四拾弐年壱月参

出生　昭和弐拾八年八月九日
直樹

この謄本は，戸籍の原本と相違ないことを認証する。
　平成拾八年七月弐拾日
　高知県宿毛市長　○○○○

資料3　は，
「昭和32年法務省令第27号により昭和33年4月7日改製」（⑥の部分）
となっていますので，この戸籍は昭和33年4月7日につくられた戸籍になります。

辰徳さんの婚姻後に直樹さんは生まれ，昭和41年12月30日に婚姻し，昭和42年1月8日に新戸籍がつくられていますので（⑦の部分），甲野直樹さんの一生のうち，

"昭和33年4月7日から昭和42年1月8日まで"
を示したものになります。

第7章　戸籍と法律事務

では，昭和33年4月7日以前の甲野直樹さんの戸籍はどこにあるかですが，同じく⑥の部分に，
「……同所同番地甲野利兵衛戸籍から本戸籍編製」
とありますので，その前の戸籍は，
「高知県宿毛市矢沢空心町290番地3甲野利兵衛」
の戸籍となり，これは，昭和32年法務省令による改製前の戸籍となるので，これはこの時点では，「改製原戸籍」となります。それが 資料4 です。

資料4 の原戸籍は，
「父孫作死亡により明治38年1月25日戸主と為る……」
とありますので（⑧の部分），甲野直樹さんが生まれる昭和20年8月9日以前に編製されたものですから，これは甲野直樹さんの，
"出生〜昭和33年4月7日"
までを示したものになります。

これで，甲野直樹さんの出生から死亡までの戸籍謄本がそろいました。そこで次の作業に移ります。

これらの戸籍謄本の中から相続人を抽出していきます。

相続人となる者は，まず配偶者であり，それとともに，

1．第1順位（子）
2．第2順位（直系尊属）
3．第3順位（兄弟姉妹）

となっていますから，まずは，配偶者と子を抽出します。

甲野直樹さんの婚姻後の戸籍は 資料1 と 資料2 です。これらをみると，

配偶者……甲野明子
子…………甲野陽一（長男）
　　　　　　甲野浩介（二男）
　　　　　　甲野直子（長女）

がわかります。この中で，長男の陽一さんはすでに亡くなっています。

第3 （相続人調査のための）戸籍の見方

資料4

改製原戸籍

本籍　高知県宿毛市矢沢空心町二百九十番地三

前戸主　甲野孫作

戸主　甲野孫作

己川さとト婚姻届出明治四拾年参月六日受付㊞
昭和弐拾九年参月弐拾壱日市となった同日本籍欄中「宿毛市」と更正職務執行者㊞
昭和参拾弐年法務省令第弐拾七号により昭和参拾年四月七日本戸籍改製㊞

大阪市西淀川区○○町○番地ニ於テ出生父甲野孫作届出大正弐年参月拾七日受付入籍㊞
改製により新戸籍編製につき昭和参拾参年四月七日除籍㊞

戸主
⑧
出生　明治拾八年参月弐拾壱日
戸主トナリタル原因及ヒ年月日　父孫作死亡ニ因リ明治参拾八年壱月拾五日戸主参為ル同年弐月壱日届出
父　甲野利兵衛
母　すま
　　　長男
甲野　孫作

弟
出生　大正弐年参月弐拾日
父　甲野孫作
母　すま
　　　五男
武

妻
出生　明治弐拾年八月拾七日
父　己川繁
母　舞
　　　二女
さと
明治四拾年参月六日甲野利兵衛ト婚姻幡多郡中津島四百四十六番地己川繁戸籍ヨリ入籍㊞

長男
出生　大正参年九月弐拾七日
父　甲野利兵衛
母　さと
　　　長男
辰徳
大阪府泉南郡○○町○○○番地ニ於テ出生大正参年九月参拾日父甲野利兵衛届出丙山りつト婚姻届出昭和拾参年壱月弐拾七日入籍㊞
改製により新戸籍編製につき昭和参拾参年四月七日除籍㊞

弟
出生　大正四年拾弐月拾七日
父　甲野孫作
母　すま
　　　六男
和一
大阪市西淀川区○○町○番地ニ於テ出生父甲野孫作届出大正四年拾弐月弐拾五日受付入籍㊞
改製により新戸籍編製につき昭和参拾参年四月七日除籍㊞

201

第7章　戸籍と法律事務

資料5

二男の浩介さんは存命です。

　長女の直子さんですが、資料1の戸籍では、
「昭和48年11月2日兵庫県西宮市で出生」（⑨の部分）
とあり、
「平成13年6月21日乙川陽介と婚姻届出大阪府豊中市槻木町11丁目2番地14に夫の氏の新戸籍編製」（⑩の部分）
となっています。つまり、資料1では、直子さんの、
"出生から平成13年6月21日"
までを示したものです。

　では、平成13年6月21日以降ですが、それは資料5になります。
　資料5は、直子さんが婚姻したときに編製されたものですが、右欄外をみると、
「平成6年法務省令第51号附則第2条第1項による改製につき平成15年9月13日消除」（⑪の部分）
とあります。

　これは、平成6年の法務省令により、従来の戸籍を順次コンピュータ化していくこととなり、この戸籍が平成15年9月13日以降はコンピュータ化されたことを意味します。

　そして、コンピュータ化された戸籍は資料6となります。これを見ると、この戸籍は平成15年9月13日に改製されたものであることがわかります（⑫の部分）。

　以上より、第1順位の相続人は、
　　子……甲野浩介（二男）
　　　　　乙川直子（長女）
であることがわかりました。

　では、次に第2順位の相続人の直系尊属ですが、これは、資料3より、
　　直系尊属……甲野辰徳（実父）
　　　　　　　　甲野りつ（実母）

資料6

（2の1）　全部事項証明

本　　　籍	大阪府豊中市槻木町十一丁目2番地14
氏　　　名	乙川　陽介
戸籍事項 　　戸籍改製　　⑫	【改製日】平成15年9月13日 【改製事由】平成6年法務省令第51号附則第2条第1項 　　　　　　による改製
戸籍に記録されている者	【名】陽介 【生年月日】昭和40年10月10日　【配偶者区分】夫 【父】乙川一郎 【母】乙川みどり 【続柄】長男
身分事項 　　出　　生 　　婚　　姻	【出生日】昭和40年10月10日 【出生地】大阪市北区 【届出日】昭和40年10月15日 【届出人】父 【婚姻日】平成13年6月21日 【配偶者氏名】甲野直子 【送付を受けた日】平成13年6月30日 【受理者】兵庫県西宮市長 【従前戸籍】大阪府豊中市槻木町十一丁目2番地14　乙 　　　　　　川一郎
戸籍に記録されている者	【名】直子 【生年月日】昭和48年11月2日　【配偶者区分】妻 【父】甲野直樹 【母】甲野明子 【続柄】長女
身分事項 　　出　　生 　　婚　　姻	【出生日】昭和48年11月2日 【出生地】兵庫県西宮市 【届出日】昭和48年11月14日 【届出人】父 【婚姻日】平成13年6月21日 【配偶者氏名】乙川陽介 【送付を受けた日】平成13年6月30日

発行番号　　　　　　　　　　　　　　　　　　　　　　　　　　　以下次頁

(2の2) | 全部事項証明

	【受理者】兵庫県西宮市長 【従前戸籍】大阪府箕面市緑台二丁目１０番　甲野直樹
戸籍に記録されている者	【名】明 【生年月日】平成１３年７月３日 【父】乙川陽介 【母】乙川直子 【続柄】長男
身分事項 　　出　　生	【出生日】平成１３年７月３日 【出生地】兵庫県西宮市 【届出日】平成１３年７月１４日 【届出人】父
	以下余白

発行番号

これは、戸籍に記録されている事項の全部を証明した書面である。

　　平成１８年６月２６日

　　　　　　　　　　大阪府豊中市長　　〇　〇　〇　〇

であることがわかります。

では，最後に第3順位の相続人である甲野直樹さんの兄弟姉妹ですが，これは甲野辰徳さんとりつさんの出生まで遡ってみて，他に兄弟（異父兄弟・異母兄弟）がいないかを確認します。それが 資料3 と 資料4 です。

資料3 は

「昭和32年法務省令第27号により昭和33年4月7日改製」「同所同番地甲野利兵衛戸籍から本戸籍編製」

とあります（⑥の部分）。これは，戦後の戸籍法改正により戸主制度が廃止され，一組の夫婦及びこれと氏を同じくする子を単位として戸籍が編製されるようになったことを意味します。

この前の戸籍，つまり戸主制度があった時代の戸籍が 資料4 となります。

この 資料3 と 資料4 で辰徳さんの子を調べると，

甲野弘子（長女）

甲野直樹（長男）

がいることがわかります。ここで，弘子さんは，

「昭和19年5月29日に死亡」（⑬の部分）

していることがわかります。

このほかに，辰徳さんの記載事項をみてみると，

「昭和38年2月16日大阪市都島区畑4丁目2番戊山良美同籍恭子を認知」（⑭の部分）

とあります。つまり，辰徳さんには認知した子（非嫡出子）がいることがわかります。その子が記載されている戸籍が 資料7 になります。

それから，異父兄弟，つまり，実母である甲野りつさんが辰徳さんとの婚姻前に子を生んでいないかを調べる必要があります。

その戸籍は資料にはありませんが，りつさんは婚姻前は

「大阪府泉南郡日村樫90番地3丙山久人戸籍」（⑮の部分）

にいたことがわかります。この戸籍を取り寄せれば異父兄弟の存否がわ

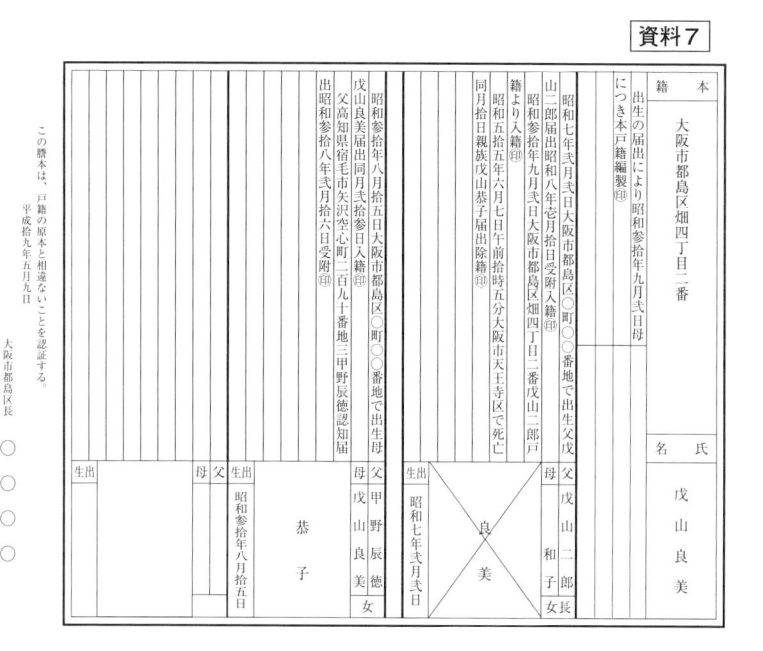

第3 （相続人調査のための）戸籍の見方

資料7

本籍	大阪市都島区畑四丁目二番
氏名	戌山 良美

出生の届出により昭和参拾年九月弐日母につき本戸籍編製㊞

| 父 戌山 二郎 | 母 戌山 和子 | 長女 | 良美 | 昭和七年弐月弐日大阪市都島区○○町○○番地で出生父戌山二郎届出昭和八年壱月拾日受附入籍㊞ 籍より入籍㊞ 昭和五拾年六月七日午前拾時五分大阪市天王寺区で死亡 同月拾日親族戌山恭子届出除籍㊞ | 出生 昭和七年弐月弐日 |

| 父 甲野 辰徳 | 母 戌山 良美 | | 恭 子 | 戌山良美届出同月弐拾日入籍㊞ 昭和参拾年八月拾五日大阪市都島区○○町○○番地で出生母 父高知県宿毛市矢沢空心町二百九十番地三甲野辰徳認知届出昭和参拾八年弐月拾六日受附㊞ | 出生 昭和参拾年八月拾五日 |

この謄本は，戸籍の原本と相違ないことを認証する．
平成拾九年五月九日
大阪市都島区長 ○○○○㊞

かります．
　以上より，資料の範囲で判明する甲野直樹さんの兄弟姉妹は，
　　戌山恭子（異母兄弟）
となります．
　以上で，甲野直樹さんの相続人となる人々の抽出ができました．ここで注意すべきは，この時点では，

配偶者———甲野明子
第1順位（子）———甲野浩介，乙川直子

が相続人となり，（抽出された）他の人たちは，第1順位の相続人たちが，相続放棄等によって，相続人でなくなるか（民939条），さらに乙川直子さんの場合は，相続放棄だけでなく，相続欠格（民891条），廃除（民

892条,893条）により，相続人の資格を失った後，代襲相続（民887条2項,3項）により相続人となったその子である乙川明さんが相続放棄をする等の事情があれば，第2順位の相続人である直系尊属の甲野辰徳さん，甲野りつさんが相続人となります。

第8章 破産法と法律事務

第1 事務職員と破産手続開始申立手続の密接な関係 ✓CHECK □□□

　多くの法律事務所で破産手続開始申立の手続は事務職員が関与していることが多いです。その理由は種々考えられますが，

① こなす仕事が一定（ルーティンワークに近い）
② 作成する書類が裁判所によって定型化されている

などがあげられるでしょう。実際，破産手続開始申立手続では書類作成が主で，同時廃止の場合には書面審査を採用している裁判所が多く，しかも書類が定型化していることから，事務職員が作成し，それを弁護士がチェック，訂正して申立書が完成，その後，事務職員が申立書提出・予納金納付，書記官との連絡，書類上の審査で問題がなければ開始決定が出され終了，という具合に一般の民事訴訟手続とはかなり異なります。

　破産手続，それも同時廃止になるような事件の依頼があったときは，比較的経験の浅い新人事務職員が担当し，その事件を通じて仕事を覚えていく，というシステムをとっている事務所も多いでしょう。そのためか，破産手続を苦手とする事務職員は少なくなく，破産手続に関する研修には積極的に参加する事務職員も多いです。

　でも，ここで1つ注意が必要です。研修の講師をするようになって痛切に感じているのですが，破産手続に詳しい事務職員は多くても，破産法について詳しい，または詳しいといかないまでも破産法についての知識がある，という事務職員は極めて少ないのです。その原因は，定型化した書式で一定の手続をこなしていると，六法を引いて条文を確認する，条文の趣旨を考えることなどしなくても仕事ができてしまう，というところにあるのではないかと思われます。仕事を難なく終えるのは悪いこ

第 8 章 破産法と法律事務

とではありません。でも，法律を知らずに法律事務をすることは，一定の機械作業をしているに過ぎず，考えた仕事をしているとは言えません。
　ですので，ここでは破産手続の基本を習得できるように進めていきます。

コーヒーブレイク

　かく言う私も，新人の頃は破産手続を任されており，1つの手続を終え，破産宣告，免責決定（当時）まで終わると充実感を感じたものです。当時は，今のように定型化した書式もなく，白紙の状態から（訴状を書くように）申立書や添付書類を作っていました。
　現在では，（裁判所によっては）画一化された様式で手続が進められていますが，そのような中であればなおさら，基本をしっかり習得しておくことが大切なのではないかと思います。みなさんはいかがでしょう……。

第2 破産手続の意義

1．「破産」と「倒産」

　法律事務所に勤務している，金融機関や不動産業に就いている，という人ならば「破産」という言葉に馴染みがあるでしょうが，一般的には「倒産」という言葉の方が通用するのではないでしょうか。

　「倒産」とは日常用語で，ある人が経済的に破綻し，それまでの経済的活動を続けていけなくなる状態をいいます。「会社が倒産した」という言葉を聞いたことがあると思いますし，最近では，経済的に困窮している地方自治体（都道府県，市町村）に対して，新聞見出しで「○○市倒産」とか，「△△市破綻」などと書かれています（用語の用法が正しいかどうかはわかりませんが）。

　この「倒産」に対する処理手続として，法的には「破産」（破産法），「特別清算」（会社510条～574条），「民事再生」（民事再生法），「会社更生」（会社更生法），私的には「債務整理（任意整理）」などの手続があり，「破産」は倒産処理手続の1つなのです。このうち，「破産」と「特別清算」は，「清算型処理手続」と呼ばれ，再建の見込みのない債務者の財産をすべて換価（お金に換える）して債権者に公平に配分し，残債務については免除させるものです。「民事再生」と「会社更生」は「再建型処理手続」と呼ばれ，再建の見込みのある債務者に対し，再建案を作成し，関係人の協力を得て債務者の再建を図ることを目的としています。

2．破産手続の目的

　破産手続とは，「債務者に破産原因がある場合，債務者の総財産を換価し，債権者に公平な分配を行い，同時に，一定の条件下で債務者に対し免責を行い，経済的再起を図る機会を与える手続」をいいます。砕いて言えば，ある債務者が経済的に破綻して，借金を返済できなくなってしまったとき（破産原因があるとき），その時点で所有する財産を換価し，

それを個々の債権者にそれぞれの債権額に応じて按分して弁済するから，債権者の皆さんはそれでガマンしてください，そして債務者は，それでも借金が残ったとしても，それは免除してあげるから，これからがんばりなさいよ，という手続です。

だから，債権者が不利益を被ることになるのですが，その分，債務者も持っている財産を全部提供しなさい，それで痛み分け（という言葉が適切かどうかわかりませんが）で終わり，ということなのです。

最近は，同時廃止が多いので，債務者が財産を提供するということも少なく，実質は債権者が不利益を被っているだけというケースが目立ち，また利息制限法違反の過払金返還請求が増加したためか，事務職員の中には，破産手続は，

「サラ金などの高利貸しを懲らしめ，弱者である債務者を救済する手段」

と考え，また管財事件になる事件でも，申立時点で，

「いかにして財産を隠そうか」

と考える人も少なからずいるようです。でも，破産法の目的からすると，この考え方が適切かどうかは疑問です。平成16年に破産法が改正されたときに，破産法の目的が条文上規定されています。

> 破産法1条（目的）
> 　この法律は，支払不能または債務超過にある債務者の財産等の清算に関する手続を定めること等により，債権者その他の利害関係人の利害及び債務者と債権者との間の権利関係を適切に調整し，もって債務者の財産等の適正かつ公平な清算を図るとともに，債務者について経済生活の再生の機会の確保を図ることを目的とする。

第3 破産手続開始の申立て ✓CHECK □□□

1．破産手続開始の要件
破産手続開始決定がなされるための要件としては，以下のものがあります。

(1) 手続的要件
① 破産能力があること
　破産能力とは，「破産手続開始決定を受け，破産者となることができる資格・地位」をいいます。破産法では民事訴訟法を準用し，権利能力を有する者に破産能力を認めています（破13条，民訴28条）。
　なお，個人である自然人，法人に破産能力が認められるのはもちろんですが，相続財産（破222条以下），権利能力なき社団・財団（破13条，民訴29条）にも認められます。
② 申立てがあること
　申立てができる者としては，債権者と債務者がいます。破産手続開始決定により破産債権となる債権をもっていれば債権者も破産手続開始申立ができます。債務者は債権者からの追及を免れ，自己の経済的再生を図るため，自分で申立てができます。債務者自身が申立てをする場合を「自己破産」といいます。さらに，株式会社など法人については，その理事・役員らが申立人となる場合があり，これを「準自己破産」といいます（破19条）。
　申立ては一定の事項を記載した書面でしなければなりません（破20条）。現在，ほとんどの裁判所では，迅速化を図るため，定型書式を用いています。
③ 裁判所に管轄権があること（管轄裁判所）
　管轄は事務職員の仕事の中でも，特に注意が必要でしょう。間違えたら格好悪いですからね。
　まず，破産事件の管轄は専属管轄と規定されています（破6条）。

債務者が自然人である場合（営業者でない場合，もしくは自宅でのネットビジネスなどのように営業者であっても営業所を有しない場合）は，債務者の普通裁判籍の所在地を管轄する地方裁判所が管轄裁判所となります。多くの場合，債務者の住所地を管轄する地方裁判所になると思いますが，この「住所地」は，住民登録上の住所地に限らず，実際に生活の本拠を置いている地とします。

債務者が法人である場合（営業者である場合）は，主たる営業所の所在地を管轄する地方裁判所が管轄裁判所となり，主たる営業所が外国にある場合は，日本における主たる営業所の所在地を管轄する地方裁判所が管轄裁判所となります（破5条）。

また，現在では，破産法で管轄の特例が定められており，まず，**親子会社のように経済的に密接な関係に立つ場合**，親会社についての破産事件が係属する裁判所に子会社の破産手続開始申立をすることができ，子会社の破産事件が係属する裁判所に親会社の破産手続開始申立をすることができます（破5条3項・4項）。**法人とその代表者**については，法人の破産事件が係属する裁判所に，その法人の代表者の破産手続開始申立を行うことができ，法人の代表者の破産事件が係属する裁判所に当該法人の破産事件開始の申立を行うことができます（破5条6項）。

さらに大規模な破産事件の場合，**債権者数が500人以上であるとき**は，原則的管轄裁判所の所在地を管轄する高等裁判所の所在地を管轄する地方裁判所にも破産手続開始申立ができ（破5条8項），**債権者数が1,000人以上の場合**は東京地方裁判所または大阪地方裁判所にも申立てができます（破5条9項）。

④ 手続費用の予納があること

破産手続を進める費用は，本来であれば破産者の財産から支払われるべきものですが，それらを換価するまでには相当時間がかかります。そこで，破産法では申立人に破産手続費用の予納義務を課しています（破22条1項）。その金額は事件の内容によって異なり，ま

た裁判所によっても異なるので，あらかじめ申立てをする裁判所に確認しておくようにしましょう。
⑤ 目的が不当なものでないこと
　債権者が破産手続開始決定申立をする場合，濫用目的による申立てを防止するため，債権の存在，破産手続開始原因の事実の疎明が要求されています（破18条2項）。
　また，一部の会社役員による準自己破産手続開始申立の場合も，内紛により申立てをするようなことを防止するため，破産原因の事実の疎明が求められています（破19条3項）。
(2) 実体的要件
① 破産手続開始原因となる事実があること
　破産法が定める破産手続開始原因には，「**支払不能**」と「**債務超過**」があります。
　「**支払不能**」とは，経済的困窮のため「**債務者が支払能力を欠くために，その債務のうち弁済期にあるものにつき，一般的かつ継続的に弁済することができない状態**」（破2条11項）をいいます。弁済できるか否かは，財産の有無だけで判断するのではなく，債務者に信用や技術などがあって，支援を受けて弁済を続けていけるような状況にあれば，支払不能にはあたりません。なお，支払不能は，自然人・法人を通じて破産原因となります。これに関連して，「**支払停止**」というものがあります。これは「**弁済期が到来した債務について，一般的・継続的に弁済できないこと（＝支払不能）を外部に示す債務者の行為**」をいいます。具体的な例としては「手形の不渡り」があります。破産法では，支払停止の事実があれば支払不能が推定されると規定しています（破15条2項）。これは，支払不能が総合的な判断であり，かつ債務者の支払能力の有無（これから払っていけるかどうか）は，他人にはわかりづらいものです。そうなると，債権者が破産手続開始申立をするとしても債務者が支払不能状態にあるかどうかの判断ができないことになります。しかし，支払停止は

「一定の事実」すなわち，「外部に示す債務者の行為」ですから，外部から（他人であっても）判断できます。そこで，支払停止の事実があれば，支払不能と推定する，ということになっているのです。

次に，「**債務超過**」ですが，これは「**負債（マイナスの財産）の評価額の合計が資産（プラスの財産）の評価額の合計を上回る状態**」（破16条）をいい，主に株式会社（特例有限会社）や相続財産についての破産原因となります。債務超過は，純粋に財産のプラスマイナスだけを見ます。株式会社ではその会社の財産のみが債権者の引き当てになり，社長・役員・従業員は（個別に保証や連帯保証などをしていない限り）会社の負債（借金）について責任を負いません。つまり，会社の財産がなくなれば借金を返すあて（資金）がない，ということなので，マイナスの財産の額がプラスの財産の額を上回った場合，返すことのできない負債が発生し，このまま営業を続けていくとさらに負債が増えていく危険性があるので，債務超過が破産原因とされているのです。

② 破産障害事由がないこと

破産障害事由とは，**破産能力及び破産原因があっても破産手続開始決定ができないとされる事由**をいいます。具体的には民事再生（民再26条1項1号，39条1項）や会社更生（会更24条1項1号，50条1項）など，他の手続が開始，または開始されようとしている場合などです。

2．破産手続開始原因の審理

破産手続開始申立があると，裁判所は破産手続開始原因の事実の存否を審理します。破産手続開始申立において，破産法上，迅速処理の要請から口頭弁論を開かないで行うことが認められています（破8条1項）が，審理の進め方は各裁判所によって，その地方に応じた特色がありますので，管轄裁判所ごとに注意が必要です。

コーヒーブレイク

　破産事件に限らず，事件の種類によっては，その裁判所ごとに独特の進め方があります。通称「ローカル・ルール」と呼ばれているようです。これは，裁判所が事件を処理する上で，裁判官・書記官が独自に運用しているものです（例えば，『同時廃止の申立て』では，書面で審理を行う，申立ての受付は午前中に限る，など）。

　おそらくみなさんは，自分のホームグラウンドとなる裁判所があると思われます。そのホームグラウンドの裁判所にだけ申立てをしていることが多い人が，別の裁判所に申立てをしたとき，または，研修や講習などで，他の地域の裁判所の運用の話を聞いたとき，自分の（ホームグラウンドの裁判所の）進め方・やり方と違うことに出会うことがあります。そのようなときに，

　「書記官はやり方を間違っている」

　「あの講師は間違ったことを研修で話している」

と言う人がいますが，間違っているわけではありません。その裁判所に申し立てられる事件に応じて最も適した運用がなされているのですから，違って当然なのです。

　ただし，どこの裁判所でも，法律（破産法・民事訴訟法など）や規則に規定されていることは，勝手に変更はできません。だから，手続ごとに，

　「これは法律や規則に規定されているのか，そうでないのか」

がわかるように勉強しておく必要性は非常に大きいのです。

第4 破産手続開始決定の効果　　　✓CHECK □□□

1．全体的な効果

　破産手続開始申立が提出され，裁判所が破産開始原因があると判断し，その他，申立要件も整っていれば，破産手続開始決定が出されます（破30条）。破産手続開始決定は書面でなされ，「債務者……につき破産手続を開始する」と主文に記載され，開始決定の年月日・時間などが記載されます。

　破産手続開始決定が出されると，債務者は「破産者」となり，その手続開始決定時に所有していた（プラスの）財産によって「破産財団」が構成され（破34条），破産手続開始決定と同時に破産管財人が選任され（破31条1項），破産財団に属する財産の管理処分権は破産管財人に専属し（破78条1項），破産管財人のもとで破産手続が進められていきます。

　他方，破産手続開始決定前の原因によって生じた破産者に対する債権（マイナスの財産）は，破産債権となり（破2条5項），訴えを提起したり，強制執行申立などができなくなり（「個別執行の禁止」といいます），破産債権の債権者は，破産手続によりその権利を届け出て，確定を受けた後に，破産財団から，債権額と債権の性質に応じて配当を受けることになります。

2．法人に対する破産手続開始決定の効果

　法人に対して破産手続開始決定が出されると，原則として法人は解散しますが（会社471条5号など），破産手続上の必要性から，破産手続による清算の目的の範囲内で，破産手続が終了するまで当該法人は存続するものとみなされます（破35条）。

3．自然人（個人）に対する破産手続開始決定の効果

　自然人に対して破産手続開始決定が出されても，その人の権利能力や

行為能力に影響は生じません。噂で，破産をすると「選挙権がなくなる」「戸籍が汚れる（記載される）」などと言われていましたが，そのようなことはありません。

　ただ，破産者は，破産管財人等から請求があったとき，破産に関して必要な説明をする義務が課されています（破40条）。そのため，破産者には居住の制限（破37条），通信の秘密の制限（破81条，82条）などを受けます。

　さらに，社会的信用を必要とするような一定の職業には就けません。公証人（公証人法14条2号），弁護士（弁護士法7条5号），税理士（税理士法4条3号），公認会計士（公認会計士法4条4号），弁理士（弁理士法8条10号）などがあります。さらに後見人（民847条3号），保佐人（民876条の2第2項，847条），補助人（民876条の7第2項），遺言執行者（民1009条）に就任することもできません。

第5 破産手続——同時廃止

1．同時破産手続廃止（同時廃止）とは

　破産手続開始申立が提出され，裁判所が破産開始原因があると判断し，その他，申立要件も整っていれば，破産手続開始決定が出されます（破30条）が，破産者の財産が非常に少なく，破産手続を進めていく費用も捻出できないのであれば，債権者に対し配当するべき原資もないので，それ以上破産手続を進めていくことは意味がありません。だからといって破産手続開始決定を出さない……というわけにもいきません。破産手続開始決定はこれによって破産者の経済的状況を明らかにして，さらに破産者の経済的更生を図るものですから，破産手続開始原因がある以上，破産手続開始決定を出す必要があります。

　そこで，このような場合は，破産手続開始決定を出したうえで，以後の手続はしない，破産手続開始決定を出したと同時に破産手続をやめてしまう（廃止してしまう）決定をすることができます。これを**同時破産手続廃止（同時廃止）**といいます（破216条1項）。

　自然人（個人）の自己破産，特に消費者金融が債権者となっている多重債務者の破産では，この同時廃止が一番多く，新人の事務職員が扱う案件もこれが一番多いでしょう。

コーヒーブレイク

　旧破産法では，破産手続開始決定は「破産宣告」と言われてました。そのためか，ある金融機関の管理部に債務者から電話がかかってきて，電話口で大きな声で，
　「は・さ・ん！」
と怒鳴られたことがあったそうです。本人は「宣告」したということを言いたかったようですが……。

2．同時破産手続廃止の効果

同時破産手続廃止の場合は，破産手続開始決定が出されると同時に破産手続は終了します。なので，破産管財人が選任されることはなく，破産財団も形成されません。

また，債務者が自然人（個人）の場合，免責許可申立資格が付与されます。免責許可の申立ては，破産手続開始の申立てがあった日から破産手続開始決定確定後1か月以内であれば申立てをすることができます（破248条1項）。また，債務者が破産手続開始の申立てをした場合，債務者が反対の意思を表示しなければ，申立てと同時に免責許可の申立てがなされたとみなされます（破248条4項）。

3．同時破産手続廃止の要件

同時破産手続廃止は，破産手続費用が足りない，全くない，というほどに破産財団（破産者のプラスの財産）が少ないことが必要です。この判断基準（要件）は，各裁判所ごとによって，多少の違いはありますが，おおよそ破産者の財産が，

① 居住家屋が賃貸物件で敷金（保証金）の返戻が僅少
② 家財道具は一般的な範囲で，特に高額なものはない
③ 現金・預貯金・保険解約返戻金などが僅少（おおよそ20万円以下）

のような場合に，同時破産手続廃止が認められる傾向があるようです。

個別に問題となるものとして，以下のものがあります。

(1) オーバーローンのマイホームがある場合

破産者がマイホーム（不動産）を持っているなら，それを売却するとそこそこの現金が入るので，破産財団を構成することができると考えられます。しかし，多くの人は，銀行など金融機関による住宅ローンを利用してマイホームを購入しているのが現状で，その金融機関を債権者とする抵当権が設定されています。抵当権は「別除権」で，破産手続によらず行使できるので，そのような不動産を売却しても，不動産の価格が下落傾向にあればローンの残金（残債務）が生じ，破産手続を進めるだ

けの費用は出てきません。

　そこで、このような場合、各裁判所によって多少の運用の基準に差はありますが、不動産によって担保されている債務の総額（この場合ではローンの残債務）が不動産の価値（固定資産評価額・路線価、もしくは簡易査定で算出された金額）の1.5～2倍以上であれば、同時破産手続廃止を認める傾向にあります。

(2) 債務者に退職金が見込める場合

　破産者が破産手続開始決定を受けたとしても、会社を解雇されることはないといえるでしょう。なので、そのまま継続して会社に勤めることはできます。とすると、破産手続開始決定が出された時点、または破産手続開始の申立てをした時点では退職していないのだから、退職金はありません。しかし、退職金というのは法的には「賃金の後払い」と解されています。つまり、破産手続開始の申立てをした時点では、現実化していないけれども、それまで働いてきた分の「後払い賃金」が潜在的にあることになります。なので、その潜在的な「後払い賃金」である退職金は、破産手続開始決定時に存在する破産者の財産とも考えられます（ただし、退職金の4分の3は「差押禁止財産」（破34条3項2号、民執152条2項）にあたるので、破産財団に属するのはその4分の1となります）。

　しかし、この退職金を破産財団に組み込ませるために、債務者に退職させることはできないので、多くの裁判所では、破産手続開始決定時に見込まれる退職金の8分の1に相当する金額を債務者に工面させ、それを債権者に按分弁済させることで、同時破産手続廃止を認める運用をしている傾向があります。

4．同時破産手続廃止案件の対応

　破産事件、特に同時破産手続廃止は、事務処理手続が中心となるので、事務職員が対応、処理することが多くなり、実際にそのようにしている事務所も多いようです。その結果、破産案件は事務職員が中心となって処理する事務所が多く、事務職員の中には、特に新人で1つの案件を任

され処理すると，やりがいを感じる，という人も多いでしょう。

しかし，それはあくまでも，弁護士が受任した事件を事務職員が補助職として処理しているのであって，事務職員が事件を受任して処理しているのではありません。「破産事件はすべて任せてもらっている」といって，事務職員が弁護士に相談も連絡もせずに事件を処理することは，「非弁行為」にあたると考えられます。ですから，あくまでも「補助」として事件を処理していることを忘れず，弁護士への連絡・報告などを怠らないようにすることが大切です。

(1) 受任時の注意点

まず，債権者に対し，受任通知を発送する必要があるので，債権者を明らかにする必要があります。依頼者の中には，消費者金融だけが債権者になると思い込んでいる人もいるので，注意が必要です。

① 銀行，会社，知人，親族なども債権者になる

　銀行，会社，知人，親族なども債権者になることを説明する必要があります。おそらく，「迷惑をかけたくない」との考えからと思われますが，依頼者の中には，知人や親族からの借金を優先的に返そうとして偏頗弁済となったり，そういった人たちを債権者とは考えない人もいますので，注意が必要です。

② 保証債務の有無を確認する

　保証債務の有無を確認することが大切です。依頼者は，自分が借り入れしていないので，保証債務は借金ではないと考えている人も多くいます。さらには，保証したことすら忘れている人もいます。特に，友人や同僚と互いに保証人となっていることも多いです。交友関係の聞き取りをして，交友があった人がすでに破産していたり，同じようにこれから破産手続をしようとしているようなケースでは，その人の保証人となっていることが多いので，聞き取りに注意しましょう。

③ 依頼者から請求書，契約書，クレジットカード類を預かる

　依頼者から請求書，契約書，クレジットカード類を預かることが

大切です。今では少なくなったのかもしれませんが，依頼者の中には，破産手続開始申立をする前にできるだけ借り入れをしようとする人もいます。また，最近ではETCカードはクレジットカードではないと考え，さらに仕事で必要だからETCカードの分だけは払う，などという人もいます。認識・意識が薄いと言えばそれまでですが，そういう人が多いということも，事務職員として覚えておく必要があります。

④ 姓が変わっている場合

離婚，結婚などにより姓が変わっている場合，債権者によっては旧姓で登録していることもあるので，旧姓と変更した時期を聞き出しておく必要があります。

(2) 受任通知の発送

債権者に対し，受任通知と債権調査票を発送し，債権調査をします。このとき，取引が長い（およそ5～8年以上取引をしている）場合，過払金が発生しているとも考えられるので，取引経過の開示を求めることも必要です。

(3) 受任通知の発送後の注意点

① 債権者らに対する注意点

債権調査票の回答は，債権者に「協力を求める」ことを意識しておくことが必要です（だからといって必要以上に低姿勢になることはないのですが）。

債権者の中には，回答を拒絶する人もいます（おそらく，回答できない事情があるのでしょうけど）。そのような場合は，債権者一覧表に記載をした上で，債権調査票の送付の拒絶（回答の拒絶）として，手元にある資料でわかる範囲で債権額を記載しておけばよいと思われます。まちがっても，回答がないからといって，債権者から除外することはしないようにしましょう。

また，最近では金融機関の合併や，不良債権の統合などで，債権譲渡がされていることが多くみられます。債権者に通知を発送した

ところ,
　「すでに債権譲渡しているので, 当社 (弊社) は債権者ではありません」
と言って,「債権無し」と回答してくる場合があります。その際, 必ず, 債権の譲渡先を回答してもらうようにして, 再度, その譲渡先に通知を発送します。債権者によっては, 理由はわかりませんが (だいたい想像はつきますが),
　「譲渡先を教えることはできません」
と回答してくるところもあります。その場合は, 債権者一覧表に「回答拒絶により譲渡先不明」とでも記載しておいて, 弁護士に報告・相談したうえで, 後に裁判所と対応を考えればよいかと思われます。
② 依頼者 (債務者) に対する注意点
　受任通知を発送したら, 請求が止まるので, 安心してしまう依頼者が多いです。また, 請求が止まったとたんに, 新たな借り入れをしてしまう人もいます。さらには, 弁護士に依頼することが破産手続だと思い込んでいる人もいます。その人の人間性の問題といってしまえばそれまでですが, そのようなことがないように, 受任の相談段階で強調して説明しておいてもらうべきでしょう。

(4) 申立書などの作成

破産手続開始の申立ては, 今ではほとんどの裁判所で定型の書式を作成しています。もちろん, その書式を使わなければ受理されないということはありませんが, 受理する裁判所としては, その案件の数, さらには迅速な処理の必要性から, 定型書式が作られているのですから, それを利用する方がよいでしょう。

書式や必要書類の詳細は, 裁判所によって多少の違いはあるようですが, 少なくとも必要なものとしては, 申立書のほかには,
① 自然人 (個人) の場合は, 住民票 (本籍の記載が省略されていないもの, 破規14条3項1号)

② 債権調査票，債権者一覧表（破規15条）
③ 財産目録（破規14条3項6号）
④ 報告書（陳述書）

などは，どの裁判所でも共通していると思われます（多少の差異には注意しましょう）。

(5) 申立て後の注意点

裁判所によって手順の前後などの違いはありますが，
① 予納金の納付
② 裁判所からの指示，補正，釈明の要請

などは共通していると思いますので，すみやかに対応するようにしましょう。

また，この後の免責決定が出されるまで手続は続いているのですから，依頼者には，その旨説明しておくことが大切です。

第6　破産手続―管財事件

1．管財事件とは

　一般に，破産制度は債権者間の公平な弁済，債務者の経済的更生を目的として手続が進められていきます。そのために「破産管財人」が選任され，破産裁判所の監督のもと，破産管財人により破産財団に属する財産を管理・換価，破産債権の調査，確定などを行います。このように破産管財人が選任される事件を同時廃止事件に対して「**管財事件**」といって区別しています。

2．管財事件の特色

　同時破産手続廃止の場合は，破産手続開始決定が出されると同時に破産手続は終了しますが，管財事件の場合は破産手続が進んでいきます。つまり，同時廃止と違い，破産財団を構成する財産が存在することが大きな違いといえます。

　そうなると，管財事件となる案件は，自ずとそのような財産のある者が破産者となる事件ということになります。

　破産手続を進めていく必要があるため，予納金も同時廃止の事件に比べると多少高額になります（金額は裁判所ごとにある程度一定に決められていますが，案件の内容によって，多少の違いがあります）。

3．管財事件の申立て

　管財事件の申立てに必要な書類としては，主だったものは，同時廃止案件と同じですが，作成の形式が異なる部分があります。裁判所ごとによって違いがあり，固定して考えるのは不適当ですので，案件ごとに注意して作成することです。

　また，法人（会社）が依頼者となる場合，その代表取締役が会社債務の保証をしていることが多く，法人（会社）とともに代表取締役個人の

破産申立を合わせてする必要があることもありますので，その点も確認する必要があります。

その他，法人（会社）の場合，取締役会議事録や，貸借対照表等も必要となることが多いので，その手配もしなければなりません。

4．破産管財人への引継ぎ

管財事件では，申立代理人から破産管財人へ事件の資料等の引継ぎをする必要があります。裁判所によっては，申立書副本，その他の添付資料，予納金の一部などを直接に破産管財人へ引き渡す運用を実施しているところもあります。裁判所ごとにどのような方法を用いているかを事前に確認しておく必要がありますので，注意しておきましょう。

5．破産管財人の職務

破産管財人とは，破産裁判所により選任され，その監督の下に破産財団に属する財産を管理・換価し，財団債権を弁済し，破産債権の調査・確定をする人です（破2条12項）。破産財団に一種の法人格を与え，その財団を管理・処分する人というところでしょうか，そういうことからすると，破産管財人は，破産者の代理人ではありませんし，各債権者の代理人でもありません。

多くの場合，破産管財人には弁護士が選任され，破産事件が進められていきます。そのため，事務所の弁護士が破産管財人に選任された場合，事務職員としても管財業務の補助ができるようになる必要があります。また，破産債権者からの問い合わせや，事件の規模によっては，マスコミや全く関係のない野次馬的な人からの問い合わせにも対応しなければならないので，あらかじめ，弁護士と対応については協議し，個別には指示を仰ぐ必要もあります。

大きな破産事件（社会的に問題となったような団体，多くは詐欺的行為によって多額の金銭を集めたような団体の破産事件）では，債権者の中には破産管財人が各債権者のために事実を究明し，（詐欺）事件を解決してくれるよう

に考えている人がいますので，そういう人の対応をどうするかについてもあらかじめ弁護士の指示を仰いでおきましょう。

　破産管財人の職務は，最終的には配当を行うことですから，そのための債権調査・破産債権の確定，財産の換価・回収などを行います。

6．破産債権の調査

　破産債権とは，破産手続開始決定前の原因により発生した，破産者に対する債権のうち，財団債権に該当しないもので，優先的破産債権，一般的破産債権，劣後的破産債権に分類されます。

　優先的破産債権は，破産債権の中でも特に優先して配当を受けうる債権で（破98条），代表的なものとしては，従業員の給料の一部があります。

　劣後的破産債権は一般的破産債権よりも劣るもので，一般的破産債権に対する100パーセント配当が行われた後でのみ，配当を受けることができる権利です（破99条）。

　破産管財人は，債権を有していると思われる者（多くの場合は，申立時の債権者一覧表に記載されている者）に対して，債権がいくらあるかの調査をすることになります。

　ただ，多くの裁判所の運用によっては，配当が見込めないときは，債権調査を留保する（配当が見込めるようになるまで，債権調査をしない）こともあります。

7．財団債権

　財団債権とは，破産手続によらず，破産財団から随時支払いを受けることのできる債権をいいます（破2条7項）。

　代表的なものに公租公課の一部がありますが，給料などの労働債権の一部も財団債権となります。

8．別除権

　債務者に破産手続開始決定が出されると，債権者は，個別に権利を行

使することができなくなり，たとえ確定判決などの債務名義を持っていたとしても，強制執行申立はできなくなります（破42条1項）。しかし，民法の担保権のうち，特別の先取特権，質権，抵当権などは，破産手続においても，担保の効力を認められ，破産手続とは別個に行使できます。これらの担保権を「別除権」（破2条9項，65条）といいます。つまり，これらの担保権をとっていれば，仮に相手が破産したとしても，担保権を行使して，同時に債権の回収を図ることができます。

9．取戻権

取戻権（破62条）は，「第三者が特定の財産について破産財団から返還や引渡しをすることを求める権利」と説明されます。つまり，破産手続開始決定時に破産者が第三者の物を占有していたとき（他人の物が破産者の物の中にまぎれ込んでいたとき），その第三者が自己の物として，破産管財人に対し，返還を求める権利をいいます。

リースした物のように，所有権はリース会社にあるが，占有は破産者にある場合に利用される権利と考えられます。

10．否認権

破産手続開始決定前に為された破産者の行為のうち，破産債権者全体に損害を与え（財産減少行為），または，一部の債権者のみに満足を与える行為（偏頗行為）について破産手続開始決定後に破産管財人がそれらの行為の効力を否定し，いったん失われた財産を破産財団に回復させる権利を「否認権」（破160条〜）といいます。これは破産財団の保管を図る上で有意義な権利です。

第9章 個人再生と法律事務

第1 事務職員と個人再生手続の関係

✓CHECK ☐☐☐

　民事再生手続は個人の債務者でも利用可能ですが，もともと和議法の改正法として制定されたもので，主に中小規模の企業による利用を想定していたため，個人債務者にとっては負担が大きく，利用が難しいという面がありました。そこで，民事再生法を改正し個人債務者向けの簡易・合理的な手続として，通常の民事再生手続の特則というかたちで小規模個人再生手続（民再221条〜238条），給与所得者等再生手続（民再239条〜245条）が定められました。ここでは，民事再生の中でも事務職員が関与することが多いと考えられる個人再生に関することについて進めていきます。

　破産手続と個人再生手続は事務職員が関わることが多いでしょう。なので，事務職員であっても個人再生手続の知識は必須と言えるでしょう。しかし，
　「個人再生手続の案件は担当するけれど，条文なんて見たことない」
　「マニュアルどおりにすればいいからだいじょうぶ」
と言って，条文の規定を軽んじる人もいます。しかし，マニュアルばかりに頼っていると，マニュアルに記載されていないようなことに遭遇したとき，
　「？？？どうすればいい？？？」
となって，挙げ句の果てが，
　「もっとくわしいマニュアルがほしい」
　「疑問に思ったことがすぐに解決するようなマニュアルがほしい」
ということになってしまいます（そんなもの，ありません。というか，あれば

苦労しません）。

　でも，条文の趣旨を理解し，法的に理論構成できれば，知らないことに出会っても，論理立てて考えることで結論が見えてくることがあります。ですから，条文を理解することは，事務職員にとっても重要なことなのです。

　本章では，できるだけ条文の規定をあげて，個人再生手続を理解できるように進めていきます。

　なお，破産手続開始申立と同じく，民事再生，特に個人再生では，裁判所によって多少の運用基準の違いがあります（ローカルルール）。すべての裁判所で行われている手続を網羅することは不可能ですので，本章では，あくまでも条文に従った原則論で進めていきます。

第2　小規模個人再生

1．申立原因

　小規模個人再生は，通常の民事再生の特則なので，民事再生の申立原因が必要です。申立原因としては（民再21条1項），
① 　破産手続開始原因となる事実の生ずるおそれがあること
② 　債務者が事業の継続に著しい支障をきたすことなく弁済期にある債務を弁済することができないこと
があります。

　①の「破産手続開始原因となる事実」は，個人債務者では「支払不能」のこと（破15条1項）で，「支払停止」があれば「支払不能」が推定されます（破15条2項）。破産手続開始申立では，破産手続開始原因となる「支払不能」状態にあることが必要となりますが，個人再生手続申立では，「破産手続開始原因となる事実」があることではなく，「破産手続開始原因となる事実の生ずるおそれ」があることが必要とあるので，破産手続開始申立よりも対象となるケースは広いと考えられます。

2．管轄裁判所

　再生手続開始の申立ては，次の地方裁判所に申し立てることができます（民再5条）。
① 　再生債務者が営業者であるとき……主たる営業所の所在地を管轄する地方裁判所（民再5条1項）
② 　再生債務者が営業者でないとき……再生債務者の普通裁判籍の所在地を管轄する地方裁判所（民再5条1項）
③ 　①②の規定による管轄裁判所がないとき……再生債務者の財産の所在地を管轄する地方裁判所（民再5条2項）
以上が原則ですが，
④ 　法人の代表者の再生手続開始の申立ては，法人について再生事件

が係属しているときは，法人の再生事件が係属している地方裁判所にすることができます（民再5条6項）。

⑤　a）　相互に連帯債務者の関係にある個人
　　b）　相互に主債務者と保証人の関係にある個人
　　c）　夫婦

a）～c）の時は，いずれか1人について再生事件が係属しているとき，他の者の再生手続申立ては，その再生事件が係属している地方裁判所にすることができます（民再5条7項）。

④と⑤は，そういう場合に，この地方裁判所に申立てをすることが「できる」という規定ですから，原則の①ないし③に当てはまる地方裁判所に申立てをしてもいいし，④⑤に当てはまる地方裁判所に申し立てることもできます。

3．手続開始の要件

①　個人の債務者であること

　通常の民事再生は，法人でも個人でも申立てはできますが，小規模個人再生は，「個人である債務者」のみが申立てできます（民再221条1項）。

②　将来において，継続的または反復して収入の見込みがあること

　民事再生は破産と違い，再建型の手続ですから，再生計画に従って返済をする必要があります。そのため，その原資となる収入がある必要があります。また，再生計画案で「弁済期が3月に1回以上到来する分割払いの方法によること」が必要となるので（民再229条2項1号），それができるような継続的または反復性のある収入が必要となります（民再221条1項）。

　また，給与所得者等再生の手続との関係を考慮すると，この収入は月給のように定期的に支給されるものである必要はないと考えられています（もちろん，不定期でも継続することは必要です）。

③ 再生債権総額が5,000万円以下であること
　小規模個人再生を利用できる債務の上限額は5,000万円です（平成16年改正以前は3,000万円でした）。この中には，
　　a）　住宅資金貸付債権（住宅ローン）
　　b）　別除権の行使によって弁済を受けることができると見込まれる額
　　c）　再生手続開始前の罰金等
などは除かれます（民再221条1項）。

4．申立て及び開始決定
(1)　申立て

　小規模個人再生手続によることを求めることができるのは債務者本人のみです。この趣旨は，債務者の自発的な意思を尊重することにあります。

　小規模個人再生手続によることを希望する場合には，債務者自らが再生手続開始申立と同時に小規模個人再生による再生手続を求める旨を申述しなければならず（民再221条2項），また，債務者が再生手続開始申立の際に小規模個人再生の要件に該当しないときでも，通常の民事再生による再生手続の開始を求める意思があるか否かを明らかにしなければなりません（民再221条6項）。

　さらに債務者は，小規模個人再生を行うことを求める申述をする際には，次の事項を記載した「債権者一覧表」を提出しなければなりません（民再221条3項）。

① 再生債権者の氏名（名称），再生債権の額及び原因
② 別除権を有することとなる再生債権者については，その別除権の目的である財産，及び別除権の行使によって弁済を受けることができないと見込まれる額（担保不足見込額）
③ 住宅資金貸付債権については，その旨
④ 住宅資金特別条項を定めた再生計画案を提出する意思があるとき

は，その旨

⑤　その他，最高裁判所規則で定める事項（再生債権者の住所など，民事再生規則114条に定められている事項）

また，債務者は各再生債権額及び担保不足見込額の全部または一部につき異議を述べることがあるならばその旨を記載しておくことができます（民再221条4項）。ただし，この記載をしておかないと再生債務者は異議を述べることができなくなりますので注意が必要です（民再226条1項ただし書）。

(2)　開始決定

裁判所は，小規模個人再生の要件が備わっているときは，小規模個人再生による再生手続開始決定をし，開始決定と同時に，

①　再生債権の届出期間
②　再生債権に対して異議を述べることができる期間

を定め，再生債務者及び知れている再生債権者に通知しなければなりません（民再222条1項・3項）。

開始決定の効果としては，

①　再生債権は再生計画によらなければ弁済をし，または弁済を受けることができない（民再85条1項）
②　破産手続，再生債務者の財産に対してすでにされている再生債権に基づく強制執行の手続は中止される（民再39条1項）

があります。

(3)　手続機関

小規模個人再生の機関としては，個人再生委員があります。これは，裁判所が必要と認めるときに，利害関係人の申立てまたは職権で選任される**任意的な機関**で（民再223条1項），東京地方裁判所では全事件について選任する取扱いになっていますが，多くの裁判所では，選任しない運用がなされているのが実情のようです。

5．再生債権の届出・調査

再生債権者は，再生手続開始決定と同時に定められる再生債権届出期間内に，自分の再生債権を届け出ることができますが，債権者一覧表に記載されている再生債権については，届出期間の初日に，債権者一覧表の記載内容と同一の内容で再生債権の届出をしたものとみなされます（民再225条）。これは，債権が少額と考えられる個人再生手続で，通常の再生手続と同様の手続を踏むことは，時間と費用がかかり，当事者にとって不合理になるかもしれない，ということに基づいています。

6．再生計画案の作成

再生債務者は，債権届出期間の満了後，裁判所の定める期間内（民再規130条，84条1項）に再生計画案を作成して裁判所に提出する必要があります（民再163条1項）。

再生計画案には，
① 全部または一部の再生債権者の権利の変更に関する条項
② 共益債権及び一般優先債権の弁済に関する条項

を必ず定めなければならず（民再154条1項1号・2号），再生計画に基づく弁済額（計画弁済額）総額が最低弁済基準額以上になるようにする必要

基準債権総額（X）	最低弁済基準額
100万円未満 （X＜100万円）	基準債権総額の全額
100万円以上500万円未満 （100万円≦X＜500万円）	100万円
500万円以上1,500万円未満 （500万円≦X＜1,500万円）	基準債権総額の20％
1,500万円以上3,000万円以下 （1,500万円≦X≦3,000万円）	300万円
3,000万円超え5,000万円以下 （3,000万円＜X≦5,000万円）	基準債権総額の10％

があります。また，個人再生手続は，債権者や裁判所に負担をかける側面があるので，計画弁済総額は清算価値（債務者が破産した場合に債権者に分配されるであろう配当の総額）も上回る必要があり，これらを下回ることは不認可事由の1つとされています（民再231条2項3号・4号）。

7．再生計画案の決議・認可

再生計画案が提出されたら，一定の場合（民再230条1項・2項）を除いて，裁判所は再生計画案を書面による決議に付する旨の決定をします（民再230条3項）。

裁判所がその決定をした場合，その旨を官報に公告するとともに，議決権者（無異議債権，評価済債権を有する届出再生債権者）に対して，再生計画案と，これに同意しない者は裁判所が定める期間内に同意しない旨を回答するように記載した書面を送付します（民再230条4項）。再生債権者は計画案に同意する場合は何も提出する必要はありませんが，不同意の場合は，その旨を回答しなければなりません（民再規131条2項，この不同意の書面は裁判所によって，「不同意回答書」とか「不同意見書」と呼ばれています）。

不同意の回答をした議決権者が全議決権者の2分の1未満で，かつその議決権の額が議決権者の議決権総額の2分の1を超えない場合，再生計画案は可決したものとみなされます（民再230条6項）。

可決された再生計画案は，裁判所が検討し，不認可事由にあたるものがなければその再生計画案を認可します（民再231条，174条2項，202条2項）。

認可決定が確定した後，債権者の権利は再生計画どおりに権利変更がなされ，再生債務者は再生計画にしたがって弁済をすることになります（民再232条）。

第3 給与所得者等再生 ✓CHECK ☐☐☐

1．給与所得者等再生の特色

　通常の民事再生手続では，債権者がそれに同意するかは，当事者の判断によるものとされ，また小規模個人再生でも，債権者の書面による（消極的な）同意が規定されており（民再230条6項），債権者の判断に委ねられる部分があります。

　しかし，給与所得者等再生では，債務者が提示した再生計画案が法律の基準（民再231条2項3号・4号，241条2項5号・7号）に従ったものであることを裁判所が確認できれば，債権者の同意を要することなく再生計画案は認可されます。つまり，給与所得者等再生においては，再生計画案の再生債権者による決議に付する手続が設けられていません。

　ただし，裁判所は再生債務者から再生計画案の提出があった場合，再生計画不認可事由があると認められる場合を除き，再生債権者に対し，再生計画案を認可すべきかについて意見を求めなければなりません（求意見手続制度，民再240条1項）。

2．手続開始の要件（民再239条）

① 小規模個人再生の利用資格（民再221条1項）のあること
② 給与またはこれに類する定期的な収入を得る見込みのある者（定期性）
③ その額の変動の幅が小さいと見込まれる者

　給与所得者等再生は，小規模個人再生の特則になるので，その利用資格がある者が対象となり，また，再生債権者の決議の制度がないので，弁済原資の算定が明確にできることが必要とされるため，定期的で変動幅の少ない収入が見込まれることが必要となります。

3．最低弁済額

　給与所得者等再生では，「最低弁済基準額」「清算価値」に加えて「可処分所得要件」（民再241条2項7号）を加え，これらの中で，いずれか一番高い額が最低弁済額となります。「可処分所得額」の算出は，多くの場合，裁判所や弁護士会が用意した「可処分所得算出シート」やすでにMicrosoft® Excel®などで作られたシートを使って計算することが多いでしょうが，「可処分所得」の算出は，

　「計画案提出の前の2年間を基準とした1年間の収入額からこれに課される所得税等の額を控除し，さらに再生債務者及びその扶養を受けるべき者の最低限度の生活を維持するために必要な1年分を控除してする」

と考えておけばよいと思います。

　　（Microsoft Excelは，米国Microsoft Corporationの，米国，日本およびその他の国における登録商標です。）

第4　住宅資金特別条項

　個人再生では，個人債務者が住宅を手放すことなく手続を進められるように，「住宅資金特別条項に係る特則」が規定されており（民再10章），住宅を保有したまま手続を進めるための住宅資金特別条項を定めることができます。これにより，住宅ローンを一般の再生債権から切り離し，一般の再生債権は減免されますが，住宅ローンは，その「住宅資金特別条項」に従って，返済を続ければ，住宅を保持することができることになります。

1．住宅資金特別条項の要件
(1)　「住宅」（民再196条1号）

　個人である再生債務者が所有し（共有でも可），自己の居住に供する建物で，床面積の2分の1以上に相当する部分が専ら自己の居住に供されるものであることが必要です。その建物が2棟以上あるときは，再生債務者が主として住宅として使用している1つの建物に限られます。

(2)　「住宅資金貸付債権」（民再196条3号）

　① 　住宅の建設もしくは購入に必要な資金

　　または，

　② 　住宅の改良に必要な資金の貸付けに係る分割払いの定めのある再生債権であり，

　　a）当該債権

　　または，

　　b）当該債権に係る債務の保証会社の主たる債務者に対する求償権を担保するための抵当権が住宅に設定されているもの

　　をいいます。

　　例えば，銀行から資金を借り入れて購入した住宅に，銀行の保証会社の求償権を被担保債権とする抵当権が設定されている場合がこ

れにあたります。

２．住宅資金特別条項が使えない場合

① 住宅に，住宅ローン（または保証会社の求償権）以外の担保権が設定されている場合

　住宅ローン以外の融資を受けて，その担保権（抵当権，根抵当権など）が設定されている場合などです。

　例えば，銀行の保証会社の求償権を被担保債権とする１番抵当権が設定されている住宅に，サイドビジネスの資金として金融業者からの融資を担保する２番抵当権が設定されている場合があります。

② 住宅ローンのために，住宅以外の不動産にも住宅ローンの抵当権が共同担保として設定されていて，その住宅以外の不動産に住宅ローン以外の負債についての後順位担保権が存在する場合（民再198条１項ただし書）

　これは，住宅以外の不動産が競売されると，後順位担保権者は先順位の住宅ローンの抵当権を代位して（民392条），住宅の抵当権を行使できるようになります。そうすると，そのような後順位の抵当権者に「住宅資金特別条項」を適用するのは，相当ではないからです。

③ 保証会社の代位弁済後，６か月を経過した場合（民再198条２項）

　保証会社が銀行などの金融機関に対して保証債務を履行（保証会社が債務者に代わって一括弁済）すると，弁済による代位（民500条）により，住宅ローン債権は，抵当権とともに保証会社に移転します。その場合，保証会社は一括弁済しているのに，権利変更された分割弁済しか受けることができず，酷な結果となります。そこで，住宅資金特別条項を定めた再生計画の認可決定がなされると，保証会社がすでに金融機関に対して為した保証債務の履行はなかったものとみなされます。これが「巻き戻し」と呼ばれるものです（民再204条１項）。ただし，この「巻き戻し」を保証会社の保証債務履行後，長期間経過してから行うと保証会社と金融機関の業務に混乱が起こ

り得るので，保証会社の保証債務履行完了後，6か月以内に再生手続開始の申立てが為された場合に限って住宅資金特別条項を定めることができるとされています。

3．住宅資金特別条項の内容（民再199条）

以下のものが住宅資金特別条項の内容として法律で規定されています（ちょっとわかりにくいですが……）。

(1) 期限の利益回復型（民再199条1項）

再生手続開始前に生じていた期限の利益の喪失がなかったものとする条項です。住宅ローンのうち，

① 再生計画認可決定の確定時までに弁済期が到来する元本・利息・損害金の全額（すでに延滞している部分）を，再生計画で定める弁済期間（原則3年，最長で5年）内に弁済し，

② 弁済期が未到来のもの（将来の返済分）は，当初の住宅ローンの約定に従って支払う

こととなります。

(2) 最終弁済期延期型（リスケジュール型）（民再199条2項）

期限の利益回復型では履行できそうにない場合，利息・損害金を含め，金額を弁済することを前提として約定の弁済期間を延長する内容の条項を定めるものです。延長の期間は，

① 当初の住宅ローン契約に定められた最終弁済期から10年を超えないこと

② 延長後の最終弁済期における再生債務者の年齢が70歳以下であること

が必要とされています。延長された期間内に，元本・利息・損害金のすべてを支払わなければなりません。しかも，元本と，これに対する認可決定後の利息については，もとの住宅ローン契約の弁済期の間隔と，各支払日の弁済額におおむね沿ったものでなければなりません。さらに，もとの住宅ローン契約で定められていた最終弁済期が債務者が70歳とな

る日よりも後に設定されていたら，これを利用することはできません。

(3) **元本猶予期間併用型**（民再199条3項）

　最終弁済期延期型でも履行できそうにない場合，これに加えて一般弁済期間内で定める期間（元本猶予期間）中は元本の一部の支払いを猶予する内容の条項を定めるものです。元本猶予期間中も，元本の一部とその期間中の利息は支払わなければなりません。この場合も(2)①・②の要件を満たさなければなりません。

　以上が法律で規定されているものですが，住宅資金特別条項によって権利変更を受ける者の同意があれば，これ以外の内容の住宅資金特別条項を定めることができます（「同意型」または「合意型」と呼ばれています）。

第10章 登記と法律事務

第1 登記と法律事務との関わり

　主に法律事務で「登記」といえば,「不動産登記」と「商業登記」を思い浮かべる人が多いでしょう（登記の種類としては,この他に「船舶登記」「成年後見登記」などがあります）。これらの登記は不動産や会社の現況や状態を示しており,これを公的な文書として示しているものが「登記簿」になります。不動産に関する訴訟や法人などの会社を当事者とする訴訟の場合,この登記に関する知識,登記簿の読み方についての知識は不可欠です。

　本章では,登記に関する知識とともに,登記簿の読み方についてお話していきます。

第2 登記簿の基礎知識 ✓CHECK ☐☐☐

1．不動産登記簿と商業登記簿

　登記簿には，「不動産登記簿」と「商業登記簿」があります。

　不動産登記簿は，「土地」「建物」のほかに，マンションのような「区分所有建物」についてのものがあります。

　商業登記簿は，「法人登記簿」と呼ばれることもあります。法人として登記があるのは，株式会社，有限会社（特例有限会社），合名会社，合資会社，合同会社など営利を目的とする法人（「営利法人」と呼ばれます）のほか，学校法人，宗教法人，NPO法人など営利を目的としない法人（「非営利法人」と呼ばれます）です。このうち，有限会社（特例有限会社）については，平成18年に新たに「会社法」が施行されたため，廃止されました。しかし，登記簿上は，「有限会社」のまま残っているのが現状です。

2．登記簿謄本と登記事項証明書

　登記簿謄本とは，登記簿の写し，つまりコピーで，そのコピーに法務局の登記官の認証印が押されたものです。以前は，登記簿が綴られたファイルがあり，それを法務局で実際にコピーして認証していました。ですから，登記簿謄本を手に入れるためには，その登記簿を保管している法務局（管轄法務局）へ出向いて交付申請するか，郵送で申請書を送り，登記簿謄本を返送してもらうという方法をとっていました。

　しかし，登記簿の内容（登記情報）がコンピュータ化され，登記簿謄本に代わり「登記事項証明書」（全部事項証明書）が発行されるようになりました。さらにデータ化されたことにより，多くの法務局で，管轄法務局以外の法務局でも「登記事項証明書」の交付申請ができるようになりつつあります。

　ただ，法律事務所では，今までの習慣で，登記事項証明書でも「登記

簿謄本」または「謄本」と呼んでいるところがあります（というより，ほとんどの事務所で習慣化されて「謄本」と呼んでいるのではないでしょうか）。

コーヒーブレイク

　登記簿謄本や登記事項証明書は，登記簿や登記情報のすべてを写したもの，記載したものですが，登記簿の一部のみを写したもの，登記情報の一部のみを記載したものをそれぞれ「登記簿抄本」「一部事項証明書」といいます。
　法律事務では，登記簿謄本や全部事項証明書の交付申請をすることが多いでしょう。ただ，1つの土地に数百名の共有者がいる場合のように，登記簿や登記情報が多いと登記簿謄本や全部事項証明書が大部になり，交付申請の手数料が高くなるので，「登記簿抄本」「一部事項証明書」として，必要な事項（情報）だけを申請することもあります。

3．登記簿謄本・登記事項証明書の交付申請

　登記簿はそれぞれの管轄法務局で保管されていますので，不動産の所在地や会社の本店所在地を管轄する法務局に交付申請する必要があります。
　しかし，先ほど説明したように，現在では，表示に関する登記や権利に関する登記の記録である「登記記録」（不登2条5号）が磁気ディスクで調整され，それが「登記簿」とされているので（不登2条9号，いわゆる「登記簿のコンピュータ化」），登記事項証明書は，管轄法務局以外の法務局でも交付申請することができます。
　いずれも申請方法は，申請書（法務局に備え付けてあります）に必要事項を記入し，手数料として必要額の登記印紙（収入印紙ではありません）を貼付して申請します。
　手数料は，登記簿謄本，登記事項証明書1通に対して1,000円の登記印紙を貼付しますが，登記簿謄本や登記事項証明書1通の枚数が10枚を

超えるものについては，1,000円にその超える枚数5枚までごとに200円を加算します。

コーヒーブレイク

　現在では，原則として，登記簿のコンピュータ化がされたため，インターネットで登記簿（登記情報）を見ることが可能となっています（登記情報提供サービス　http://www1.touki.or.jp/）。見るだけならば，このシステムを利用するのもよいかもしれません。

　また，登記事項証明書などの発行をインターネットで申請できる場合もあります（法務省オンライン申請システム　http://shinsei.moj.go.jp）。これには事前準備が必要なのですが，手数料は条件によっては郵送料込みで700円と割安になっています（平成21年現在）。

4．閉鎖登記簿

　登記している建物が，取り壊しや焼失などでなくなったり，会社が吸収合併された場合，なくなった建物や会社の登記簿は「閉鎖」され，以降，それらは「閉鎖登記簿」と呼ばれるようになります。つまり，「閉鎖登記簿」は不動産や会社の「過去の情報」が記載されたものです。

　また，現在では原則として登記簿がコンピュータ化されたことによって，それまでファイルの形で保管されていた登記簿も「閉鎖登記簿」となります。

　前者のように，建物が取り壊しや焼失でなくなったために閉鎖された場合を「滅失閉鎖」，後者のように，コンピュータ化によって閉鎖された場合を「移記閉鎖」といって区別します。

第3 不動産登記簿 ✓CHECK ☐☐☐

1．表題部・権利部（甲区）・権利部（乙区）

不動産登記簿の記載内容は，「表題部」「権利部（甲区）」「権利部（乙区）」に分かれています。

表題部には，その不動産の存在する場所（所在地など）や形状（利用形態，面積など）が記載されています。

権利部（甲区）は，通常は「甲区」または「甲区欄」などと呼ばれ，所有権に関する登記事項が記載されています。

権利部（乙区）は，「乙区」または「乙区欄」などと呼ばれ，担保権や利用権など，所有権以外の権利に関する登記事項が記載されています。

2．表題部の登記

(1) 土地の表題部の登記

① 所在，地番

土地が存在する場所（「市区町村」，「字」）を示しており，「所在」と「地番」を合わせて「所在地」になります。なお，この「所在地」は，住所を表す「住居表示」とは（特に大都市圏内では）一致していないので，そのままでは，登記簿謄本や登記事項証明書が取得できないため，法務局で「地番・住居表示対照表」を参照して調べるなどの注意が必要です。

② 地 目

当該土地の主たる用途を示しています。よく見られる地目の表現には，「宅地」「田」「畑」「公衆用道路」「雑種地」などがあります（他にも「山林」「原野」「ため池」などもあります）。

地目が「田」になっているからといって，必ず「田」として利用されているわけではありません。現実には，家が建っていることもあります。そういう場合は，「地目変更」の手続をしていないだけ

です。**現状と一致しないこともあることを理解しておいてください**。

③ 地　積

土地の面積を㎡で表しています。点線部分が小数点です。

原則として，小数点以下は切り捨てますが，宅地・鉱泉地・10㎡を超えない土地の場合は100分の1㎡単位までを記載します。

コーヒーブレイク

登記簿では「㎡」で表されていますが，不動産取引では，「坪」で表現することが多いです。相互の換算方法ですが，世間一般でよく言われていることで，「1坪＝約3.3㎡だから，㎡の面積を3.3で割ればいい」というのがあります。間違ってはいないのですが，この計算方法だと，おおよその値は出ますが，割り切れない余りの部分が出てくるので，正確ではありません。不動産に関する紛争などで，広さ・大きさなどが重要な要素となる場合，できるだけ正確に表すことが必要です。そこで，1㎡＝約0.3025坪なので，㎡の値に0.3025を掛ける（乗ずる）換算方法がよいでしょう。

例えば，125.34㎡ならば，

125.34㎡×0.3025＝37.91535坪

となります。

---

④　原因及びその日付〔登記の日付〕

登記された理由が記載されています。例えば，「〇番〇から分筆」となっていれば，元の〇番〇の土地から分かれて登記されたことを示しています（土地を分けることを「分筆」といいます）。ここに日付が記載されている場合は，その**原因となる事実が起こった日付**を意味します。これとは別に登記が完了した日付が，「登記の日付」となります。

第3　不動産登記簿

【土地に関する登記事項証明書例】

表題部（土地の表示）		調　製	平成12年11月22日	不動産番号	1234567898765
地図番号	余白	筆界特定	余白		
所　在	千代田区千代田町			余白	
①　地　番	②　地　目	③　地　積　　㎡		原因及びその日付〔登記の日付〕	
5番3	宅地	123 : 45		5番2から分筆	
余白	余白	余白		昭和63年法務省令第37号附則第2条第2項の規定により移記 平成6年6月7日 平成12年10月7日移記	

権利部（甲区）（所有権に関する事項）			
順位番号	登記の目的	受付年月日・受付番号	権利者その他の事項
1	所有権移転	平成10年12月1日 第○○○号	原因　平成10年11月30日売買 所有者　千代田区千代田町5番3号 　　　　戸　地　勝　太 平成12年10月7日移記
	余白	余白	昭和63年法務省令第37号附則第2条第2項の規定により移記 平成12年10月7日移記
2	仮差押	平成20年5月1日 第○○○号	原因　平成20年4月30日大阪地方裁判所仮差押決定 債権者　大阪市水野泡区夜逃町八丁目5番3号 　　　　鐘樫商事株式会社
3	差押	平成20年9月10日 第○○○号	原因　平成20年9月9日差押 債権者　千代田区

権利部（乙区）（所有権以外の権利に関する事項）			
順位番号	登記の目的	受付年月日・受付番号	権利者その他の事項
<u>1</u>	<u>根抵当権設定</u>	<u>平成12年3月5日</u> <u>第○○○号</u>	<u>原因　平成12年3月3日設定</u> <u>極度額　金2,000万円</u> <u>債権の範囲　銀行取引　手形債権　小切手債権</u> <u>確定期日　平成○年○月○日</u> <u>債務者　千代田区千代田町5番1号</u> 　　　　<u>日没不動産株式会社</u> <u>根抵当権者　千代田区千代田町一丁目1番5号</u> 　　　　　<u>株式会社詰込銀行（取扱店赤路支店）</u> <u>共同担保　目録(せ)第5555号</u> 順位30番の登記を移記

＊下線のあるものは抹消事項であることを示す。

整理番号　D00001　(1/2) 2/3

第10章　登記と法律事務

順位番号	登記の目的	受付年月日・受付番号	権利者その他の事項
	余白	余白	昭和63年法務省令第37号附則第2条第2項の規定により移記 平成12年10月7日移記
2	根抵当権設定	平成18年2月8日 第○○○号	原因　平成18年2月8日設定 極度額　金3,000万円 債権の範囲　保証委託取引 確定期日　平成○年○月○日 債務者　千代田区千代田町五番1号 　　　　日没不動産株式会社 根抵当権者　千代田区本町一丁目2番3号 　　　　　　関東近県保証協会 共同担保　目録(ち)第777号 順位30番の登記を移記
3	1番根抵当権抹消	平成18年11月10日 第○○○号	原因　平成18年11月1日解除

共同担保目録					
記号及び番号	(せ)第5555号			調 製	平成12年4月5日
番号	担保の目的である権利の表示		順位番号	予　備	
1	東京都千代田区鷹町4番2の土地		<u>1</u>	余白	
2	東京都千代田区鷹町4番2　家屋番号4番2の建物		1	余白	

共同担保目録					
記号及び番号	(ち)第777号			調 製	平成18年2月8日
番号	担保の目的である権利の表示		順位番号	予　備	
1	東京都千代田区鷹町4番2の土地		2	余白	
2	東京都千代田区鷹町4番2　家屋番号4番2の建物		2	余白	

これは登記記録に記録されている事項の全部を証明した書面である。

　　　平成21年12月1日

　　　　東京法務局

　　　　　　　　　　　　　　　　　　　　　　　登記官　　葉鱈　貴益　　　印

*　下線のあるものは抹消事項であることを示す。　　　　　　整理番号　D00001　(1/2)　3/3

(2) 建物の表題部の登記
　① 所　在
　　　建物が存在する土地の所在と地番を示しています。土地の登記では「所在」と「地番」を合わせて「所在地」でしたが，建物の登記では，この「所在」部分に（土地の「地番」に当たる部分が）「番地」として記載されています。2つ以上の土地にまたがって建物が存在する場合，建物の床面積の広い順番ですべての土地の地番が記載されます（「〇〇町1番地2，1番地3，1番地4」のように）。
　② 家屋番号
　　　建物の登記には，建物を特定するため，それぞれ，「家屋番号」が付されています。1つの土地上に1つの建物があるとは限らず，1つの土地上に複数の建物が存在する場合もあります。なので，建物に個別に家屋番号を付して区別しています。基本的には建物の存在している土地の地番が付けられることが多いのですが，この家屋番号は必ずしも地番の番号と一致しないこともあることを理解しておいてください。
　③ 種　類
　　　建物の用途が種類別で記載されています。よく見られるのは「居宅」「店舗」「事務所」「共同住宅」などでしょう。複数の用途を兼ねている場合は「居宅・事務所」のように記載されます。
　④ 構　造
　　　建物の主たる部分の材料・屋根の種類・階数が記載されています。
　⑤ 床面積
　　　建物の面積が階数ごとに記載されています。それを合計したものが「延床面積」です。不動産取引などでは「延床面積」で話をすることもありますが，登記上は，階数別に記載され，合計（延床面積）は記載されていません。

第10章　登記と法律事務

【建物に関する登記事項証明書例】

表題部（主である建物の表示）		調　製	平成12年11月22日	不動産番号	1234567898765
所在図番号	余白				
所　在	東京都千代田区千代田町5番地			余白	
家屋番号	5番3の1			余白	
① 種　類	② 構　造	③ 床 面 積　㎡		原因及びその日付〔登記の日付〕	
事務所・居宅	鉄骨造陸屋根5階建	1階　51:01 2階　53:01 3階　53:01 4階　53:01 5階　53:01		平成11年5月5日新築	
余白	余白	余白		昭和63年法務省令第37号附則第2条第2項の規定により移記 平成12年10月7日移記	

権利部（甲区）（所有権に関する事項）			
順位番号	登記の目的	受付年月日・受付番号	権利者その他の事項
1	所有権保存	平成11年5月5日 第○○○号	所有者　千代田区千代田町5番3号 　　　　戸 地 勝 太 順位1番の登記を移記
	余白	余白	昭和63年法務省令第37号附則第2条第2項の規定により移記 平成12年10月7日移記
2	仮差押	平成20年5月1日 第○○○号	原因　平成20年4月30日大阪地方裁判所仮差押決定 債権者　大阪市水野泡区夜逃町八丁目5番3号 　　　　鐘樫商事株式会社
3	差押	平成20年9月10日 第○○○号	原因　平成20年9月9日差押 債権者　千代田区

＊下線のあるものは抹消事項であることを示す。

整理番号　D00002（1/2）2/3

第3 不動産登記簿

権利部（乙区）(所有権以外の権利に関する事項)			
順位番号	登記の目的	受付年月日・受付番号	権利者その他の事項
1	根抵当権設定	平成12年3月5日 第○○○号	原因　平成12年3月3日設定 極度額　金2,000万円 債権の範囲　銀行取引　手形債権　小切手債権 債務者　千代田区千代田町5番1号 　　　　日没不動産株式会社 根抵当権者　千代田区千代田町一丁目1番5号 　　　　　　株式会社詰込銀行（取扱店赤路支店） 共同担保　目録(せ)第5555号 順位30番の登記を移記
	余白	余白	昭和63年法務省令第37号附則第2条第2項の規定により移記 平成12年10月7日移記
2	根抵当権設定	平成18年2月8日 第○○○号	原因　平成18年2月8日設定 極度額　金3,000万円 債権の範囲　保証委託取引 債務者　千代田区千代田町5番1号 　　　　日没不動産株式会社 根抵当権者　千代田区本町一丁目2番3号 　　　　　　関東近県保証協会 共同担保　目録(ち)第777号 順位30番の登記を移記
3	1番根抵当権抹消	平成18年11月10日 第○○○号	原因　平成18年11月1日解除

共同担保目録				
記号及び番号	(せ)第5555号		調製	平成12年4月5日
番号	担保の目的である権利の表示	順位番号	予　備	
1	東京都千代田区鷹町4番2の土地	1	余白	
2	東京都千代田区鷹町4番2　家屋番号4番2の建物	1	余白	

共同担保目録				
記号及び番号	(ち)第777号		調製	平成18年2月8日
番号	担保の目的である権利の表示	順位番号	予　備	
1	東京都千代田区鷹町4番2の土地	2	余白	
2	東京都千代田区鷹町4番2　家屋番号4番2の建物	2	余白	

　これは登記記録に記録されている事項の全部を証明した書面である。
　　平成21年12月1日
　　東京法務局

　　　　　　　　　　　　　　　　　登記官　　葉鰭　貴益　　印

＊　下線のあるものは抹消事項であることを示す。

(3) 区分所有建物の表題部の登記
① 建物全体の表題部（「一棟の建物の表示」「敷地権の目的たる土地の表示」）
建物全体を表しています。内容は建物登記簿とほぼ同じです。
② 個別の部屋の表題部（「専有部分の建物の表示」「敷地権の表示」）
マンションの1室のように，各個別の室の内容を表示しています。「家屋番号」には，その部屋の号数が書かれていることが多いです。「構造」は5階建のマンションでも，各部屋が1階構造ならば1階建になります。

3．権利部（甲区）の登記
(1) どのような事項が記載されるか
　甲区には，「所有権に関する事項」が記載されます。具体的には，だれが所有者であるかを示す所有権の登記について記載され，売買・相続など，譲渡を受けた場合は「所有権移転」，建物などで最初に所有権登記をする場合は「所有権保存」と記載されます。「所有権保存登記」の場合は，最初からその不動産の所有者になるので，（だれから買ったなどの）「登記原因」はありません。
　その他，所有権に対する制限に関する事項として，その不動産が保全された場合の「仮差押登記」や，競売にかかった場合の「差押登記」なども甲区に記載されます。
(2) 順位番号
　権利に関する登記は，登記された順番に番号が付されます。つまり，番号が若い方が古い登記を意味します。
　権利に関する登記は先順位が優先するので，必ず順位が付されます。
　なお，1つの登記事項の中で，変更（所有者の住所変更や，法人の場合の名称の変更）など，権利が第三者に移転したものではない場合には，その中で「付記登記」として，その内容が記載されます。

第3　不動産登記簿

【区分所有建物の登記事項証明書例】

専有部分の家屋番号	19-3-101～104　　19-3-201～206　　19-3-301～306　　19-3-401～406 19-3-501～506					
表題部（一棟の建物の表示）		調　製	余白		所在図番号	余白
所　在	東京都千代田区千代田町19番地3			余白		
建物の名称	郷加奈マンション			余白		
①　構　造		②　床　面　積　　㎡			原因及びその日付〔登記の日付〕	
鉄筋コンクリート造陸屋根・亜鉛メッキ銅板ぶき5階建		1階　　　930：02 2階　　　900：01 3階　　　900：01 4階　　　900：01 5階　　　900：01			〔平成11年3月18日〕	
表題部（敷地権の目的たる土地の表示）						
①　土地の符号	②　所在及び地番		③地目	④　地　積　㎡		登記の日付
1	東京都千代田区千代田町19番3		宅　地	1234567：89		平成11年3月18日

表題部（専有部分の建物の表示）				不動産番号	1273849900078
家屋番号	東京都千代田区千代田町19番地3の305			余白	
建物の名称	305			余白	
①　種　類	②　構　造	③　床　面　積　㎡		原因及びその日付〔登記の日付〕	
居宅	鉄筋コンクリート造1階建	3階部分　　74：39		平成10年12月9日新築 〔平成11年3月18日〕	
表題部（敷地権の表示）					
①土地の符号	②　敷地権の種類	③　敷地権の割合		原因及びその日付〔登記の日付〕	
1	所有権	1020000分の1032		平成11年3月17日敷地権 〔平成11年3月18日〕	
所有者	東京都新宿区本町二丁目5番7　　○△不動産株式会社				

＊下線のあるものは抹消事項であることを示す。

整理番号　D00003（1/2）1/2

第10章　登記と法律事務

権利部（甲区）（所有権に関する事項）			
順位番号	登記の目的	受付年月日・受付番号	権利者その他の事項
1	所有権保存	平成11年4月8日 第○○○号	原因　平成20年9月9日売買 所有者　千代田区千代田町5番3号 　　　　戸　地　勝　太

権利部（乙区）（所有権以外の権利に関する事項）			
順位番号	登記の目的	受付年月日・受付番号	権利者その他の事項
1	抵当権設定	平成11年4月19日 第○○○号	原因　平成12年3月3日金銭消費貸借同日設定 債権額　金2,920万円 利息　年3.10％（年365日日割計算） 損害金　年14％（年356日日割計算） 債務者　千代田区千代田町5番1号 　　　　日没不動産株式会社 抵当権者　千代田区千代田町一丁目1番5号 　　　　株式会社詰込銀行（取扱店赤路支店）

これは登記記録に記録されている事項の全部を証明した書面である。
　　　平成21年12月1日
　　　東京法務局

　　　　　　　　　　　　　　　　　　　登記官　　葉　鱈　貴　益　　　㊞

＊　下線のあるものは抹消事項であることを示す。　　　　　　　　整理番号　D00003（1/2）2/2

4．権利部（乙区）の登記

　乙区には，「所有権以外の権利に関する事項」が記載されます。主だったものとしては，抵当権や根抵当権などの「担保権」の登記があります。

　この乙区に記載されている権利を見ることにより，その不動産にどのような負担があるか（担保に取られているかなど）を知ることができます。

　順位については，甲区欄と同じく，番号が若いものほど古い登記となります。

第4　商業登記簿

1．登記簿の内容

　商業登記の事項の中で，法律事務の知識として，以下のものを覚えておく必要があります。

　① 商　号

　　法人名が記載されています。会社であれば会社名，学校法人であれば学校を運営している団体名などです。他には医療法人，宗教法人などがあります。医療過誤訴訟で病院を相手方とする場合，病院名で登記されていることは少ないので，必ず，その医療法人名を調べることが必要です。登記後に商号変更などをした場合は，古い商号に下線が付され，その下欄に新たな商号が記載されます。

　　以前は商号にアルファベットを用いることができませんでしたが，平成14年以降，アルファベットも使用可能になりました。

　　また，同一市区町村内にある同業種の会社と同じ名称や類似する名称を商号とすることはできませんでしたが，新会社法（平成18年施行）により，同一本店所在地，同一名称でない限り，使用できることとなりました。ですので，会社を調査する時には，全く関係のない会社と混同しないように，類似商号の会社の有無についても注意が必要です。

　② 本　店

　　本店所在地の住所（住居表示）が記載されています。本店所在地が移転している場合は，下線が付され，新たな所在地が下欄に記載されます。当該法務局の管轄外へ移転した場合は，そこでの登記は閉鎖され，新たに移転先を管轄する法務局で登記されることになります。

　③ 役員に関する事項

　　代表取締役の氏名と住所，その他の役員の氏名が記載されていま

す。ここで注意することは，「代表取締役」＝「社長」とは限らない，ということです。代表取締役とは，取締役の中で代表権を有する取締役（つまり，会社を代表する権限を持っている取締役）と覚えておけばよいでしょう。ですので，その会社で，「社長」の他に「会長」「副社長」「専務」も代表権を有すると決めれば，その役員も代表取締役となるのです。登記上には「社長」「副社長」などの名称は出てきません。

さらに，会社を当事者として訴訟を提起する場合，その訴状には，代表者名を記載しますが，複数の代表取締役がいる場合にだれの名前を記載するかは，特に制限はありません（代表取締役ならばだれでもよいです）。なお，複数のうちの1人を記載すればよく，全員を記載する必要はありません。

2．「履歴事項証明書」と「現在事項証明書」

本店所在地が移転している場合には，「履歴事項証明書」をとれば，下線が付されて記載されていますが，「現在事項証明書」では，現在効力のある事項しか記載されず，抹消された事項は記載されていないので，「旧商号」など，過去の事項の調査が必要な場合は，必ず，履歴事項証明書をとるようにしましょう。

3．「全部事項証明書」と「一部事項証明書」

大会社，特に都市銀行のように全国に数多くの支店があるような会社の場合，全部の事項が記載されている「履歴事項証明書」を申請すると，何十ページにもわたる大部な証明書が交付され，手数料も多額になります。訴訟などで添付する場合，会社名と本店所在地，代表者の氏名など，必要な部分（場合によっては支店登記の部分も必要になります）を限定した形で申請すれば費用も安くすみます。ですので，枚数が多いと予想される場合は，必要部分のみの「一部事項証明書」を申請すればよいでしょう。

第10章　登記と法律事務

【履歴事項全部証明書例】

東京都千代田区千代田町10番5号
株式会社　矢場総工業
会社法人等番号　　1234-56-121500

商　　　　　号	株式会社　矢場総工業	
本　　　　　店	東京都港区海野粗場10番5号	
	東京都港区海野町10番5号	平成18年9月1日移転
		平成18年9月5日登記
公告をする方法	官報に掲載してする	
会社成立の年月日	平成15年5月1日	
目　　　　　的	1．自動車用内装部品の製造・販売 2．自動車用外装部品の製造・販売	
発行可能株式総数	50万株	
発行済株式の総数並びに種類及び数	発行済株式の総数 20万株	
株券を発行する旨の定め	当会社の株式については、株券を発行する 　平成17年法律第87号第136条の規定により平成18年5月2日登記	
資　本　の　額	金3,000万円	
株式の譲渡制限に関する規定	当会社の株式を譲渡するには、取締役会の承認を受けなければならない。 　　　　　　　平成18年4月18日設定　　平成18年5月2日登記	
役員に関する事項	取締役　　矢場井　太郎	平成16年5月20日重任
		平成16年5月20日登記
	取締役　　亜部内　次郎	平成16年5月20日重任
		平成16年5月20日登記
	取締役　　奥鋲　　二郎	平成16年5月20日重任
		平成16年5月20日登記
	東京都世田谷区郷廷町2番1 代表取締役　　矢場井　太郎	平成16年5月20日重任
		平成16年5月20日登記
	監査役　　駒会　　獅道	平成16年5月20日重任
		平成16年5月20日登記
取締役設置会社に関する事項	取締役設置会社 　平成17年法律第87号第136条の規定により平成18年5月2日登記	
監査役設置会社に関する事項	監査役設置会社 　平成17年法律第87号第136条の規定により平成18年5月2日登記	
登記記録に関する事項	平成元年法務省令第15号附則第3項の規定により	平成16年4月20日移記

第11章 ケーススタディ

ケース1　印紙の貼りすぎ（手数料の過誤納付）

Q 訴状を提出しましたが，受付で書記官に，
「訴額を計算してみましたところ，先生の記載している金額と違いますねぇ。印紙の額が多いですよ」
と言われました。つまりは，印紙を貼りすぎていたようです。
どのように対処しますか？

A この場合は，2つの対処法が考えられます。

1．過納額の分の印紙を剥がす

納めた印紙の券種額にもよりますが，書記官が印紙に消印を押す前であれば，過納額の分だけの印紙を剥離するという方法があります。
その場合，原則として，剥離跡の部分に，
「印紙　○○円　受領　（職印）」
と記載して，職印を押印することになっているようです。

2．過誤納付として還付申請する

書記官が印紙に消印を押した後であったり，過納額の分だけの印紙を剥離することができない場合，受付から担当部に訴状が送られた後に，「手数料還付申立」の手続をして，返還を受ける方法があります。
方法は裁判所に問い合わせて確認する方がよいでしょうが，おおよそ

は「手数料還付申立書」を担当部に提出した後，「手数料還付決定書」を担当部から受け取ります。それを会計係に提出し，そのときに振込口座を指定しておきます。そうすると，「国庫金」として，指定口座に振り込まれます。

ただし，振り込まれるまでの時間がまちまちで，「どこの裁判所のどの事件」という連絡もなく，いきなり（忘れた頃に）「国庫金」として振り込まれるので，忘れないように注意が必要です。

書式11　手数料還付申立書

```
平成21年㈦第×××号　　貸金返還請求事件
　　原　　告　　株式会社詰込銀行
　　被　　告　　白濡存是濡
                        しら ぬ ぞん ぜ ぬ

                手数料還付申立書

                                     平成21年○月×日

東京地方裁判所　第△民事部　御中
　　　　　　　申立人（原告）代理人
　　　　　　　　　弁護士　　小　多　助　板　巣
                          お た すけ  いた す

　上記当事者間の頭書事件につき，下記事由により手数料を還付されたく申し立て致します。
                  記
還付を求める理由
　手数料が，正しくは23万2,500円のところ，25万9,500円納められているため。
　　　1．納付した手数料　　　　金259,500円
　　　2．還付を求める手数料　　金27,000円

                  請　　　　書

還付決定正本1通受領致しました。

                                     平成21年　月　日

東京地方裁判所　第△民事部　御中
　　　　　　　申立人（原告）代理人弁護士　　小　多　助　板　巣
                                         お た すけ  いた す
```

ケース2　管轄違い

Q 訴状を裁判所に提出したところ，書記官から，
「管轄が違いますが……」
と言われました。
どのように対処しますか？

A 書記官からそう言われると，すぐに「間違った……」と思ってしまう人がいますが，必ずしもそうではないので，まずは，書記官が「管轄が違う」と判断した理由を確認するようにしましょう。

この場合，次のようなことが考えられますので，状況に応じて（場合によっては弁護士に報告して）対処すべきでしょう。

1．訴状記載の被告住所地を管轄する裁判所が，そこの裁判所ではない場合

受付段階で書記官が即時にチェックできることといえば，「被告の住所」でしょう。
「原告・被告の住所が管轄外」
となりますと，
「なぜ，ここ（この裁判所）へ持ってきたのか？？？」
となるそうです。被告の住所が管轄外なら普通裁判籍による管轄ではないと考えるのでしょう。

そうなると書記官の反応としては，2通りのパターンが考えられます。
1つは"管轄が違う！"と考えて，
「管轄が違うので，出し直してください」
とストレートに言う人と，もう1つは，"ここに持ってきた（提出した）

根拠はなんだろうか"と考えて,
　「管轄は何を根拠とお考えですか」または「これは合意管轄ですか？」と言う人がいます。
　もちろん，どちらの場合も，書記官は訴状の記載内容を読めばわかりますが，受け付けてすぐに内容すべてを確認できないので，まずは，普通裁判籍を見て確かめるのでしょう。
　ですので，こちらとしてすべきことは，
　「なぜ，この訴状をここ（この裁判所）に持ってきたのか，ここを管轄裁判所とした根拠は何か」
を説明できるようにしておかなければなりません。そのためにも，管轄についての基礎的知識はマスターしておくべきでしょう。
　このようなことが起こりうるケースとしては，貸金返還請求が考えられます。貸金（金銭）債権で，特別の取り決めをしていなければ，履行地（お金を返す場所）は，債権者である原告の住所地となりますので（民484条），義務履行地である債権者住所地を管轄する裁判所が管轄裁判所となります（民訴5条1号）。また，金融機関が原告である場合，契約書に「合意管轄条項」を定めている場合もあります。そのような事情を即座に説明できれば，書記官にも理解してもらえるでしょう。

2．本当に間違えていた場合

　やっぱり，こういうことはあります。人間だから間違えることもある……と言っている場合ではありません。大切なのは，間違えたことよりも，次にどのように対処するかを考えることです（間違えたことの反省は後でもできます）。対処の方法としては，次の2つが考えられます。

(1) 素直に間違いを認めて提出し直す
　「何だ，それ！」って思うかもしれませんが，間違ったのだから，改めて正しい管轄の裁判所に提出すべきでしょう。

(2) 受付してもらってから，移送（または回付）してもらう
　訴訟提起により，時効中断効を発生させようとしている場合，出し

直しをしている と間に合わないことがあります（出し直す間に時効期間が経過してしまうこともあります）。そういう場合は，その事情を書記官に説明すれば，受付はしてもらえるでしょう。その上で，正しい管轄裁判所に移送（管轄が異なる裁判所間の場合）してもらうか，回付（本庁と支部との間のように，同一裁判所の組織内の場合）してもらうように話してみるのも１つの方法です。

3．応訴管轄が生じると見込まれる場合

例えば，住所は京都でも，勤務先が大阪で，しかも大阪地方裁判所の近くに勤務先があるならば，被告としては京都地裁に出向くよりも大阪地裁に行く方が便宜がいいと考えるかもしれません。このように管轄が違っていても，被告にとっては，自分の普通裁判籍を管轄する裁判所よりも，別の裁判所の方が都合がいいこともあるでしょう。そういうケースで，もし，被告が，「管轄違いの抗弁」をしなければ，「**応訴管轄**」が生じて，そこが管轄裁判所となります（民訴12条）。なので，その旨を説明すれば，受け付けてもらえることもあるでしょう。上申書を添付しておけばスムーズにことが運ぶとも考えられます。

コーヒーブレイク

「応訴管轄が生じると見込まれる」ケースでは，書記官の中には，
「ならば，被告と話し合って，『管轄合意』をすればいいんじゃないですか。そしたら合意管轄が発生しますよ」
と言う人がいるかもしれません。でも，管轄の合意は，書面でしなければなりませんから（民訴11条２項），これから訴訟をする相手に，
「あなたに対して，裁判をするので，この『管轄合意書』に署名捺印してくれませんか」
と言って応じてくれる人なんていないでしょうね（あらかじめ，相手方とそういう話し合いができる関係にあれば別ですが……）。

第11章 ケーススタディ

ケース3　期日変更申請

Q 訴状を提出し受理され，係属部から電話がかかってきました。
書記官から，
「被告から裁判所に連絡があり，指定した期日が都合が悪いから延期してほしいとのことでした。相手（被告）の方は一般の方なので，変更申請の方法をご存じないと思うんです。だから先生の方で「期日変更申請」を出してもらえますか？」
と言われました。どのように対処しますか？

A 書記官からこう言われたら，「ハイ」と言ってしまう人がいますが，こういうケースでは，必ず返答を留保して，弁護士に報告し，指示を仰ぐようにしましょう。

民事事件では，一般の人を相手にするので，相手（被告）にとっては，いきなり訴状が届いて，しかも，一方的に「期日」が指定され，裁判所から呼び出されるのですから，びっくりするでしょう。それにいきなり裁判所に来るように言われても，予定があることもあるでしょう。

通常，都合が悪ければ期日変更ということになるのですが，条文では，

> **民事訴訟法93条3項（期日の指定及び変更）**
> 　口頭弁論及び弁論準備手続の期日の変更は，顕著な事由がある場合に限り許す。ただし，最初の期日の変更は，当事者の合意がある場合にも許す。

となっていますので，初回期日は当事者が合意すれば，変更できるのです。そこで，変更申請ということになるのですが，このケースの場合，

変更申請をするのは被告の方です。でも，書記官としては，一般の人に変更申請をさせるのは難しく，弁護士にしてもらった方がいいと思っているのでしょう。また，特にベテランの事務職員の中には，「日程が変わるだけだから問題ない」と考える人もいます。

　しかし，こちら（原告代理人側）としては，期日を変更する必要はないのです（というより，変更する理由がないのです）。なのに，こちらから変更申請するのは，なんともおかしな話です。

　事案によっては，早く判決を得て強制執行をしなければならないかもしれません。なので，手続としては簡単だからといって安易に応じないで，必ず，返答を留保して，弁護士の指示を仰ぐようにすることです。

第11章　ケーススタディ

ケース4　訴状のデータ

Q 　判決を待つだけとなった訴訟案件で，担当部の書記官から連絡があり，
「判決正本作成のために訴状のデータをフロッピーディスクで提出してください」
と言われました。
　どのようなことに注意しますか？

A 　まず，書記官からこのような要請が来る根拠はなんでしょうか。法律上は，

> 民事訴訟規則3条の2
> 　裁判所は，判決書の作成に用いる場合その他必要があると認める場合において，当事者が裁判所に提出した書面または提出しようとする書面に記載した情報の内容を記録した電磁的記録（電子的方式，磁気的方式その他人の知覚によっては認識することができない方式で作られる記録であって，電子計算機による情報処理の用に供されるものをいう。以下この条において同じ。）を<u>有しているとき</u>は，その当事者に対し，当該電磁的記録に記録された情報を電磁的方法（電子情報処理組織を使用する方法その他の情報通信の技術を利用する方法をいう。）であって裁判所の定めるものにより裁判所に提供することを<u>求めることができる</u>。

とあります。これが根拠となっています。ただ，これは，あくまでも「提供することを求めることができる」にとどまり，必ず提出しなければならないわけではありません（だから，「出してください」と言われても，

「いやだ」と言ってもいいんですが……)。

　注意しなければならないのは，作成したソフトによっては無関係なデータも入っていることがあります。特に「一太郎®」では，1つのファイルに，「タブ」ごとに複数の文書が保存されていることがあります。それに気づかず，無関係なデータを出してしまうことが（たとえ相手が裁判所であっても）あってはなりません。

　なので，提出する前に無関係なものが含まれていないかを注意するようにしましょう。

　（「一太郎」は株式会社ジャストシステムの登録商標です。)

ケース5　和解，認諾による訴訟終了

Q 訴訟が和解成立，または，認諾で終わる場合と，判決で終わる場合とで特に注意しておくことはなんでしょうか？

A よくあることではない（あっては困る）のですが，後に強制執行をしようとする場合，債務名義が相手に送達されていなければなりません（民執29条）。判決ならば，職権で判決正本（または調書判決）が当事者に送達されますが（民訴255条，民訴規159条），和解や認諾の場合は，当事者からの申請によって送達されます（送達申請）。ですので，和解や認諾で終わった場合，必ず，「和解調書送達申請」「認諾調書送達申請」をしておくようにしましょう。

　ただ最近は，和解期日に書記官が代理人である弁護士に対して「送達申請されますか」とたずねてくれることが多く（感謝！），「口頭による申請」でなされているようです。でも認諾は，初回期日に法廷ですることがあるので，その場では書記官も弁護士にたずねることができないようです（他にも事件がありますから）。なので，和解成立や認諾で訴訟が終了したときは，（念のため）弁護士に，

　「送達申請は済んでますか？」

と確認する方がよいでしょう。

ケース6　誤字と訂正

Q　弁護士が和解条項を作成し，裁判所に提出したところ，書記官より連絡があり，
「和解条項の『期限の利益の喪失』のところで，『2回分以上遅滞したとき』となっていますが，これ『2回以上遅滞したとき』の間違いだと思いますけど，こちらで訂正してよろしいですか」
と言われました。さて，なんと答えますか？

A　たしかに単なる誤字のようにも思えますが，こういう場合は，必ず即答しないで，弁護士に確認をするようにしましょう。
　誤字の訂正で，すべてを弁護士に確認すると煩雑になるかもしれませんが，誤字ではないこともあります。設例の場合では，**1つの考え方としては**，1回あたりの支払額が決まっていて，
　「2回分以上遅滞」
ならば，毎回の支払額が，和解条項で決められた1回分の支払額よりも少なく，その不足額が累積して2回分の合計額以上になったら，（毎回支払っていても）期限の利益を喪失することになると考えられます。しかし，
　「2回以上遅滞」
であれば，支払額が決められた金額に満たず（足りず），その不足の累計額が大きくなったとしても，（金額にかかわらず）支払いの回数として2回以上遅滞しなければ，期限の利益を喪失したことにならない，と解釈できると考えることができます。さらに他にもいろいろ解釈することはできるでしょう。なので，そのような条項を作成したことに何らかの意味・理由があるのですから，こういうケースでは**必ず弁護士に報告・確認するようにしましょう**。

ケース7　被告の住民票上の住所

Q 訴訟の被告となった人が，住民登録上の住所（住所①）には居住しておらず，別の場所（住民票上には記載されていない場所）に居住しており（住所②），その訴訟の判決正本には，被告の住所が，住所②しか記載されていませんでした。
　この場合，どのように処理しますか？

A 括弧書きでよいので「住民票上の住所」を記載してもらうようにしましょう。
　なぜ，その必要があるかは，すでにお話したように，後日，強制執行する場合に問題が起こるからです。
　不動産にしても，銀行預金などの債権にしても，その財産が債務名義上に記載されている被告（債務者）のものなのかを確認する必要があります（他人の財産を差押えたら大問題ですからね）。
　その場合，不動産なら登記名義上の所有者の住所と債務名義に記載されている被告の住所が一致するか，一致しなければ過去の住所歴を追って，住民票と除票，または戸籍附票を提出することにより，同一性を確認します（「つながりをつける」と表現する人もいます）。そのため，住民票上の住所を債務名義に記載しておかないと，申立てそのものができなくなる，という問題が起こるおそれがあります。そのためにも，こういうケースでは，必ず「住民票上の住所」を併記してもらうようにしておくべきでしょう。
　しかし，設例のように，（取立てから逃れるためなど）住民登録上の住所から離れ，全く違う場所に居住し，そこで住民登録をしない人は多くいます。こういう場合，書記官によっては，

「住所は実際に住んでいるところで，必ずしも住民票上の住所とは限らないから，これで間違ってない」
とか，
「括弧書きで『住民票上の住所』を書くなんて，今までしたこともないし，そんな判決なんて今まで見たことないからできない」
と言う人がいます（実際にいました）。確かに，民法は，住所を「各人の生活の本拠」と規定しており（民22条），学説も「客観的にみて生活の中心地であれば足りる」とする説（客観説）が有力なので，必ずしも住民登録上の住所とは限らない，と考えられますが，この問題は，
「被告の住所がどこか」
ということではなく，
「将来の強制執行申立に支障が出る可能性があるので，あらかじめそれに対処しておく」
ためであり，実際に強制執行できない債務名義なんて，役に立ちません。
　そうすると，
「じゃあ，実際に強制執行したときに，執行裁判所から指示があれば，書き加えてもいい」
と言われることもあります。でも，債権差押えのように（差押債権が債務者に支払われる前に差押命令が第三債務者に送達されなければなりません）迅速性が要求される案件では，そんな悠長なことはしてられません。それに，差押えをするのが5年，7年先になるかもしれません。そうなったときには，当時の書記官は異動しているでしょうし，事情のわからない現在の書記官からは，
「記録がいま手元にないからすぐに確認できない」
と言われるでしょう。
　そうなると，ますます強制執行が遅れることになります。
　ですので，このようなケースでは必ず，住民票上の住所を併記してもらうようにしたほうがよいでしょう。
　ただ，書記官の職務上，一件記録に存在しないものを書くことはでき

ないので,「住民票上の住所」がわかるものを必ず事前に提出しておく(できれば訴状提出の段階で当事者の表示の部分に記載して「住民票の写し」のコピーを一緒に提出しておく)ことが望ましいでしょう。

ケース8　小さな土地の上の大きな建物

Q　弁護士から,
「この不動産の強制競売を申し立てるので,必要な書類を準備して」
と指示を受けました。
見たところ,土地と建物ですが,土地の面積に比べて建物の1階部分の床面積が大きいことがわかりました。
この場合,どのように処理しますか？

A　登記簿上では,小さな土地の上に大きな建物が建っている,どう考えても,土地の境界線をはみ出して,大きな建物が建っている,という状態でしょう。考えられることは,以下の2つです。

1．他人の土地にはみ出して建っている

不法占拠か,他人の土地を借りているかわかりませんが,他人の土地の上に建っていることが考えられます。

2．他にも債務者所有の土地がある

はみ出している部分の土地も債務者所有地であることが考えられます。
いずれの場合にしても,調べてみる必要があります。まず,その不動産が担保権（抵当権や根抵当権）が設定されていて,共同担保となっている場合,共同担保目録をとってみると,判明している不動産以外の不動産があることがわかる場合があります。
共同担保にはなっていないとすると,地積測量図や建物図面を取り寄せて形状を調べてみる必要があるでしょう。

これら書面でわからない場合は，現地調査に行く必要もあるでしょう。
　このケースで，もし，建物が債務者所有の他の土地上に建っているのならば，その土地も一緒に強制競売にかけないと，後日，他の土地も競売にかける必要が出てくることがあり，そうなると，無駄な費用がかかってしまいます。なので，できるだけ，強制競売申立前に調べておくようにしましょう。

ケース9　銀行預金の差押え

Q 弁護士から,
「被告の銀行預金の差押えを申し立てるので，必要な書類を準備して」
と指示を受けました。
この場合，どのように処理しますか？

A 預金がある金融機関（支店）が判明している場合は，その金融機関の商業登記簿謄本（履歴事項証明書）を用意します。その際，支店登記があるものを請求するようにします。

　もし，複数の銀行を第三債務者として申し立てる場合，差し押える銀行預金の数に応じて，行使する債権を按分しなければならないので，あらかじめ，1預金あたり，いくらくらいの範囲で申し立てるかを考えておくべきです。さらに，費用もその分多くかかることを念頭においておかねばなりません。

ケース10　仮差押えの面談前後の注意点

Q 不動産仮差押えの申立てをしました。現時点は，裁判官と弁護士の面談を待っている状態ですが，この後の流れとして注意すべきことはなんでしょうか？

A 考えられることとして，裁判官と弁護士の面談の前後にわけて考えます。

1　裁判官面談の前

この段階で起こることとすれば，おそらく，申立書の訂正や資料の追完の要請の連絡が書記官から入るかもしれません。

申立書の内容についての訂正は，明らかなミス（句読点が「。」「，」となっていたり，「債権者はが，債務者に対して……」と明らかなタイプミスと考えられるものなど）は，弁護士への確認も不要かと思われますが，自分で判断できない場合は，（「ケース6」と同じく）必ず弁護士に確認することです。

次に資料の追完としては，ある資料について，

「（本件では関係ないけれど）すべての申立てで提出してもらっているので，一応，出してください」

と言われることがあります。関係ないものと考えられるので，当然，こちらとしては用意していませんし，取り寄せに時間がかかります。ですので，その場合は，その旨を書記官に説明して，どうしても必要かを確認する方がよいでしょう。

> **コーヒーブレイク**
>
> 　保全事件では，書記官から，
> 　「○○の資料を，いちおう，出してください」
> とか，
> 　「不要かもしれませんが，いちおう，出してください」
> という要請を受けるときがあります（結局，不要だったことも多いのですが……）。
> 　ただ，これは，「保全事件の迅速性」という観点から，
> 　「裁判官が，こういう資料を要求するかもしれない」
> と考え，あとから追完すると，それだけ決定が遅れるので，あらかじめ対処しておいた方がよいのでは，という考えから指摘していると思われますから（書記官の親切と言えるかも），できるだけ応じるようにしたほうがいいかもしれません（無理な場合もありうるので，できるだけですが……）。

2　裁判官面談の後

　面談の後は，担保決定が出ているので，決められた額を供託することになります。法務局への供託の時は，予想される金額の現金はすでに用意しているでしょうが，事務所の預かり金として銀行口座に入れている場合は，金額によっては（高額ならば）銀行がすぐには対応してくれないこともあります。また，それをどうやって運ぶか，さらには，法務局には日本銀行の窓口があるか，代理店の銀行へ行かなければならないか，など，時間の制約が出てくることもあります。

　そういったことをすべて書き出して（リストアップして）間違いのないように進めていくことが必要です（1つ遅れたら，それだけ決定が出されるのが遅れることになります）。

第11章　ケーススタディ

供託チェックリスト　　　　　　　　　　　（あくまでも一例です）

```
(1) 供託金の保管
    ① 事務所で現金
    ② 銀行預金　→　銀行がすぐに用意できるか
                  （金額によって注意必要）

(2) 法務局への移動
    ① 事務所から移動
    ② 銀行から直行（移動手段はどうするか）

(3) 必要書類のチェック
    □ 供託書
    □ 委任状
    □ （場合によっては）資格証明書
    □ その他（　　　　　）

(4) 法務局での手続手順・時間
    ① 供託窓口の場所（何階にあるか事前にチェック）
    ② 日銀の窓口はあるか，代理店銀行はどこにあるか
    ③ 代理店銀行まで，15：00までに行けるか
```

付録　事務手帳の作り方

1．使用している手帳

　現在，私が仕事で使用している手帳類は3種類あります。写真右から，
① 　6穴のスケジュール手帳
② 　A5サイズのノート
③ 　26穴のB5サイズバインダーノート
　普段持ち歩くのは，①と②で，③は自宅においています。

▲現在使用している3種の手帳です

2．6穴のスケジュール手帳

　これは，普段の業務のスケジュール，プライベートのスケジュールを管理するものとして使用しています。
　「月間スケジュール」，「週間スケジュール」，そして「既済のリスト」で構成されています。

付録　事務手帳の作り方

① **月間スケジュール**

大まかに，その月の予定を判明している範囲で記載します。
確定していることは「黒ボールペン」，流動的なものは「鉛筆」で，プライベート関係は「赤ボールペン」で記載します。

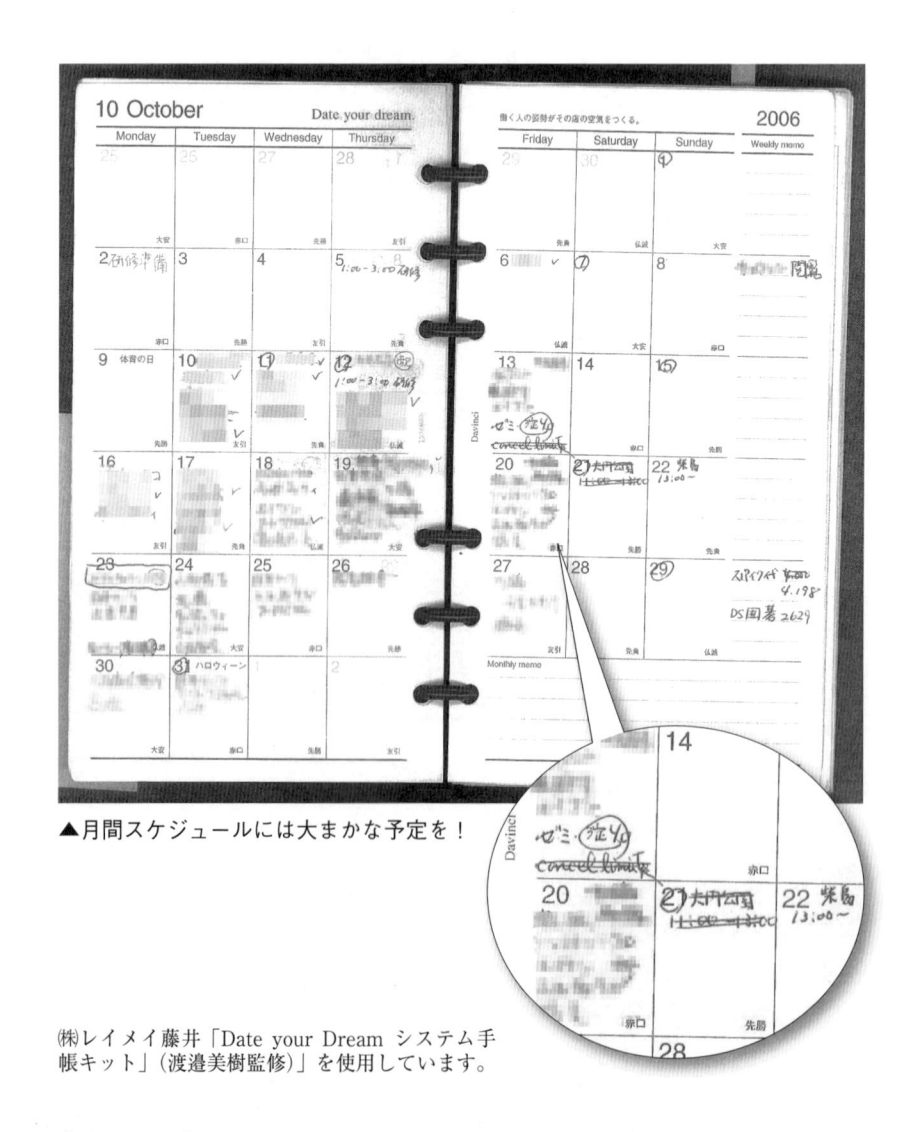

▲月間スケジュールには大まかな予定を！

㈱レイメイ藤井「Date your Dream システム手帳キット」(渡邉美樹監修)を使用しています。

② 週間スケジュール

週の初めに、その週にすべき事を（わかる範囲で）振り分けます。それを日付の下に「緑ボールペン」で記入します。

各日にすべきことを（1時間を1枠として）スケジュールを組みます。学校でいうところの「時間割」です。だいたい、1業務1時間で割り当てますが、内容によっては、1業務に2～4枠当てることもあります。

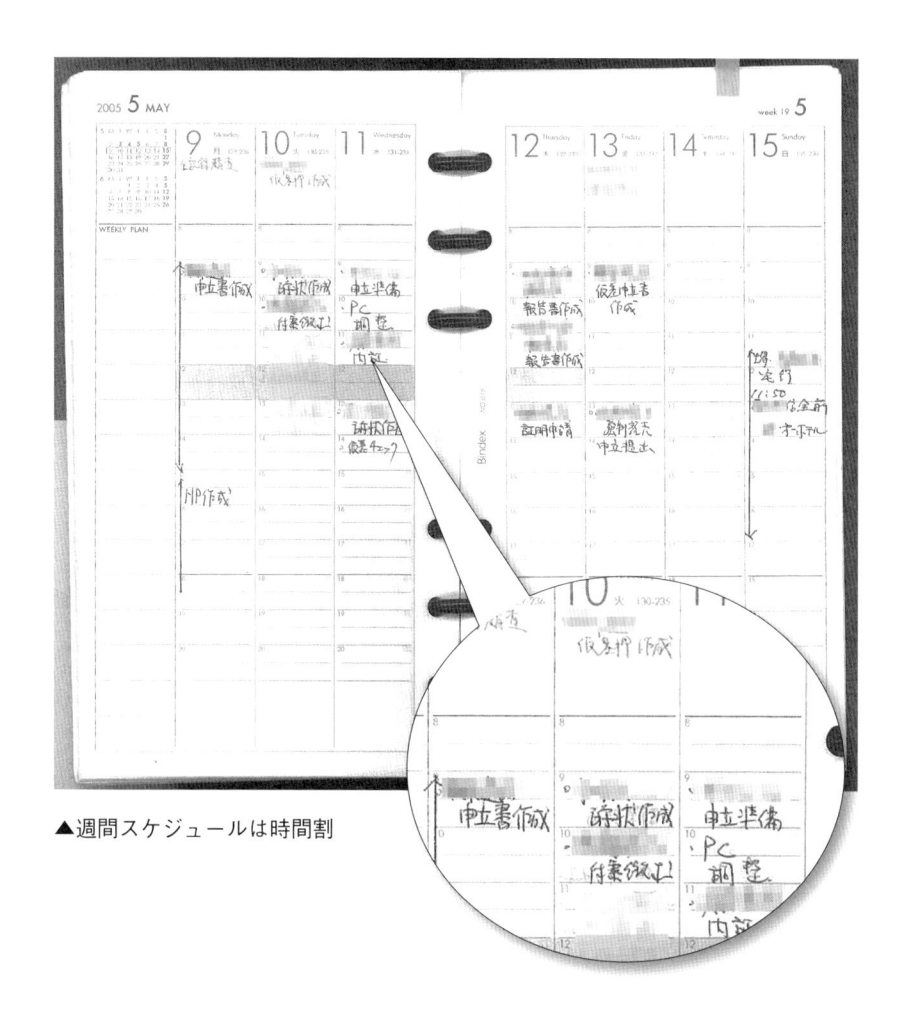

▲週間スケジュールは時間割

付録　事務手帳の作り方

③　既済リスト

　終わったことを（終了した日付とともに）リスト形式で記載しておきます。何をいつ頃やったかがわかるようにしておきます。

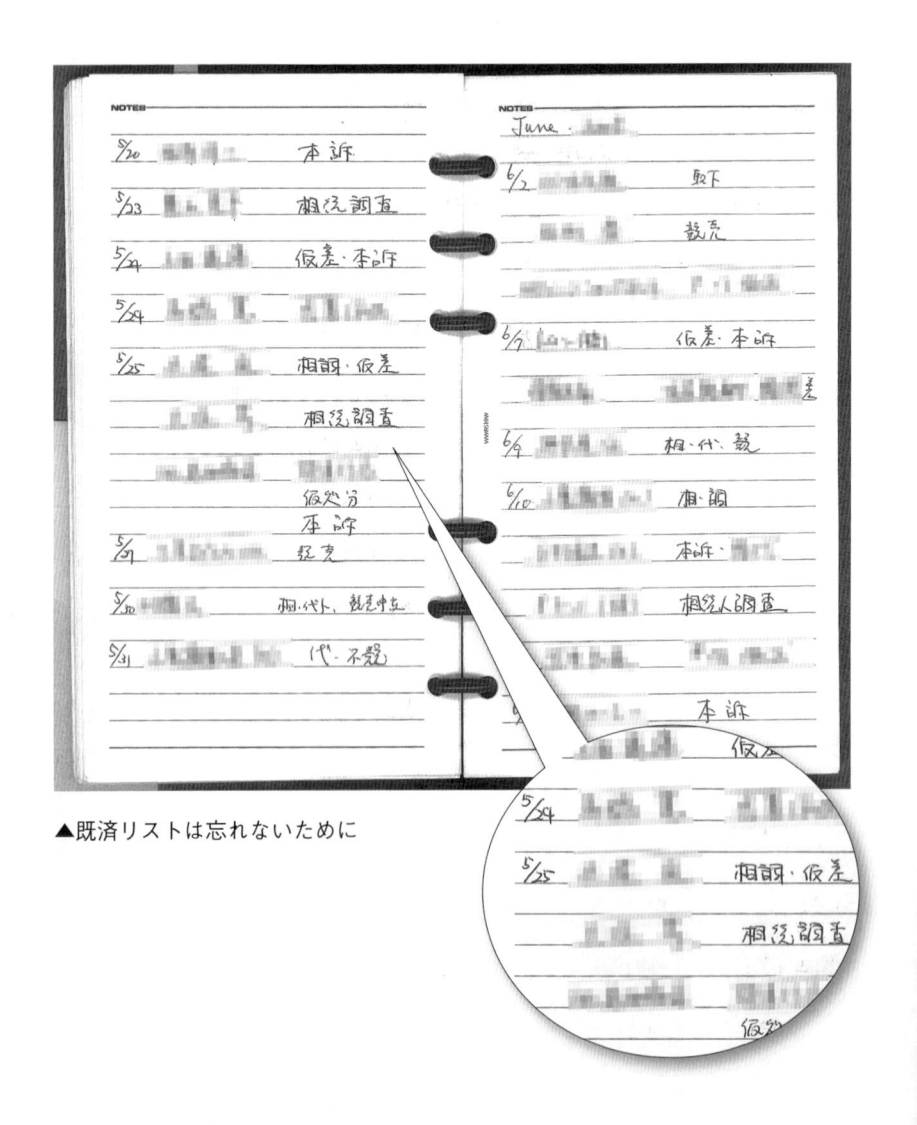

▲既済リストは忘れないために

3．A5サイズのノート

　これは，「雑記」や「思いつき」，あとは仕事の段取りを考えるために使用しています。

　「段取り」のページは1つの仕事について，おおよその段取りを組んで，行った日付を記載します。明確な（ルーティン的な）ことは「黒ボールペン」で書きますが，流動的なことは「鉛筆」で記載します。

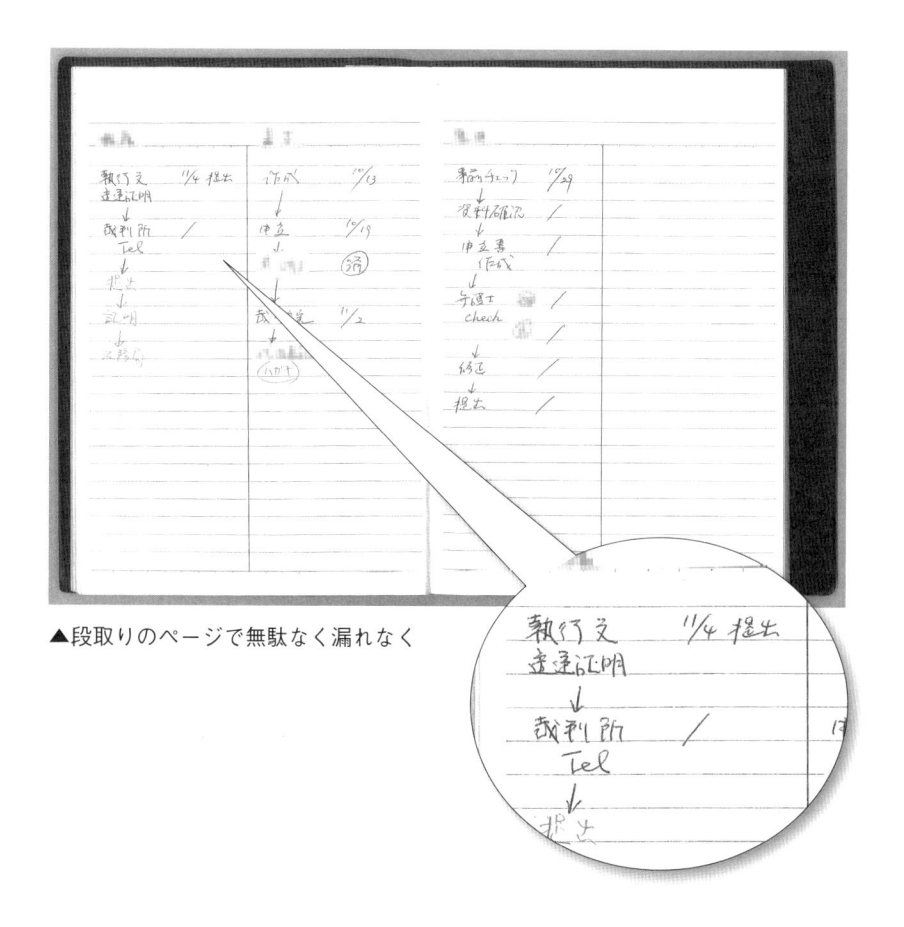

▲段取りのページで無駄なく漏れなく

付録　事務手帳の作り方

　「雑記」「思いつき」のページは，打ち合わせや，思いついたことを忘れないようにするため（備忘録のようなもの）として使用しています。

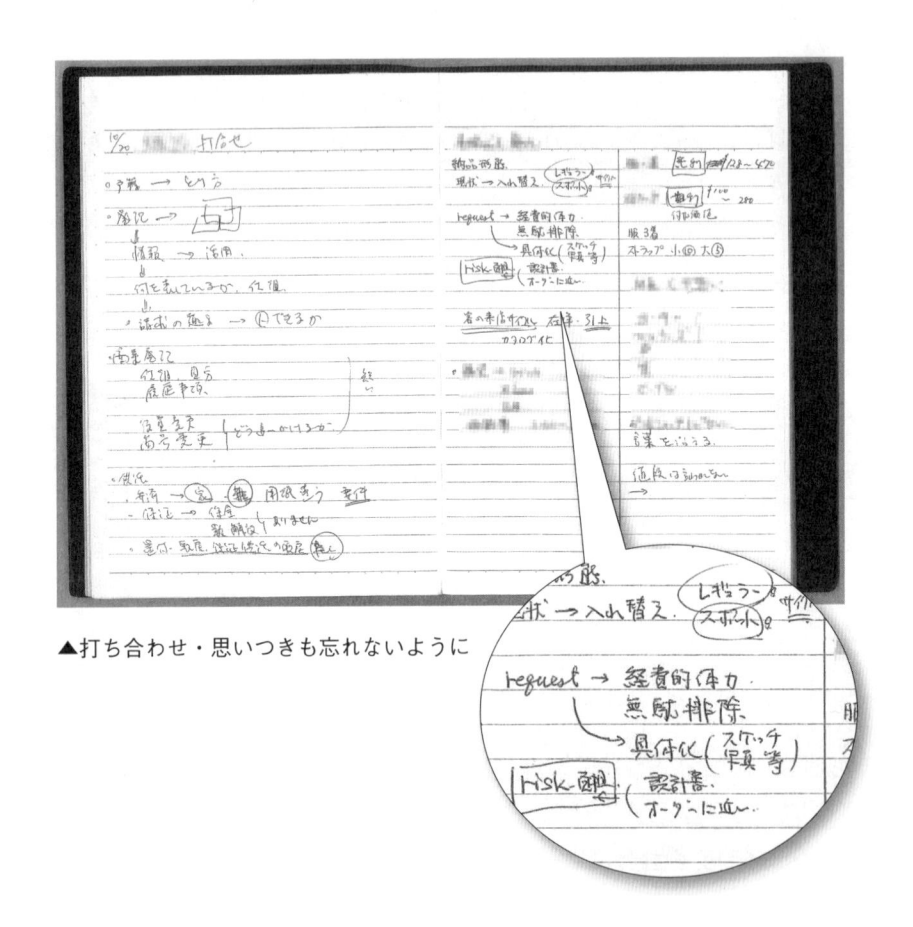

▲打ち合わせ・思いつきも忘れないように

付録　事務手帳の作り方

4．26穴のB5サイズバインダーノート

　これは，自学自習用のノートです。研修やゼミのレジュメをファイルに綴じておくと，見返すことがないので，ノート化します。

　その際，（手を使って書くことで理解が深まるので）必ず「手書き」を基本として，できるだけパソコンなどは使用しないようにします。また，手書きをすると，自由に図を書くことができます。

　さらに必要な資料は，「26穴パンチ」を購入して，一緒に綴じておくようにします。

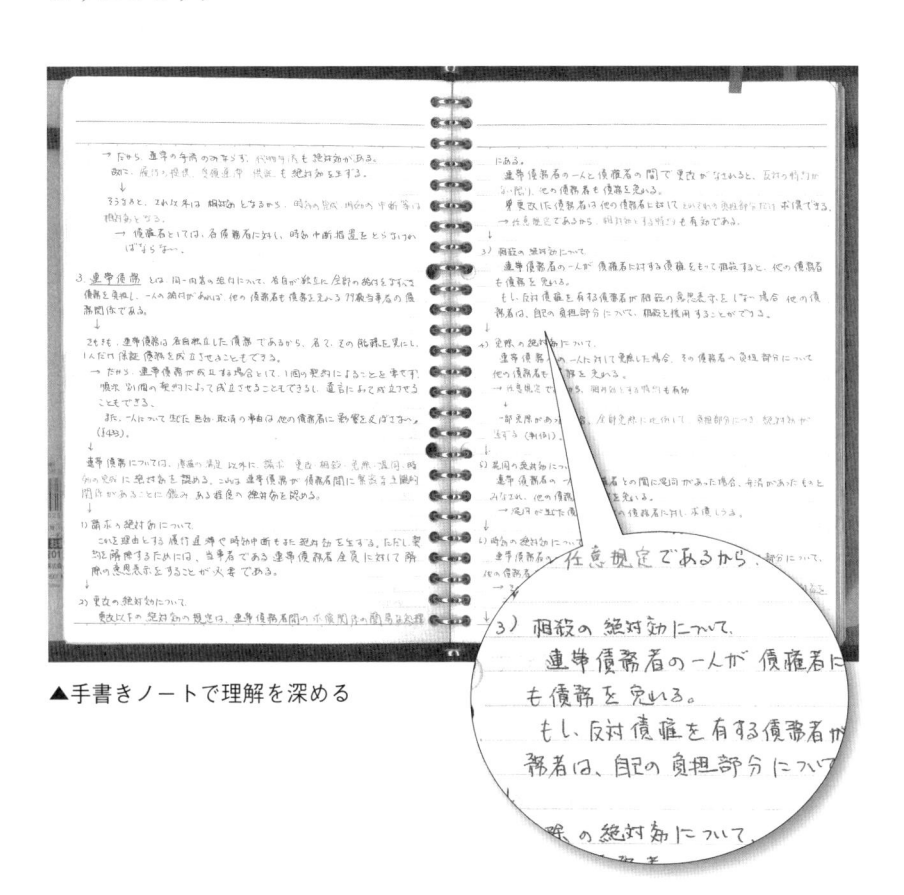

▲手書きノートで理解を深める

付録　事務手帳の作り方

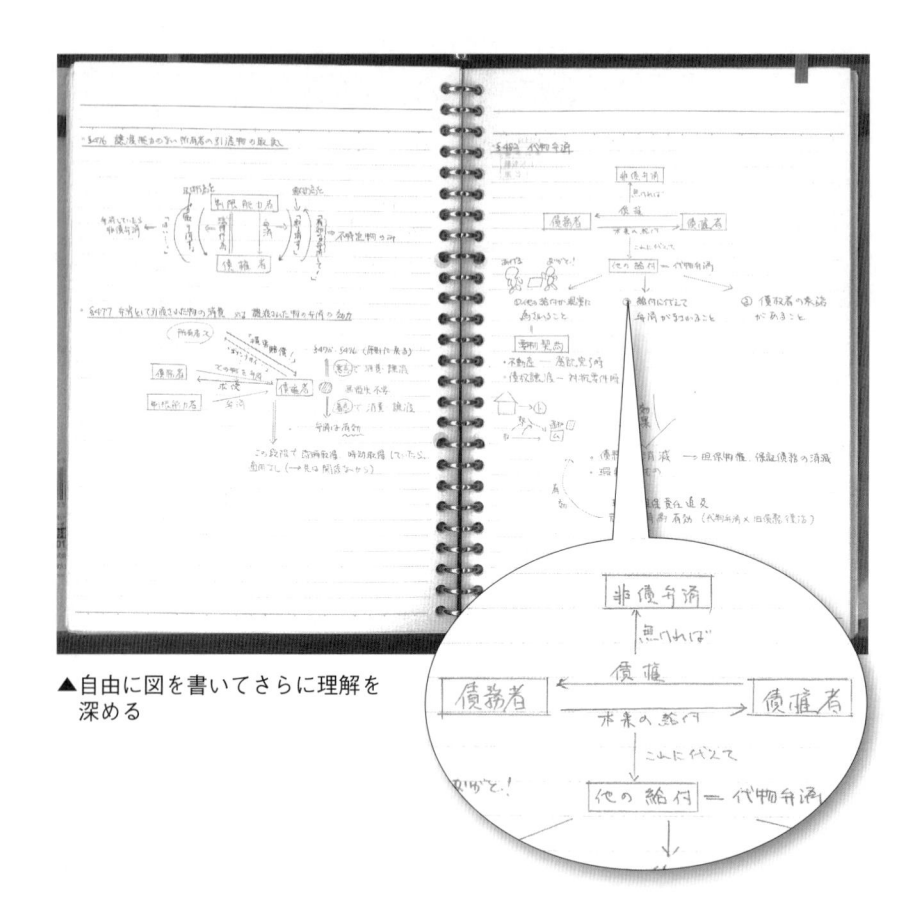

▲自由に図を書いてさらに理解を深める

事項索引

あ
相手方 …………………………………… 10

い
意思
　——主義 ………………………………… 147
　——の不存在 …………………………… 148
意思表示
　瑕疵ある—— ………………………… 148
　強迫による—— ……………………… 149
　詐欺による—— ……………………… 149
移送 ……………………………………… 266
遺贈 ……………………………………… 181
一部事項証明書 ………………… 193, 261
委任 ……………………………………… 151
遺留分 …………………………………… 180

う
訴え
　——の提起 ……………………………… 7
　——の取下げ ………………………… 49
　——の変更 …………………………… 44
　——の利益 …………………………… 33
　口頭による—— ………………………… 9

お
応訴管轄 …………………………… 22, 267
乙区（権利部） ………………………… 249
オーバーローン ………………………… 221

か
会社更生 ………………………………… 211
改製原戸籍謄本 ………………………… 193
回答（の）拒絶 ………………………… 225
回付 ……………………………………… 267
家屋番号 ………………………………… 253
書留郵便に付する送達（付郵便送達） …………………………………… 27
確定証明 ………………………………… 56
確定判決 ………………………………… 66
　——と同一の効力 ………………… 54, 66
確認訴訟 ………………………………… 14
過誤納付 ………………………………… 263
瑕疵ある意思表示 ……………………… 148
家事審判 ………………………………… 69
家事調停調書 ……………………… 66, 69
可処分所得要件 ………………………… 240
仮差押え …………………………… 93, 95
　——事件 ……………………………… 121
　——登記 ……………………………… 256
　——命令 ……………………………… 98
　債権—— ……………………………… 119
仮執行宣言
　——付支払督促 …………………… 66, 69
　——付少額訴訟判決 ………………… 69
　——付判決 …………………………… 66
仮処分
　仮の地位を定める—— ………… 93, 108
　係争物に関する—— …………… 93, 100
　処分禁止の—— ……………………… 104
　占有移転禁止の—— ………………… 100
　地位保全の—— ……………………… 108
管轄 ……………………… 16, 18, 89, 110, 125
　——権 ………………………………… 31
　——裁判所 …………………………… 23
　——違いの抗弁 ………………… 23, 267
　——の特例 …………………………… 214
応訴—— …………………………… 22, 267
合意—— ………………………………… 22
審級—— ………………………………… 18
事物—— …………………………… 16, 18

291

事項索引

専属────── 18, 214
 土地────── 19
 任意────── 22
 法定────── 18
換価のための競売────── 61
管財事件────── 227
間接強制────── 61, 62
間接事実────── 40

き

期限
 ──の定めなき債務────── 15
 ──の利益回復型────── 243
期日────── 4, 27
 ──の指定────── 27
 ──変更────── 268
擬制自白────── 42
義務履行地────── 20
求意見手続制度────── 239
給与所得者等再生────── 239
強制管理────── 63
強制競売────── 63
強制執行────── 60
 債務名義に基づく──────── 61
供託────── 114, 157
 ──の手順────── 115
 ──原因消滅証明申請書────── 127
強迫による意思表示────── 149
虚偽表示────── 148
寄与分────── 183
金銭執行────── 61

け

形成訴訟────── 14
係争物に関する仮処分────── 93, 100
契約────── 146
決定正本────── 116, 118
原告────── 4
原戸籍（はらこせき）────── 194
現在事項証明書────── 261

検索の抗弁権────── 154
限定承認────── 186
原本還付────── 82
 ──手続────── 78
権利能力────── 142
 ──なき社団・財団────── 32
権利
 ──の客体────── 144
 ──の主体────── 142
 ──の種類────── 141

こ

子────── 165
合意管轄────── 23
公課証明書────── 74
甲区（権利部）────── 249
公示送達────── 27, 53
公図────── 75
更正決定────── 49
公正証書────── 66, 69
控訴────── 55
 ──理由書────── 55
口頭による訴え────── 9
交付送達────── 53
抗弁────── 42
個人再生委員────── 236
戸籍────── 189
 ──抄本────── 189
 ──謄本────── 189, 193
固定資産評価証明書────── 111
個別執行の禁止────── 218
婚姻────── 160

さ

債権────── 59, 142
 ──仮差押え────── 119
 ──の効力────── 156
 ──の消滅────── 157
 ──計算書────── 76
 ──執行────── 85

──譲渡 …………………………… 157
債権者 ……………………………… 10, 59
　──一覧表 …………………………… 235
催告の抗弁権 ……………………… 154
財産 ………………………………… 161
　──開示 ……………………………… 61
財産上の請求 ……………………… 17
再生計画 …………………………… 236
　──案 ………………………………… 237
　──案の決議・認可 ……………… 238
再生債権
　──総額 …………………………… 234
　──の届出期間 …………………… 236
再生手続
　──開始決定 ……………………… 236
　──開始の申立て ………………… 233
再訴禁止 …………………………… 33
再代襲 ……………………………… 173
財団債権 …………………………… 229
最低弁済（基準）額 ……………… 240
再度付与 …………………………… 70
裁判官面会（面談） ……… 114, 280
裁判権 ……………………………… 31
裁判上の請求 ……………………… 158
裁判上の離婚 ……………………… 160
裁判長の訴状審査権 ……………… 25
債務
　──者 ……………………………… 10, 59
　──超過 ……………………… 215, 216
　──不存在確認請求 ……………… 14
　──不履行による損害賠償請求 … 156
　主たる── ………………………… 154
債務名義 ……………………… 65, 66, 88
　──原本還付申請 ………………… 78
　──に基づく強制執行 …………… 61
　──の使用中証明書 ……………… 70
詐欺による意思表示 ……………… 149
錯誤 ………………………………… 149
差押え
　──債権 …………………………… 85

──登記 ……………………… 75, 256
──命令正本 ……………………… 86
差押禁止 …………………………… 86
　──債権 …………………………… 86
　──財産 …………………………… 222

し

資格証明書 …………………… 74, 110
敷地権
　──の表示 ……………………… 256
　──の目的たる土地の表示 …… 256
時効の中断 ……………………… 158
自己破産 ………………………… 213
事実
　──認定 ………………………… 43
　争いのない── ………………… 39
　間接── ………………………… 40
　主要── ………………………… 40
　補助── ………………………… 40
自然人 …………………………… 142
質権 ……………………………… 152
執行
　──証書 ………………………… 66
　──未着手証明書 ……………… 136
執行文 ……………………… 56, 67, 88
執行文（の）付与 ……………… 56, 67
執行文（の）付与申立 …………… 69
　再度の── ……………………… 70
　複数の── ……………………… 70
実体法 …………………………… 139
　──上の権利の実現 …………… 2
私的自治 ………………………… 37
私的紛争の解決 ………………… 35
自働債権 ………………………… 157
自白 ……………………………… 42
　擬制── ………………………… 42
支払
　──停止 …………………… 215, 233
　──督促 ………………………… 66
　──不能 …………………… 215, 233

293

事項索引

支払保証委託契約 …………… 113, 116	承諾 …………………………… 146
事物管轄 ……………………… 16, 18	証人尋問 ……………………… 43
事務管理 ……………………… 156	消費貸借 ……………………… 151
釈明権 ………………………… 39	条文の趣旨 …………………… 8
受遺者 ………………………… 164	証明責任（立証責任）………… 40
住所証明書 …………………… 74	消滅時効 ……………………… 158
住所地 ………………………… 214	剰余金 ………………………… 60
熟慮期間 ……………………… 187	嘱託登記 ……………………… 75
受継申立 ……………………… 48	所在 …………………………… 249
主たる債務 …………………… 154	書証 …………………………… 43
主張責任 ……………………… 40	除籍謄本 ……………………… 193
受働債権 ……………………… 157	処分禁止の仮処分 …………… 104
取得時効 ……………………… 158	処分権主義 …………………… 31, 33
受任通知 ……………………… 223, 224	所有権 ………………………… 145
主要事実 ……………………… 40	──以外の権利に関する事項 … 259
種類 …………………………… 253	──登記 ……………………… 256
順位番号 ……………………… 256	──に関する事項 …………… 256
準自己破産 …………………… 213	自力救済（の）禁止 ………… 2, 59
少額訴訟確定判決 …………… 69	審級管轄 ……………………… 18
小規模個人再生手続 ………… 231	人事訴訟 ……………………… 11
商業登記 ……………………… 245	人証 …………………………… 43
商業登記簿 …………………… 246, 260	親族 …………………………… 140, 160
──謄本 ……………………… 110	──の範囲 …………………… 160
承継執行文 …………………… 68	人的担保 ……………………… 152
──付与申立 ………………… 69	心裡留保 ……………………… 148
条件成就執行文 ……………… 67	
商号 …………………………… 260	**す**
上告 …………………………… 55	推定相続人の廃除 …………… 174
──状 ………………………… 55	数通付与 ……………………… 70
──提起通知書 ……………… 55	
──理由書 …………………… 55	**せ**
上告受理申立 ………………… 55	請求 …………………………… 158
──理由書 …………………… 55	──債権 ……………………… 112
証拠	──認諾 ……………………… 51
──決定 ……………………… 43	──の原因 …………………… 14
──調べ ……………………… 43	──の趣旨 …………………… 13
商事事件 ……………………… 138	──放棄 ……………………… 51
上訴 …………………………… 55	財産上の── ………………… 17
──期間 ……………………… 53	裁判上の── ………………… 158
使用貸借 ……………………… 151	非財産上の── ……………… 16

事項索引

　併合―― …………………… 17, 21
制限行為能力者 ………………… 149
清算価値 ………………………… 240
成年被後見人 …………………… 149
絶対的権利 ……………………… 141
（善意の）第三者 ……………… 148
専属管轄 …………………… 18, 214
全部事項証明書 …………… 193, 261
占有移転禁止の仮処分 ………… 100
占有権 …………………………… 144

そ

相殺 ……………………………… 157
総則 ……………………………… 140
相続 ………………………… 140, 161
　――開始原因 ………………… 162
　――欠格 ……………………… 174
　――人 ………………………… 164
　――分 ………………………… 176
　――放棄 ………………… 173, 187
相対的権利 ……………………… 142
送達 …………………… 4, 27, 118
　――用の郵券 ………………… 133
　公示―― …………………… 27, 53
　交付―― ……………………… 53
　特別―― …………………… 27, 53
　付郵便―― …………………… 27
送達上申
　休日―― ……………………… 53
　再―― ………………………… 53
　就業場所―― ………………… 53
送達証明 …………………… 56, 88
　――の交付 …………………… 56
　――書の申請 ………………… 71
送達申請 ……………… 54, 71, 272
　執行文及び証明書謄本―― … 69
　認諾調書―― ………………… 272
　和解調書―― ………………… 272
送達報告書 ……………………… 27
争点 ……………………………… 4

　――整理 ……………………… 43
贈与 ……………………………… 151
訴額 ……………………………… 16
　――の算定 …………………… 16
訴状 …………………………… 4, 8
　――作成 ……………………… 6
　――の審査 …………………… 24
　――提出 ……………………… 26
　――の記載事項 ……………… 9
　――の却下 …………………… 25
　――の副本 …………………… 27
　――の役割 …………………… 7
訴訟
　――告知 ……………………… 48
　――上の和解 ………………… 51
　――の終了 …………………… 49
　――判決 ……………………… 33
　――費用確定処分の申立て … 56
　――要件 ……………………… 31
　確認―― ……………………… 14
　形成―― ……………………… 14
　本人―― …………………… 7, 27
　民事―― …………………… 1, 2
訴訟物の価額 …………………… 16
疎明書類 ………………………… 112
損害賠償請求訴訟 ……………… 21

た

対抗関係 ………………………… 147
第三債務者 ……………………… 85
　――に対する陳述催告の申立て … 90
代襲者 …………………………… 172
代襲相続 ………………………… 171
代替執行 ………………………… 61
単純執行文 ……………………… 67
単純承認 ………………………… 186
担保 ……………………………… 122
　――決定 ……………………… 114
　――の提供 …………………… 114
　――提供事由の消滅 ………… 123

295

──物権 …………………………… 144
──不動産競売 …………………… 63, 80
──不動産収益執行 ……………… 63
物的── …………………………… 152
担保権の実行としての競売 ……… 61
担保取消 …………………………… 121
──事由 …………………………… 123
──申立手続 ……………………… 125
権利行使催告による── ………… 124
担保取戻 …………………………… 136
──許可決定正本 ………………… 136
──許可申立書 …………………… 136

ち

地位保全の仮処分 ………………… 108
地役権 ……………………………… 145
地上権 ……………………………… 145
地積 ………………………………… 250
地積測量図 ………………………… 75
地番 ………………………………… 249
地目 ………………………………… 249
嫡出子 ……………………………… 169
調書判決 …………………………… 49
直接強制 …………………………… 61
直系尊属 …………………………… 165
陳述書 ……………………………… 112
賃貸借 ……………………………… 151

て

抵当権 ……………………………… 152
手形の不渡り ……………………… 215
手数料 ……………………………… 17
手数料（の）還付 ………………… 51
──決定 …………………………… 51
──決定書 ………………………… 264
──申立 …………………………… 49, 263
──申立書 ………………………… 51
手続法 ……………………………… 139
典型契約 …………………………… 151

と

同意書 ……………………………… 124
動機 ………………………………… 148
登記 ………………………………… 245
仮差押── ………………………… 256
権利部（甲区）の── …………… 256
権利部（乙区）の── …………… 259
差押── …………………………… 75, 256
商業── …………………………… 245
嘱託── …………………………… 75
所有権── ………………………… 256
表題部の── ……………………… 249
付記── …………………………… 256
不動産── ………………………… 245
登記事項証明書 …………………… 246
登記簿 ……………………………… 245
──抄本 …………………………… 247
──謄本 …………………………… 246
商業── …………………………… 246, 260
不動産── ………………………… 246, 249
閉鎖── …………………………… 248
法人── …………………………… 246
倒産 ………………………………… 211
動産 ………………………………… 144
当事者 ……………………………… 10
──適格 …………………………… 32
──能力 …………………………… 31
同時破産手続廃止（同時廃止）… 209, 220
──の申立て ……………………… 217
──案件の対応 …………………… 222
──の効果 ………………………… 221
──の要件 ………………………… 221
登録免許税 ………………………… 75
特別裁判籍 ………………………… 20
特別受益者 ………………………… 181
特別清算 …………………………… 211
特別送達 …………………………… 27, 53
独立当事者参加 …………………… 47
土地管轄 …………………………… 19

事項索引

取下書 …………………………… 51, 119
取立権 …………………………………… 90
取立届 …………………………………… 90
取戻権 ………………………………… 230

な

内心的効果意思 ……………………… 148
為す債務 ……………………………… 61

に

二重起訴の禁止 ……………………… 33
二重譲渡 ……………………………… 147
二当事者対立の原則 ………………… 10
任意管轄 ……………………………… 22
債務整理（任意整理）……………… 211
認諾 …………………………………… 54
　──調書 ………………………… 54, 66
　──調書送達申請 ………………… 272
認知の訴え …………………………… 170
認否 …………………………………… 42

ね

根抵当権 ……………………………… 152

は

配偶者 ………………………………… 165
配当異議 …………………………… 77, 78
　──訴訟 …………………………… 77
　──手続 …………………………… 78
配当期日 ……………………………… 76
　──呼出状及び計算書提出催告書
　　…………………………………… 77
配当手続 ……………………………… 76
売買 …………………………………… 151
破産 …………………………………… 211
　──原因 …………………………… 211
　──者 ……………………………… 218
　──障害事由 ……………………… 216
　──宣告 …………………………… 220
　──能力 …………………………… 213

　──法 ……………………………… 209
破産管財人 ……………………… 12, 227
　──の職務 ………………………… 228
　──への引き継ぎ ………………… 228
破産債権 ……………………………… 218
　──の調査 ………………………… 229
破産財団 ………………………… 218, 221
破産手続 ……………………………… 211
　──開始の申立て ………………… 213
　──開始の要件 …………………… 213
破産手続開始決定 …………………… 12
　──の効果 ………………………… 218
判決 …………………………………… 49
　──確定証明書 …………………… 49
　──正本 …………………………… 53
反訴 …………………………………… 44
　──状 ……………………………… 45

ひ

非金銭執行 …………………………… 61
被告 …………………………………… 4
被告人 ………………………………… 4
非財産上の請求 ……………………… 16
被差押債権 …………………………… 85
被代襲者 ……………………………… 172
非嫡出子 ……………………………… 169
否認権 ………………………………… 230
否認する ……………………………… 42
非弁行為 ……………………………… 223
被保佐人 ……………………………… 149
被補助人 ……………………………… 149
表示行為 ……………………………… 148
表題部 ………………………………… 249

ふ

付記登記 ……………………………… 256
附帯請求不算入の原則 ……………… 17
負担部分 ……………………………… 153
不知 …………………………………… 42
普通裁判籍 …………………………… 19

297

物権 …………………………… 140, 141
　　──的（妨害廃除）請求権 ………… 2
　　──法定主義 ………………………… 141
物的担保 ……………………………… 152
不動産
　　──に関する訴え ……………………… 21
不動産仮差押え、不動産仮処分の取
　下げ …………………………………… 119
不動産執行 ……………………………… 63
不動産登記 …………………………… 245
　　──簿 ………………………………… 246
　　──簿謄本 ……………………… 73, 111
不当利得 ……………………………… 156
不法行為 ……………………………… 154
　　──に基づく損害賠償請求 … 21, 143
付郵便送達 ……………………………… 27
　　──上申 ……………………………… 53

へ

併合請求 …………………………… 17, 21
閉鎖登記簿 …………………………… 248
別除権 …………………………… 82, 229
弁済 …………………………………… 157
　　──の場所 …………………………… 20
弁論主義 …………………………… 34, 37
弁論の併合 ……………………………… 46

ほ

放棄書 ………………………………… 124
法人 ………………………………… 12, 142
　　──登記簿 ………………………… 246
法定管轄 ………………………………… 18
法定代理人 ……………………………… 10
法定単純承認 ………………………… 188
法律要件分類説 ………………………… 41
補充性 ………………………………… 154
保証債務 ……………………………… 153
保証人 ………………………………… 153
補助参加 ………………………………… 46
補助事実 ………………………………… 40

補正 ……………………………………… 25
保全仮登記 …………………………… 107
本案 ……………………………………… 93
　　──訴訟の準備 …………………… 118
　　──の管轄裁判所 ………………… 110
　　──判決 ……………………………… 34
本訴 ……………………………………… 93
本人訴訟 …………………………… 7, 27

み

未成年者 …………………………… 11, 149
3つのテーゼ …………………………… 38
民事再生 ……………………………… 231
　　──手続 …………………………… 231
民事事件 ……………………………… 138
民事執行 ………………………………… 59
　　──法 ………………………………… 60
　　──予納金 …………………………… 75
民事訴訟 ……………………………… 1, 2
　　──法 ………………………………… 3
民事保全 ………………………………… 93
　　──事件の取下げ ………………… 119
民法 ……………………………… 2, 137

め

免除 …………………………………… 157
免責許可の申立て …………………… 221

も

申込み ………………………………… 146
　　──の誘因 ………………………… 146
申立債権者 ………………………… 75, 76
申立人 ………………………………… 10
申立ての趣旨 ………………………… 112
物 ……………………………………… 144

よ

要式契約 ……………………………… 146
要素（の）錯誤 ……………………… 149
予納 …………………………………… 214

事項索引

――金 …………………… 226
呼出状 …………………… 4

り

立証責任 ………………… 40
離婚 ……………………… 160
　――訴訟 ……………… 14
　裁判上の―― ………… 160
履歴事項証明書 ………… 261

れ

連帯債務 ………………… 153
連帯保証債務 …………… 154

わ

和解 …………………… 51, 54
　――条項 ……………… 273
　――調書 …………… 52, 66
　――調書送達申請 …… 272
　訴訟上の―― ………… 51
和議法 …………………… 231

299

著者紹介

矢野 公一（やの・まさかず）

1989年に信州大学農学部卒業後，食品会社勤務（開発職）を経て，法律事務の世界へ。

1991年より大藏法律事務所（1999年より大藏・児玉法律事務所，いずれも大阪）にて法律事務職員として勤務をはじめる。その後18年にわたり，多種多様な事件の法律事務にかかわる。現在は，弁護士法人大阪ときわ法律事務所（大阪）の事務局にて多忙な業務を行う傍ら，後進の指導にも積極的に取り組んでいる。ユーモアあふれる親身な指導で活躍中。

これまでの研修実績

大阪YWCA専門学校
　「法律秘書養成講座入門コース」（2007年～）
大阪弁護士会
　「事務職員研修」（2008年～）
日本弁護士連合会
　「事務職員能力認定制度に基づく研修会」（2008年・2009年）
パラリーガル岡山
　「日弁連事務職員能力認定試験フォロー研修」（2009年～）

スキルアップ法律事務テキスト
―民事訴訟・執行・保全の入門から実務まで―

定価：本体2,700円（税別）

平成22年2月18日	初版発行
平成22年11月15日	初版第2刷発行

著者　矢野公一
発行者　尾中哲夫

発行所　**日本加除出版株式会社**

本社　郵便番号 171-8516
東京都豊島区南長崎3丁目16番6号
TEL (03)3953-5757（代表）
　　 (03)3952-5759（編集）
FAX (03)3951-8911
URL http://www.kajo.co.jp/

東日本営業所　郵便番号 171-8516
東京都豊島区南長崎3丁目16番6号
TEL (03)3953-5642
FAX (03)3953-2061

西日本営業所　郵便番号 532-0011
大阪市淀川区西中島5丁目6番3号
チサンマンション第2新大阪301号
TEL (06)6308-8128
FAX (06)6307-2522

組版・印刷　㈱郁文　／　製本　牧製本印刷㈱

落丁本・乱丁本は本社でお取替えいたします。
©Masakazu Yano 2010
Printed in Japan
ISBN978-4-8178-3856-8 C2032 ¥2700E

Ⓡ〈日本複写権センター委託出版物〉
本書の無断複写は，著作権法上での例外を除き，禁じられています。複写を希望される方は，事前に日本複写権センターの許諾を得てください。　日本複写権センター（03-3401-2382）

これだけは知っておきたい Q&A 民法

具体例でみる民法総則・物権・担保物権・債権総論・債権各論

山川 一陽 著

A5判 348頁 定価3,150円（本体3,000円）
平成22年8月刊 ISBN978-4-8178-3885-8

商品番号：40381　略号：Q民法

- 実務の現場で「民法を知っておけばよかった」と思った経験のある方へ。民法を学習中の方にも最適。
- 元検事の経歴を持つ民法学者による実務の視点で捉えた民法解説書。
- 基本論点に関する厳選した設例を70点収録。
- 気軽に読めて関連論点までわかる。

著者紹介

山川 一陽（やまかわ かずひろ）

1944年埼玉県生まれ。1968年日本大学法学部卒業。
東京地方検察庁検事、広島地方検察庁検事、法務省民事局付検事などを経て現在日本大学法学部・法科大学院教授（民法専攻）。法務省民事局付の際には法制審議会幹事として民事立法に従事。日本私法学会理事。

主要著書・論文
『民法総則講義（第4版）』（中央経済社）
『物権法講義（第2版）』（日本評論社）
『担保物権法（第2版）』（弘文堂）
『債権各論講義』（立花書房）
『親族法・相続法講義（第4版）』（日本加除出版）
『じつは身近な債権法 知って得する!契約、損害賠償制度etc…の「基礎」知識（第2版）』（日本加除出版）
『Q&Aわかるわかる!よくわかる家族法（第2版）』（日本加除出版）
『犯罪と民法』（現代法律出版）
『交通事故と医療過誤の競合』『新・現代損害賠償法講座5巻』（日本評論社）
『国際婚姻に伴う氏の変動について』（家庭裁判月報33巻5号）など多数

研究テーマ
「家族とその登録制度―戸籍制度を中心として」
「新しい担保制度と債権の履行確保」他

「家族」から発想する、いつくしむ世紀へ

日本加除出版

〒171-8516　東京都豊島区南長崎3丁目16番6号
営業部　TEL(03)3953-5642　FAX(03)3953-2061
http://www.kajo.co.jp/